中国出版蓝皮书
CHINA PUBLISHING BLUE BOOK

2015-2016

中国出版业发展报告
ANNUAL REPORT OF PUBLISHING INDUSTRY IN CHINA

主 编／范 军　　副主编／庞沁文

中国书籍出版社
China Book Press

中国期间研究

2015—2016

中国期刊协会 编

《2015~2016 中国出版业发展报告》
课题组、撰稿人和统稿人名单

组　长：范　军

副组长：庞沁文

撰稿人（按文章顺序排列）：

　　　　范　军　　庞沁文　　杨　伟　　杨春兰　　赵彦华　　毛文思
　　　　刘成芳　　张羽玲　　安　乐　　孙真福　　陈含章　　田　菲
　　　　高　洁　　张　姝　　刘颖丽　　遆　薇　　于秀丽　　息慧娇
　　　　李家驹　　梁伟基　　潘浩霖　　刘美儿　　王国强　　黄昱凯
　　　　谢力清

统　稿：范　军　　庞沁文　　孙鲁燕　　息慧娇

目　录

第一章　主报告

创新　融合　发展
——2015~2016中国出版业发展报告 …………………………………… (3)
　一、2015年中国出版业发展概况 ………………………………………… (3)
　二、中国出版业发展趋势分析 …………………………………………… (14)
　三、推进中国出版业发展的建议 ………………………………………… (20)

第二章　分类报告

第一节　2015~2016中国图书出版业发展报告 ……………………… (27)
　一、2015年中国图书市场基本状况 ……………………………………… (27)
　二、2015年影响中国图书出版业的重要事件 …………………………… (33)
　三、2016年中国图书出版业发展趋势展望 ……………………………… (37)
第二节　2015~2016中国期刊出版业发展报告 ……………………… (39)
　一、2015年中国期刊出版业的基本状况 ………………………………… (40)
　二、2015年影响中国期刊出版业的重要事件 …………………………… (43)
第三节　2015~2016中国报纸出版业发展报告 ……………………… (47)
　一、2015年中国报纸出版状况分析 ……………………………………… (47)

二、2015年休刊或停刊的报纸 ……………………………………（51）
　　三、2015年新改版的报纸 ………………………………………（53）
　　四、2015年上市和"新三板"挂牌的报纸 ………………………（56）
　　五、2015年建立客户端的报纸 …………………………………（56）
　　六、2015年新创刊的报纸 ………………………………………（59）
　　七、2015年新合并的报纸 ………………………………………（61）
第四节　2015~2016中国数字出版产业发展报告 ……………………（63）
　　一、2015年中国数字出版产业发展的基本状况 ………………（63）
　　二、2016年中国数字出版产业发展趋势展望 …………………（67）
　　三、关于中国数字出版产业发展的思考 ………………………（70）
第五节　2015~2016中国印刷业发展报告 ……………………………（75）
　　一、2015年中国印刷业发展的基本状况 ………………………（75）
　　二、2016年中国印刷业发展面临的挑战 ………………………（77）
　　三、关于中国印刷业发展的思考 ………………………………（79）
第六节　2015~2016中国出版物发行业发展报告 ……………………（81）
　　一、2015年中国出版物发行业发展的基本状况 ………………（81）
　　二、未来中国出版物发行业发展趋势展望 ……………………（83）

第三章　专题研究报告

第一节　凤凰传媒并购美国PIL童书业务 ……………………………（89）
　　一、并购后的运营情况 …………………………………………（89）
　　二、并购的实施过程 ……………………………………………（90）
　　三、并购后的工作设想 …………………………………………（96）
第二节　实体书店的建设与发展 ………………………………………（97）
　　一、实体书店转型升级步入复苏期 ……………………………（97）
　　二、实体书店复苏得益于发展环境 ……………………………（99）
　　三、实体书店发展面临的问题 …………………………………（99）
　　四、关于实体书店发展的思考 …………………………………（102）

第三节	第十三次全国国民阅读调查	(104)
	一、综合阅读率稳步提升	(104)
	二、数字化阅读载体接触率增长	(105)
	三、纸书和电子书阅读量略有上升	(106)
	四、每天接触新兴媒介的时长提升	(107)
	五、上网率增幅明显	(108)
	六、对书刊价格的承受能力有所下降	(109)
	七、仍有近六成的国民阅读纸质出版物	(110)
	八、近七成的成年国民渴望举办阅读活动	(111)
	九、未成年人人均图书阅读量有所减少	(112)
	十、亲子陪读略有下降，陪读时长稍有增加	(114)
第四节	2015～2016出版物市场治理情况	(115)
	一、2015年出版物市场治理成效	(115)
	二、2015年出版物市场治理特点	(118)
	三、2015年出版物市场治理存在的主要问题	(120)
	四、2016年出版物市场治理重点	(122)
第五节	2015～2016出版标准化	(125)
	一、标准制修订工作	(125)
	二、国际标准化工作	(130)
	三、面临的问题和发展趋势分析	(131)
	四、思考与建议	(133)
第六节	出版业人才队伍建设的现状与思考	(136)
	一、2015年出版人才培养基本情况	(136)
	二、出版人才队伍建设面临的挑战	(140)
	三、出版人才队伍建设的对策与建议	(141)
第七节	2015年出版科研热点综述	(146)
	一、"互联网＋出版"	(146)
	二、媒体融合	(148)
	三、出版业"十三五"规划	(149)
	四、全民阅读	(151)

五、社会效益考评 …………………………………………… (152)

　　六、出版企业资本运营 ………………………………………… (154)

　　七、"一带一路"与出版走出去 ………………………………… (155)

第八节　"一带一路"战略背景下出版走出去的情况分析………… (158)

　　一、出版走向沿线国家的必要性 ……………………………… (158)

　　二、2015年出版走向沿线国家的基本情况 …………………… (160)

　　三、出版走向沿线国家面临的问题 …………………………… (163)

　　四、对策与建议 ………………………………………………… (165)

第四章　港澳特区、台湾地区出版业发展报告

第一节　2015年香港特别行政区出版业发展报告 ………………… (171)

　　一、大众图书出版 ……………………………………………… (171)

　　二、教育图书出版 ……………………………………………… (174)

　　三、电子书出版 ………………………………………………… (175)

　　四、书刊零售业 ………………………………………………… (176)

第二节　2015年澳门特别行政区出版业发展报告 ………………… (178)

　　一、主题书刊 …………………………………………………… (178)

　　二、出版语种 …………………………………………………… (180)

　　三、出版机构数量 ……………………………………………… (181)

　　四、出版单位出版数量排行 …………………………………… (181)

　　五、报刊出版 …………………………………………………… (182)

　　六、出版界的交流 ……………………………………………… (183)

第三节　2015年台湾地区出版业发展报告 ………………………… (186)

　　一、出版物出版概况 …………………………………………… (186)

　　二、出版物发行状况 …………………………………………… (191)

　　三、电子书经营模式 …………………………………………… (193)

　　四、挥之不去的困境 …………………………………………… (195)

第五章 出版业大事记

第一节 2015年中国出版业大事记 ……………………………（199）
第二节 2015年中国香港特别行政区出版业大事记 ……………（226）
第三节 2015年中国澳门特别行政区出版业大事记 ……………（237）
第四节 2015年中国台湾地区出版业大事记 ……………………（240）

第一章 主报告

第一章　上代歌謡

创新　融合　发展
——2015~2016 中国出版业发展报告

一、2015 年中国出版业发展概况

在全球经济处于深度调整期、国内经济发展新常态的背景下，2015 年我国出版业发展总体向好，表现为传统出版有喜有忧，数字出版风生水起，出版融合方兴未艾，市场环境日趋改善，对外交流如火如荼。2015 年，我国出版、印刷和发行服务营业收入、资产总额和利润总额都处于"十二五"期间的最高水平（详见表 1）。

表1　"十二五"期间中国出版业主要指标情况

指标名称 （万亿元）\ 年份	2011 年	2012 年	2013 年	2014 年	2015 年
营业收入	1.46	1.66	1.82	2.00	2.17
资产总额	1.44	1.57	1.72	1.87	2.08
利润总额	0.11	0.13	0.14	0.16	0.17

（一）传统出版有喜有忧

1. 图书出版整体规模不断扩大，主题出版影响力得到彰显

2015 年，出版图书 47.6 万种，总印数 86.6 亿册（张），实现营业收入 822.6 亿元，利润总额 125.3 亿元，除出版种数外，其他各项指标均为"十二五"期间的最高值（详见表 2）。

表2 "十二五"期间中国图书出版主要指标情况

指标名称\年份	2011年	2012年	2013年	2014年	2015年
品种数（万种）	37.0	41.4	44.4	48.4	47.6
重版重印（万种）	16.2	17.2	18.8	19.3	21.5
新版图书（万种）	20.8	24.2	25.6	19.2	26.1
总印数（亿册/张）	77.1	79.3	83.1	81.9	86.6
营业收入（亿元）	644.4	723.5	770.8	791.2	822.6
利润总额（亿元）	94.2	115.2	118.6	117.1	125.3

2015年，出版量最大的无疑是社科人文类图书，共出版32.3万种，占书籍出版品种总数的83.9%；总印数50.4亿册（张），占书籍总印数的94.6%。尽管少儿图书出版量远不及社科人文类图书，但增长速度较快，出版少儿图书有3.7万种，较2014年增长11.9%；总印数5.6亿册（张），较2014年增长11.8%。

重印图书品种数和总印数大幅增长，表明图书出版结构得到进一步优化。2015年，出版重印图书21.5万种，重印图书与新版图书品种之比由2014年的1∶1.3提高为1∶1.2，重印图书46.2亿册（张），大幅超过新版图书。

图书单品种平均印数有所增加，2015年累计印数超过百万册的书籍由2014年的66种增加到68种。在2015年单品种累计印数排名前10的书籍中，主题出版书籍占据半壁江山。其中，《中国共产党廉洁自律准则　中国共产党纪律处分条例》均超过1 200万册，《习近平关于党风廉政建设和反腐败斗争论述摘编》超过550万册，《习近平谈治国理政》超过400万册。

同时，一批大众类、教育类、科技类的精品图书广受欢迎。其中，《平凡的世界》《花千骨》《芈月传》等影视类图书销量大幅增长，《解忧杂货店》《乖，摸摸头》《从你的全世界路过》等治愈心灵创伤的作品受到关注，《秘密花园》等通过涂色解除心理压力的图书在畅销书榜单上名列前茅，《从0到1》等创业类图书迎合大众创业、万众创新的时代大潮。

2. 报纸出版出现全方位下滑，停刊休刊改版时有发生

在图书出版上扬的同时，报纸出版却出现大幅度的下滑。2015年，出版报纸1 906种，总印数430.1亿份，总印张1 554.9亿印张，实现营业收入626.2亿元，利润总额35.8亿元，其各项指标均为"十二五"期间的最低点（详见

表3）。2015年，有43家报业集团主营业务收入与利润总额较2014年分别降低6.9%与45.1%，其中31家报业集团出现亏损。2015年，有多份报纸休刊或停刊，譬如河北日报报业集团旗下的《杂文报》、上海世纪出版股份有限公司主管主办的《上海商报》、浙江日报报业集团的《今日早报》和西安日报社和榆林日报社共同创办的《榆林日报·都市生活版》等。为适应新的形势，还有一些报纸进行了改版，譬如《南方日报》《银川晚报》《重庆晨报》《羊城晚报》《南方都市报》《新消息报》《三湘都市报》《河南商报》等。

表3 "十二五"期间中国报纸出版主要指标情况

指标名称\年份	2011年	2012年	2013年	2014年	2015年
品种数（种）	1 928	1 918	1 915	1 912	1 906
总印数（亿份）	467.4	482.3	482.4	463.9	430.1
营业收入（亿元）	818.9	852.3	776.7	697.8	626.2
利润总额（亿元）	98.6	99.2	87.7	76.4	35.8

3. 期刊面临严峻考验，总印数、营业收入和利润均有所减少

经过数十年发展，我国期刊品种覆盖广泛，总量供应较为充足，尤其是一些学术期刊异军突起，具有一定的国际影响。2015年，《求是》《时事报告》（大学生版和中学生版）和《读者》等13种期刊平均期印数超过100万册，其中《时事报告》两个版本每期平均印数超过400万册。2015年平均期印数排名前10位的期刊中，《读者》《知音漫客》等文摘类、少儿类期刊均超过了半数。

2015年，对于我国期刊业来说，也是一个值得纪念的年份，中文期刊迎来诞生二百年，多家品牌期刊喜迎周年庆典，如创刊65周年的《儿童时代》、创刊60周年的《北京大学学报（哲社版）》、创刊35周年的《当代》、创刊30周年的《婚姻与家庭》以及创刊20周年的《三联生活周刊》等。

但从整体上说，受数字化转型、体制变革、经济下行等多重因素的影响，传统期刊业整体处于下滑态势。2015年，出版期刊10 014种，总印数28.8亿册，总印张167.8亿印张，实现营业收入201.0亿元，利润总额26.3亿元，除出版品种有增加外，各主要指标均为2013年以来的最低点（详见表4）。其中的一些刊物无奈离去，譬如《瑞丽时尚先锋》《壹读》《都市主妇》《费加罗（中国版）》《时尚新娘》《外滩画报》等。

表4 "十二五"期间中国期刊出版主要指标情况

指标名称＼年份	2011年	2012年	2013年	2014年	2015年
品种数（种）	9 849	9 867	9 877	9 966	10 014
总印数（亿册）	32.9	33.5	32.7	31.0	28.8
营业收入（亿元）	162.6	220.9	222.0	212.0	201.0
利润总额（亿元）	22.9	25.7	28.6	27.1	26.3

4. 音像制品和电子出版物所占体量不大，发展总体趋于稳定

2015年，出版音像制品1.30万种，出版数量为2.94亿盒（张），实现营业收入26.25亿元，利润总额3.93亿元；共出版电子出版物1万种，出版数量2.14亿盒（张），营业收入12.41亿元，利润总额2.32亿元。"十二五"期间，音像制品出版品种和数量逐年下降，营业收入和利润总额的表现也不稳定（详见表5）；电子出版物出版品种基本维持在1万种左右，出版数量在2亿盒（张）~3.5亿盒（张）之间，营业收入虽逐年呈上升趋势，而利润总额则变化不定（详见表6）。"十二五"期间，音像制品和电子出版物经济规模在出版产业排行中一直处于倒数后两名，相比印刷复制、数字出版、出版物发行等，不管是营业收入还是利润总额体量都不大，2015年音像制品和电子出版物的营业收入分别只占全部出版产业营业收入的0.12%和0.06%。

表5 "十二五"期间中国音像制品出版主要指标情况

指标名称＼年份	2011年	2012年	2013年	2014年	2015年
品种数（万种）	1.94	1.85	1.70	1.53	1.30
出版数量（亿盒/张）	4.64	3.94	4.06	3.28	2.94
营业收入（亿元）	26.06	28.34	24.72	29.21	26.25
利润总额（亿元）	2.75	3.44	3.35	4.11	3.93

表6 "十二五"期间中国电子出版物出版主要指标情况

指标名称＼年份	2011年	2012年	2013年	2014年	2015年
品种数（万种）	1.11	1.18	1.17	1.18	1.00
出版数量（亿盒/张）	2.13	2.63	3.52	3.50	2.14
营业收入（亿元）	6.21	9.23	10.23	10.89	12.41
利润总额（亿元）	1.28	2.27	2.77	1.84	2.32

（二）数字出版风生水起

1. 数字出版营业收入快速增长，增长额和增长贡献率均名列首位

2015年，数字出版实现营业收入4 403.85亿元，占出版业营业收入的20.3%，对出版业营业收入增长贡献率达60.17%，增长速度与增长贡献率在出版业各类别中均位居第一（详见表7、表8）。其中，2015年移动出版营业收入为1 055.9亿元，占比数字出版营业收入的24%。随着移动互联网的快速发展与智能手机等移动终端的迅速普及，移动出版已成为数字出版的重要发展方向，具有雄厚的发展潜力。在线教育是数字教育出版的核心部分，经过多年布局与市场竞争，产业发展取得实质性进展，2015年营业收入为180亿元。此外，网络游戏和互联网广告亦表现出强劲的发展势头。"十二五"期间，数字出版营业收入以年均32.7%速度增长，利润总额以年均30.4%速度增长。（详见表9、表10）。

表7　2015年出版各产业类别的增长速度情况

排名	产业类别	营业收入增长速度（%）
1	数字出版	30.00
2	电子出版物出版	13.96
3	出版物进出口	13.22
4	出版物发行	6.95
5	印刷复制	4.30
6	图书出版	3.96
7	期刊出版	-5.21
8	音像制品出版	-10.13
9	报纸出版	-10.27

表8　2015年出版各产业类别的增长贡献情况

排名	产业类别	营业收入增长额（亿元）	营业收入增长贡献率（%）
1	数字出版	1 016.15	60.17
2	印刷复制	505.36	29.92
3	出版物发行	210.26	12.45
4	图书出版	31.37	1.86
5	出版物进出口	9.83	0.58

(续前表)

排名	产业类别	营业收入增长额（亿元）	营业收入增长贡献率（%）
6	电子出版物出版	1.52	0.09
7	音像制品出版	-2.96	-0.18
8	期刊出版	-11.04	-0.65
9	报纸出版	-71.66	-4.24
合计	—	1 688.81	100.00

表9 "十二五"期间中国数字出版主要指标情况

指标名称\年份	2011年	2012年	2013年	2014年	2015年
营业收入（亿元）	1 377.88	1 935.49	2 540.35	3 387.70	4 403.85
利润总额（亿元）	106.68	151.95	199.42	265.72	334.55

表10 "十二五"期间中国数字出版主要指标增长情况

指标名称\年份	2011年较2010年增减	2012年较2011年增减	2013年较2012年增减	2014年较2013年增减	2015年较2014年增减	平均值
营业收入（%）	31.0	40.5	31.3	30.9	30.0	32.7
利润总额（%）	19.1	42.4	31.2	33.3	25.9	30.4

2. 传统出版单位转型升级提速，国家数字出版基地（园区）粗具规模

2015年，国家新闻出版广播电影电视总局出台《关于推动新闻出版业数字化转型升级的指导意见》，使数字出版发展思路日渐清晰与明确，方法与路径日趋开阔与多元。2015年7月，国家新闻出版广电总局公布了第二批100家转型示范单位，至此转型示范单位已达到170家。2015年，传统出版单位在数字教育出版领域转型升级的探索初见成效，依托在教育出版领域多年的教育资源积累，利用互联网技术，已逐步探索出一些发展路径、服务形态，针对不同用户的学习需求，推出一系列核心教育产品。譬如人民教育出版社、外研社等着力将存量教育资源数字化，加快建设在线教育资源平台；安徽教育出版社以"时代e博"为品牌打造"时代教育在线——电子书包应用服务云平台"；江苏教育出版社以题库内容资源为主建设"题库资源加工平台"，等等。

2015年，以上海张江、江苏、广东、安徽等为代表的一批国家数字出版基

地（园区）茁壮成长，14家国家数字出版基地（园区）共实现营业收入1 452.8亿元，较2014年增长29.9%；拥有资产总额1 288.0亿元，增长37.3%；实现利润总额261.1亿元，增长32.5%。

3. 在激烈的市场竞争下，网络文学行业格局已逐步形成

在传统出版单位转型升级步伐日益加快的同时，越来越多的数字出版企业也投身到内容生产、技术方案提供、软硬件开发、信息加工制作、内容运营投送等产业板块之中。2015年，百度文学与苏宁阅读达成战略合作，腾讯文学与盛大文学联合重组成立阅文集团，阿里巴巴成立阿里文学。其中，阅文集团旗下拥有多家有影响力的网络原创与阅读平台，占据了网络文学市场的半壁江山，在资源和品牌上都颇具优势。中文在线以精品内容结合多元化渠道打造版权衍生超级IP，组建了全国最大的校园文学联盟，推进网络文学作者和作品孵化。中国移动整合其手机阅读基地相关业务，成立中国移动咪咕数字传媒有限公司，全面布局包括网络文学在内的数字阅读市场。

（三）出版融合方兴未艾

1. 传统出版与新媒体的技术融合成效凸显

2015年，国家新闻出版广电总局和财政部联合出台了《关于推动传统出版与新兴出版融合发展的指导意见》，进一步明确了出版业融合发展的主要目标和重点任务。这些极大地鼓舞了出版界投入更大热情和人力、物力、财力，实施传统出版与新兴出版融合发展。为此，不少出版集团、出版社在互动阅读、移动资源、社交平台、电子商务、定制服务、在线教育、云计算与大数据等方面积极研发新型的数字产品。譬如山东出版集团的"爱书客"出版云平台、"悦客书吧""文房四宝"等，清华大学出版社的"文泉书局""智学苑""书问"，时代出版传媒公司的"时光流影"，等等。在期刊方面，超星的"域出版"平台依托移动互联网的社交手段，汇集学者、作者、读者、用户、大众，就相关主题开展交流，打造包括专栏出版、文献、图片、音频、视频、论坛和授课等多媒体功能在内的学术交流移动互动平台。2015年9月，知音传媒集团和今日头条所属的北京字节跳动科技有限公司联合打造的知音头条APP（即今日头条知音版）正式上线。这是今日头条和国内媒体联合打造的首家移动互联网新产品，主打《知音》的独家优质内容，同时融入今日头条的精粹资讯，还

能根据大数据分析技术为读者量身推荐最合适的阅读内容。在报纸方面，2015年分别有"广州参考""看楚天""上游新闻""猛犸新闻""封面传媒""华商头条"等 APP 上线运行。在书刊发行方面，2015 年，国内最大的图书电商当当网宣布要在三年内开出 1 000 家实体书店，第一家店已经于 2015 年年底在湖南开业。图书电商巨头频频向实体书店伸出橄榄枝，受邀在天猫、京东、当当、亚马逊网站上开设第三方店铺的大型书城。第三方平台方式让实体书店和出版商与线上零售的关系发生了微妙的变化，实体书店不再视电商为对手，而是将其作为构建线上销售体系并吸引客流的平台。电商也不再忙于与实体店在销售分流方面逐利，而是以构建新型渠道为目的使双方分别发挥各自优势。许多新华书店也开始实施"互联网＋图书发行"战略，从线下拓展到线上，开设了众多网上书店，如浙江新华的博库书城、新华文轩的文轩网等。

2. 国有出版单位与民营企业的资本融合取得突破

2015 年，国家新闻出版广电总局先后给予两家混合所有体制的北京华语联合出版有限责任公司和人民天舟（北京）出版有限公司以从事对外的专项出版权。北京华语联合出版有限责任公司是由占股 80% 的非公有制文化企业北京时代华语图书股份有限公司和占股 20% 的国有出版企业北京联合出版有限责任公司组成；人民天舟则是由非公有制文化企业天舟文化股份有限公司占股 70% 与国有出版单位人民出版社以无形资产入股并占股 30% 构成。其中两家国有出版单位通过特殊管理股的形式，与民营资本进行资本合作，开展对外出版业务。这是国家首次授予混合所有制出版企业以对外出版权。2015 年，国有出版企业与民营企业合作的还有湖北教育出版社并购北京新华君畅文化传播有限公司，皖新传媒完成对财经新媒体的运营平台和数字内容出版平台"蓝狮子"45% 股权的收购，河北出版传媒集团公司与山东世纪金榜科教文化股份公司的战略合作，人民文学出版社并购上海 99 读书人等。

3. 出版业与其他行业的业态融合热火朝天

2015 年，出版融合不仅体现在传统出版与新媒体的技术融合，体现在国有出版单位与民营企业的资本融合，还体现在出版业与其他行业的业态融合。2015 年的"IP"热反映出人们对内容价值的高度重视，许多点击率高的网络文学作品都被改编成网络剧、电影、手游、页游、漫画、舞台剧等。为此，许多传统出版企业在版权运营方面加大力度，投资影视作品，或者向影视多媒体领域延伸。2015年，广西师大出版社集团旗下的"理想国"与土豆网联合推出文化视频节目，金盾出版社联合启迪传媒集团共同开发"中国金盾电视联播平台"，凤凰传媒旗下译林影视投资拍摄的电影《左耳》，读者出版传媒与优酷土豆集团旗下合一影业、北京深蓝文化传播有限公司进行合作等。同时，一些出版企业还与机场和地铁进行跨界合作。2015年3月，中南出版传媒集团股份有限公司与长沙市轨道交通集团有限公司宣布成立合资公司，共同运营长沙地铁平面媒体及无线网络平台；8月，读者出版传媒股份有限公司与甘肃省民航机场集团共同开发机场媒体资源等。

（四）市场环境日趋改善

1. 市场准入门槛进一步降低，一批利好政策法规相继修订出台

国务院法制办修订了《出版管理条例》《音像管理条例》《印刷管理条例》有关条款，国家新闻出版广电总局推动《出版物市场管理规定》《网络出版服务管理规定》《中小学教材价格管理办法》《中小学教辅材料管理办法》等的制修订工作，取消了"电子出版物出版单位与境外机构合作出版电子出版物初审"等5项行政许可事项，一批涉及工商登记前置审批项目改为后置审批。实体书店奖励扶持政策进一步完善，奖励扶持的范围由12个省市扩至16个，共投资9 600万元。

2. 全民阅读活动掀起高潮，营造了良好市场环境

《全民阅读促进条例》立法工作加快，《全民阅读中长期规划（2015～2020）》起草完毕。2015年在"4·23世界读书日"期间，李克强总理专程到访"厦大时光"书店，刘云山、刘延东、刘奇葆等中央领导同志出席中华书局读者开放日活动。江苏省和湖北省分别出台《江苏省人民代表大会常务委员会关于促进全民阅读的决定》和《湖北省全民阅读促进办法》。以"2015书香中国暨北京阅读季"和"千年运河 万里书香"为标志，各地全民阅读活动掀起高潮，其系列活动走进家庭、社区、校园、企业，营造了浓郁的阅读氛围。

3. 非法出版活动受到严厉打击，出版物市场秩序逐步向好

2015年，4家违规的出版社和音像出版社受到严肃查处；540件新闻敲诈案件被查办，49家新闻单位受到通报，65名新闻采编人员被处理。在印刷复制发行专项检查中，有21家违规企业被查处。2015年1月~10月，19万册

（份）进口书报刊被撤页查扣，971 册（份）被限制发行，5 456 册（份）被取消订单。通过"护苗2015""秋风2015""净网2015"等专项行动，严厉打击了有害和非法少儿出版物和假媒体、假记者站、假记者，及时清除互联网上的淫秽色情信息和市场上的淫秽色情出版物，共收缴各类非法出版物1 500余万件，查处各类案件7 200多起，关闭非法网站和传播有害信息网站2.8万个，非法出版活动得到进一步遏制。

（五）对外交流风生水起

1. 重大出版外事活动精彩纷呈

在习近平总书记访美、访英和出访南非期间，分别在三国举办《习近平谈治国理政》研讨会、中国图书节和中国主题图书展销活动，在国外媒体、政要和民众中引起极大反响。其中，《习近平谈治国理政》的英、法、俄、阿、西、葡、德、日、越等外文版在100多个国家发行超过50万册，创下改革开放以来我国国家领导人著作海外发行最高纪录。在加拿大、新西兰、俄罗斯等国举办"纪念世界反法西斯战争暨抗日战争胜利70周年"专题书展活动，向全世界宣传了中国抗日战争的光辉历史。

2. 版权贸易逆差进一步缩小

2015年，共输出出版物版权8 865种，引进出版物版权15 973种，为"十二五"期间版权贸易逆差最小值（详见表11）。所输出的内容大多是坚持中国道路、弘扬中国精神、凝聚中国力量和讲好中国故事、传播中国声音的出版物。

表11 "十二五"期间中国出版物对外贸易情况

数量（种）\年份	2011年	2012年	2013年	2014年	2015年
引进	16 639	17 193	17 613	16 321	15 973
输出	7 783	7 831	8 444	8 733	8 865
输出与引进之差	-8 856	-9 362	-9 169	-7 588	-7 108

3. 走出去工程项目取得实效

2015年，"丝路书香工程"重点翻译资助项目共资助546种图书，资助金额达到6 400万，对加快中国精品图书在丝路沿线国家的出版发行起到了极大的推动作用。"经典中国国际出版工程"资助项目有102种,输出语种20种,项目结项率达到93%,一批中国原创出版精品图书进入国外主流市场。其中,刘慈欣的《三体》荣获被誉为"科幻界的诺贝尔奖"的雨果奖。"图书版权输出普遍奖励计划"启动实施,有730种项目和230种项目获得普遍奖励和重点奖励。国际营销渠道拓展工程全面展开,全球百家华文书店中国图书联展活动、亚马逊"中国书店"取得积极进展。中国图书对外推广计划顺利开展,中国当代作品翻译工程有序推进,新疆、西藏、云南等边疆地区企业走出去步伐也不断加快。

4. 重要书展进一步发挥了外宣平台功能

第22届北京国际图书博览会取得圆满成功,博览会达成版权协议2 887项。北京国际图书博览会国际影响力进一步提升,世界第二大国际书展地位更加巩固。成功举办美国书展中国主宾国活动和东盟出版论坛、中阿出版论坛、中俄出版博览会、中韩版权研讨会等出版论坛、展会活动等。在第22届白俄罗斯图书展、第28届莫斯科国际书展和第60届贝尔格莱德国际书展上,《习近平谈治国理政》《当代中国系列丛书》《中国创造系列》《中国文化系列》等图书引人关注,受到读者的青睐。

5. 出版传媒企业海外影响力日益提升

2015年6月,在法国《图书周刊》举办的2015年世界出版企业50强排名中,凤凰出版传媒集团、中南出版传媒集团、中国出版集团与中国教育出版集团分别位列第7名、第8名、第15名和第21名。10月,在法兰克福国际书展期间,我国成功加入国际出版商协会并担任执委会委员。这些进一步提升了我国在国际出版界的国际地位和话语权。

2015年,我国出版企业还不断加强与国外出版企业的战略合作。安徽美术出版社与澳大利亚ATF出版社合作在澳大利亚设立"时代亚澳公司",凤凰出版集团在美国芝加哥市成立凤凰美国控股公司,中国图书进出口总公司与俄罗斯国家图书馆签署"易阅通"战略合作协议,中国出版集团与阿拉伯出版商协会开展战略合作,接力出版社与埃及的大学出版社、埃及智慧宫文化投资(出版)公司合作创办接力出版社埃及分社,安徽少年儿童出版社与黎巴嫩数字未来公司共同合资设立"时代未来有限责任公司",中南传媒与培生教育出版亚洲有限公司共同打造数字教育产品,等等。

二、中国出版业发展趋势分析

(一)"十三五"规划文化发展目标引领出版业发展

2016年3月,《中华人民共和国国民经济和社会发展第十三个五年规划纲要》(以下简称《纲要》)正式发布。《纲要》提出了文化发展的四大目标,这些目标描绘出出版业发展的远景,指明了出版业发展的方向。

1. 传播有文化价值的内容将是出版物生产传播的大趋势

要完善内容建设的目标就要求出版人担负起生产传播文化价值的使命,坚持正确的导向,生产传播更多体现中国梦与社会主义核心价值观的出版物,使广大人民群众产生共鸣;生产传播体现爱国主义、集体主义、社会主义思想引人向上向善、诚信互助的出版物,使广大人民群众喜闻乐见;生产传播能增强广大人民群众思想道德素质、科学文化素质、健康素质和法制意识的出版物,使广大人民群众乐于接受。这是对出版业的基本要求,也必将成为出版业发展的大趋势。

2. 出版业将更多地承担公共文化建设的责任

《纲要》明确提出"读书看报""推动全民阅读""繁荣发展文学艺术、新闻出版、广播影视和体育事业"等,把"读书看报"正式列入有标准、有考核的基本公共服务清单中,把"全民阅读"首次写入国家规划,进一步明确新闻出版事业作为公共文化服务体系的重要组成部分,意味着建成公共文化服务体系需要出版业承担更多的责任,同时也意味着出版业在公共文化服务体系建设的过程中将获得更多的发展空间。

3. 推动文化产业成为国民经济支柱性产业的目标将为出版业发展提供更多的机遇

《纲要》提出2020年文化产业要成为国民经济支柱性产业,意味着文化产业增加值应占到国内生产总值的5%以上。2020年国内生产总值的预期性指标是大于92.7万亿元,其5%约为4.6万亿元以上。2014年,新闻出版产业的增加值为5 500亿元,占文化产业增加值的23%。如果保持新闻出版业增加值在文化产业中的比重不变，2020年新闻出版业的增加值应该超过4.6亿的23%，即超过10 580亿元。这就是说"十三五"时期，新闻出版业增加值要达到2014年的1.87倍以上，2014年到2020年新闻出版业年均增长速度应该在11%以上。这是巨大的挑战，同时也是巨大的发展机遇。

4. 出版业在国际市场上应占有较大的市场份额

《纲要》提出"以'一带一路'建设为统领，丰富对外开放内涵，提高对外开放水平，协同推进战略互信、投资经贸合作、人文交流，努力形成深度融合的互利合作格局，开创对外开放新局面"。这将为中华文化走出去奠定良好的基础。《纲要》还提出"鼓励文化企业对外投资合作，推进文化产品和服务出口"，"拓展海外传播网络，丰富传播渠道和手段"，"打造旗舰媒体，推进合作传播"。这意味着出版业通过市场化方式走出去将获得更为有利的条件，出版业在国际市场上将占有较大的市场份额。

（二）出版改革将进一步解放和发展出版生产力

《关于推动国有文化企业把社会效益放在首位、实现社会效益和经济效益相统一的指导意见》对未来的出版改革作出了全面的部署，出版改革的深入将逐步制定出完善的政策法规及版权保护体系，营造出更加适宜跨行业、跨区域、跨所有制发展的市场环境，培育出独立的市场主体，建立起体现文化特点的现代企业制度，构建成灵活的市场运营机制。

2016年6月江苏省新闻出版广电局印发了《江苏省图书制作和出版分开改革试点工作实施细则》，并召开图书制作和出版分开试点工作动员暨培训会。同月，北京市新闻出版广电局印发了《北京市图书制作和出版分开改革试点工作方案》《北京市图书制作和出版分开改革试点工作实施细则》，召开了北京市图书制作和出版分开改革试点工作动员部署会。图书制作和出版分开试点工作已经展开，并有可能普遍实行，这将使民营书商在一定条件下进行图书编印发工作，更好地行使图书制作权，充分发挥其主动性与积极性。随着对民营书商图书制作权的放开，国有出版单位的编辑也有可能逐步转变为独立图书制作人，在图书的编印发上拥有更多的自主权。

2015年，在对外专项出版企业试点特殊管理股为在其他出版领域试点特殊管理股积累了经验，提供了借鉴。在对外专项出版领域，民营资本可通过特殊管理股的形式与国有出版单位达成资本合作关系,从而获得专项出版许可,进而名正言顺地开展对外出版业务,这种模式既可以充分发挥国有出版单位内容导向管理的特长,又可以发挥民营资本市场运作的特长。

(三) 自商业生态将为出版业增添新的创新动力

2015年,自媒体售书火热与自媒体商业模式的形成密切相关。自媒体兴起已经有一段时间了,但自媒体大多是在为平台打工,吸引的注意力只是在为平台广告作贡献,本身经济收益有限导致其缺乏持续的发展动力,许多曾经十分红火的自媒体现在已销声匿迹。"罗辑思维"等自媒体能在2015年持续火爆,重要原因之一是其形成了自商业模式,获得了持续发展的内在动力。所谓的自商业模式就是通过构建阅读场景吸引用户注意力,进而为用户提供产品销售链接,使用户实现即时购买,形成"内容+电商"的模式。这使得原来只能获得有限广告收入的自媒体找到了新的赢利途径。在"自商业"场景下,用户阅读内容,产生购买冲动马上可以实现即时购买,阅读与购买行为几乎同步产生,"自商业"让真实场景需求与消费动机无缝对接,能把用户的注意力马上转化为购买力,实现了内容与电商的有机嫁接。"罗辑思维""大V店""凯叔讲故事""童书妈妈三川玲""爱读童书妈妈小莉"等都通过精彩的内容吸引用户,形成自己的社群,通过内容黏住用户,使用户在使用内容的过程中产生购买行为,产生利润。

自媒体电商规模小、品种少与品类齐全、排行榜效应强的大型电商几乎不可相提并论,但自媒体电商以独特的知识服务、社交工具、社群属性塑造出了新型消费场景,以较高的性价比,较强的用户黏性、良好的用户信任度形成了持续的消费能力。自媒体电商正在许多领域对大型电商形成较大的冲击,在私人定制及高端消费等细分市场,自媒体电商可能会有较大的发展空间。

目前,二十一世纪出版社集团已经建立了中国儿童阅读推广云平台,许多出版企业都在建设自己的阅读推广平台,在这些平台上可以嫁接更多的专业定位相同的自媒体。出版企业拥有的自媒体越多,影响力越强,其内容创新能力、业态创新能力、营销能力就会越强。自媒体将会为出版企业的未来发展带来更多的想象空间。

（四）"内容+"的解决方案提供将成为出版业发展的重要途径

"内容+"的潜在含义是内容提供+服务提供，其最高境界是解决方案提供。解决方案提供就是针对特定的用户的特定需求提供个性化的解决方案，比如面向医生的出版要能为医生提供针对特定病人特定症状的个性化治疗方案，面向教师的出版应当能为教师备课、上课、布置作业、批改作业、出题、批卷、分析试卷等提供最适合他所教学生特点的教学解决方案等，面向少儿的出版应当为少儿提供知识、娱乐、健康等全方位的快乐成长解决方案。提供最优个性化解决方案可有效满足用户的多种需求，可以方便快捷地为用户服务，降低服务成本。

2015年8月培生出让《金融时报》和50%的《经济学人》股权，以便集中经营国际教育业务。培生认为未来国际教育市场机会巨大，增长点主要在教育服务、数字化及高增长经济体三个方面。近年来，培生从传统教材出版向教育服务转型，努力发展教育测试测评、数字化教学、资格认证等多种业务，努力转型为教育综合解决方案提供商，为教育产业的发展提供具有实际借鉴意义的解决方案。

爱思唯尔从一个学术出版商转变为一家服务于科学家、律师、医生等的服务提供商，通过海量优质资源与"数字决策工具"帮助科学家做好科研工作，帮助律师制定打赢官司的方案，帮助医生拿出最优的治疗方案，努力成长为其目标用户的解决方案提供商。

为特定用户提供解决方案是国际出版商的追求目标。在国内也有不少出版单位提出要做解决方案提供商，但其拥有的资源、技术、人才有限，对如何成为解决方案提供商缺乏深刻认识与实际运作经验。

2016年2月3日出版传媒公告称，公司与下属全资子公司辽宁美术出版社共同对其下属的"大耳娃文化公司"进行现金增资1 950万元，用于实施大耳娃儿童乐园项目，包括海洋迷宫、快乐小镇职业体验馆、儿童电玩城、儿童亲子游乐园、穿越时空体验馆、镭射激光游戏迷宫、儿童室内足球等体育项目、大耳娃银行、水吧、餐饮购物及休息区等。很显然，公司欲在具有自主知识产权的大耳娃数字产品的基础上，沿着少年儿童的需求链，为其提供全方位的解决方案与一站式服务，引导少年儿童德智体全面发展。这与长江少儿出版社集团、二十一世纪出版社集团、安徽少儿文化发展公司的组建思路是基本一致的，就是要为少儿成长提供一站式服务，提供整体的解决方案。

为用户提供整体解决方案或者个性化解决方案需要海量的知识资源，需要雄厚的资本实力，需要专业化的人才与先进的技术。许多出版单位在这方面已经做出了可贵的探索，未来将会有更多的出版单位成长为整体的解决方案提供商。

（五）高新技术将为新产品、新业态的产生提供无限可能

1. 大数据技术将催生智能出版

20世纪90年代后期，随着互联网的高速发展，大数据技术开始在全球受到关注，各种有关大数据研究的论文不断发表、有关大数据研讨的会议、论坛在不断召开，最有意思的是通过大数据分析预测少女怀孕的故事在互联网广为流传。随后，大数据热潮开始波及整个出版行业。大数据技术较多使用于大型互联网企业与电商，2014年起在出版行业得到了实际的应用。京东图书频道，基于对1 700万用户的销售数据分析，选择出一批用户需求大、呼声高的选题，欲实现产销一体化。当当网通过十余年间积累的用户购买行为数据和评论数据来与作者合作推出新图书产品。青岛出版集团与京东图书在青岛签署战略合作协议，双方将依托大数据分析，在合作出版、营销推广等方面开展深度合作。电子工业出版社通过专业社区收集读者信息来为他们及时提供所需要的书。使用大数据技术受到高度关注的是资讯类新闻客户端"今日头条"。2014年6月4日，今日头条宣布完成C轮融资1亿美元，公司估值5亿美元。今日头条的高估值来源于其商业模式——基于用户的社交网络数据进行挖掘分析，再通过算法提供给用户自己最感兴趣的消息。这种模式虽然因为侵权遭到各方非议，但如果能解决版权问题的话，模式将会很有发展前景。大数据出版是在一个大的平台上实现海量内容提供数据化与受众接受数据化的对接，具体地说就是，受众的接受行为要数据化，出版的内容也要数据化。只有这样才能通过数据的分析掌握受众的阅读需求，并根据受众的需求，为其自动聚合相应的内容，实现智能化的大数据出版。事实上，有知网等数字出版平台在进行内容的碎片化、数据化加工，随着时间的推移，当内容数据集聚到相对全、受众阅读购买数据积累到一定量的时候，按照读者个性化需求进行精准推送的智能出版将成

为可能。

2. 新型出版产品将为受众带来更加新奇的体验

新型出版产品不仅要蕴含有思想、情感，而且要获取便利，体验良好，能满足个性化需求。新型出版产品可以是网络文学作品，可以是多媒体产品，也可以是数据库。凤凰传媒的职业教育虚拟实训教学软件、时代出版公司的幼儿全媒体电子教材"豚宝宝系列"、社科文献出版社的皮书数据库等都可以说是比较成功的新型出版产品。

在未来，利用 AR、VR 技术生产的新型出版物将更受关注。比如中信出版集团引进英国著名科普出版社 Carlton 出版的《科学跑出来系列》图书，把少儿科普与全球顶级 AR（增强现实）技术结合，让恐龙从书里跑出来，太阳从书里跑出来，龙卷风从书里跑出来，在带给孩子们新奇体验的同时使其了解掌握科普知识，受到了孩子们热烈欢迎，全球累计销量达上百万册。

3. 反映新技术、新趋势、新理念的出版物将会很有市场

近年来，反映大数据技术、3D 打印技术、工业 4.0 等的出版物不断受到市场追捧，比如《大数据时代》《3D 打印：从想象到现实》《工业 4.0 大革命》都成为了广受读者欢迎的畅销书。2016 年 3 月韩国围棋九段世界冠军李世石在与谷歌机器人 Alpha Go 的人机大战引起了世人对智能机器的关注，引发了《机器人时代：技术、工作与经济的未来》《机器学习》《机器人革命：即将到来的机器人时代》等一批人工智能类图书的畅销。在未来，新技术将对人类发展产生巨大的推动作用，人们渴望新知的心理会更加强烈，反映新技术、新趋势、新理念的出版物将会持续热销。

（六）以 IP 为核心的健康的多媒体生态链将逐渐形成

2015 年，"IP"受到热捧，但也存在诸多问题，对 IP 的认识模糊，对 IP 的争夺缺乏理性，导致个别 IP 价格虚高；对 IP 的开发不够严肃认真导致 IP 资源被浪费；对 IP 的开发缺乏系统的规划，不能适应市场的需求，错过了大好时机；IP 开发缺乏完善的运营机制，没有形成完整的生态链；缺乏超级 IP，难以形成持久广泛的影响力。这些问题随着时间的推移将逐步得到解决，以 IP 为核心的多媒体生态链将逐渐形成。

1. 版权运营的理念将深入人心

长期以来，出版业一直局限于书报刊电子音像的出版发行，这导致传统出版企业画地为牢造浪费了许多资源，错过许多发展机遇。比如在网络文学、新媒体、新业态等许多方面传统出版企业都没能占有先机。网络文学改编游戏、电视剧的不断成功，IP热潮的兴起使得传统出版企业的版权运营意识进一步增强，开始注重版权资源的获取，注重版权资源的多元开发利用，争取在签订图书版权的同时努力获得多种权利。

2. 版权运营的生态链将逐步完善

目前，IP开发主要体现在网络文学作品开发游戏和电视剧，或者由图书改编电影或者电视剧，或者为热门电影或者电视剧出书方面。能够进行多媒体全产业链开发的IP屈指可数。在未来，网络文学的IP仍将是开发的源头，除了BAT外，传统出版企业也将会在网络文学领域布局，网络剧、手机游戏、网络动漫将会是IP开发的第一站，许多新型网络作品形态如图片剧等会大量涌现。IP的网络开发成本较低，限制也比较少，在网络上的大热会导致其转向影视作品开发，并最终开发出各种衍生产品，形成完整的产业链。

3. IP概念将会站到资本市场的风口

IP的火热，正在朝资本市场传导，不少上市公司都开始布局IP运营，大量资本开始向IP运营企业流动。但资本市场对IP运营的关注度还不够高，还没有像形成VR概念股那样形成IP概念股，资本市场对VR等新技术的关注远远高于对IP的关注。其原因在于IP的影响力还不够大，还没有为上市公司带来明显的业绩提升。随着更多的有价值IP的产生，IP运营将会不断带来良好的经济效益，拥有超级IP的上市公司将会站到资本市场风口。

三、推进中国出版业发展的建议

（一）加快建立以文化价值传播为核心的评价体系

出版企业质量效益型增长的核心是文化价值传播带动的增长，这就要求出版企业必须把出版传播文化价值作为首要任务。要反对脱离文化价值传播去搞多元经营，去片面追求经济效益。个别出版企业声称经营房地产等是为出版主业提供经济支撑，但其出版主业并没有多大起色。为此，应尽快建立以传播文化价值为核心的出版企业评价体系，对出版企业进行评估，引导出版企业以传播文化价值为己任，促进中华文化的繁荣复兴。

由于出版企业的社会效益难以量化，导致对出版企业的社会效益考核流于形式，对经济效益的考核则成了考核的重点。建立以文化价值传播为核心的考核体系的重点是加强对出版企业的社会效益考核，建立对企业的社会效益指标考核体系，使对企业的社会效益考核硬起来，企业社会效益指标的权重要达到50%以上，并将社会效益考核细化量化到政治导向、文化创作生产和服务、受众反应、社会影响、内部制度和队伍建设等具体指标。出版物的内容质量、编校质量、印装质量、出版物获奖数、获得各种基金资助数、国家重点文化项目承担量、媒体报道量、书评数量、读者好评度、出版物市场占有率、年新出出版物量、年重印出版物数量、版权输出量、境外投资企业量、新兴媒体运营能力、各种规章制度是否健全、高级职称与中级职称编辑数量、违法违纪情况等都是体现出版企业社会效益的重要指标，具体各项指标的权重及细分需要进行专题研究。要在行业内建立相对统一的社会效益指标体系，引导出版企业承担起文化传播与传承的重任。

（二）推动出版企业进行公司制、股份制改造

股份制改革可以实现股权多元化，实现企业的科学决策，增强企业发展动力，股份制是建立现代企业制度的基础，也是出版企业上市、试点特殊管理股、发展混合经济的前提。股份制是出版企业跨地区、跨媒体、跨行业、跨所有制、跨国经营的主要制度形式。截至2010年12月30日，除保留事业性质的公益性出版社外，中央各部门各单位出版社、地方出版社、高校出版社等全国所有经营性出版社已全部由事业单位企业管理转制为企业，出版行业在转企改制的道路上迈出了重要一步，出版行业已进入了市场化运营时代。然而，除上市企业、拟上市企业及个别企业外，大部分出版单位只完成了转企的任务，改制的任务还远未完成。

2014年4月国务院办公厅《关于印发文化体制改革中经营性文化事业单位转制为企业和进一步支持文化企业发展两个规定的通知》指出，国有文化企业

要加快公司制股份制改造，推进董事会、监事会建设，规范总会计师管理，健全协调运转、有效制衡的公司法人治理结构，形成符合现代企业制度要求、体现文化企业特点的资产组织形式和经营管理模式，确保把社会效益放在首位，实现社会效益和经济效益相统一。国家新闻出版广电总局发布的《深化新闻出版体制改革实施方案》指出，要推动已转制的新华书店、图书出版社、电子音像出版社、非时政类报刊社等进行公司制、股份制改造。

（三）建立数字化传播的新秩序

长期以来，许多数字出版企业都是各自为政，单打独斗，缺乏整体的战略规划，内容提供商欲建平台，技术提供商也欲建平台，大企业欲建平台，小企业也欲建平台，相互之间难以合作，形成了小、散、乱的局面，造成了资源的极大浪费。从另一个方面看，数字出版标准的缺乏和盗版侵权的大量存在也对数字资源的整合造成了极大的困扰。所有这些使得在理论上可以实现的赢利模式在实践上却难以赢利，也给广大用户获取数字资源造成了诸多不便。尽快建立数字传播的新秩序应该是"十三五"期间出版业发展的当务之急。

1. 以扶持市场化运营的大型数字传播平台为主导

满足用户的个性化需求，必须有丰富的资源与大型的平台，大数据与云计算技术的应用依托于大型的平台，传统媒体与新媒体的融合也需要大型的平台。所有的产业都需要通过大的平台进行规模化、集约化经营来降低成本、提高效率，通过集聚海量产品为读者选择商品提供便利条件。小型出版企业可以在大的平台上利用公共资源，展示其风采，实现更好的发展。这就需要有关部门协调疏导扶持帮助构建大型的线上与线下一体化运营的大型平台。

2. 扶持内容提供商建立数字出版系统并与大型数字出版平台对接

以往内容提供商只是把出版的内容放在数字出版平台上，这种出版模式基本上由平台商主导，内容提供商参与的热情不高。要调动内容提供商的积极性，就要由内容提供商主导整个数字出版的过程，由内容提供商自主策划内容、自主定价、自主营销。由于内容提供商经济基础不是特别雄厚，希望有关部门能扶持内容提供商建立完备的立体化数字出版编撰系统，将一种资源多次开发转化为纸质书、电子书、音视频产品。一方面通过自我平台销售，另一方面将自身的内容资源直接与咪咕数字传媒平台、当当网电子书销售平台、超星电子书平台、优酷土豆视频平台等对接，通过大型平台与数据库实现更好地销售，同时掌握用户使用和反馈情况，形成生产、销售、反馈一体化的数字运营体系。

3. 数字出版平台的构建要分类别分层次

构建平台必须以用户需求为导向，分类别分层次构建。互联网思维的核心是用户思维，打造平台必须根据特定用户的特定需求来进行。针对科技工作者的科研需求可以构建全方位的科研服务平台，根据少儿读者的成长需求可以构建全方位的少儿成长服务平台，根据中学生的学习需求可以构建服务中学生学习需求的综合服务平台。围绕用户某方面需求整合资源一定要尽可能做到全面，这样才有可能满足大多数用户的个性化需求，这样才能根据大数据准确分析用户需求，并满足用户需求。这方面有许多出版企业已经进行了有益的探索，但如何整合更多有价值资源，需要长期的努力。

（四）大力倡导绿色出版，提升出版生态文明水平

由于传统习惯根深蒂固，传统的出版方式仍处于主流地位，传统印刷依然比较普遍，出版用纸、油墨及其他材料对森林资源的消耗与对环境污染的现象并没有得到有效治理。因此，践行绿色出版理念依然是一项艰巨的任务。政府部门要积极倡导绿色出版，加大政策支持的力度，要通过文化产业专项基金及其他各种基金大力扶持绿色出版的项目与企业。印刷行业协会应进一步严格规范开展绿色印刷企业认证，已经获得认证的企业如果存在不达标的现象该撤销资格的要果断撤销，对不能通过绿色印刷认证的企业要逐步淘汰；出版行业协会也应建立绿色出版的认证指标体系，尝试探索对出版企业的绿色出版认证。大力提高森林友好型纸张的使用比例，减少优质原浆纸的消耗，提高再生纸使用率。在印刷的各个环节上尽可能使用环保材料。在耗材方面，应推广使用不需要曝光和显影、摆脱了化学处理的干版胶片；大量使用环保油墨，如水性油墨、植物油油墨等。在先进的印刷工艺改造上，应尽量采用柔性版印刷、无水胶印、计算机制版技术等。对于那些绝版图书、专业性很强的学术著作、自费出版和根据顾客需求专门制作的图书等，采用按需印刷方式出版，尽可能杜绝库存积压，实现零库存销售。要集聚大量专业出版资源，建立大型数字出版平台，利用云计算、大数据技术，准确把握受众需求，实现精准出版和无纸化

出版。

参考文献

[1] 新闻出版总署出版产业发展司. 2011 年新闻出版产业分析报告

[2] 国家新闻出版广电总局规划发展司. 2012 年新闻出版产业分析报告

[3] 中国新闻出版研究院. 2013 年新闻出版产业分析报告

[4] 国家新闻出版广电总局规划发展司. 2014 年新闻出版产业分析报告

[5] 国家新闻出版广电总局规划发展司. 2015 年新闻出版产业分析报告

[6] 张立主编. 2015~2016 中国数字出版产业年度报告 [M]. 北京：中国书籍出版社，2016.7.

[7] 刘奇葆. 加快推动传统媒体和新兴媒体融合发展 [N]. 人民日报，2014-04-24.

[8] 魏玉山. 特殊管理股试点将有序试行 [N]. 中国新闻出版报，2015-02-16.

[9] 范军主编. 2014~2015 中国出版业发展报告 [M]. 北京：中国书籍出版社，2015.9.

[10] 出版传媒集团发展研究课题组. 出版传媒集团发展十大趋势 [J]. 出版发行研究，2014（5）.

[11] 聂震宁. 出版业新常态：观察与思考 [J]. 出版发行研究，2015（4）.

[12] 仝冠军. 略论新常态下出版产业发展趋势 [J]. 现代出版，2015（3）.

[13] 刘广汉. 新常态下中国出版业海外收购与运营中的三重问题 [J]. 出版发行研究，2015（9）.

（第一部分由中国新闻出版研究院范军撰写；第二、三部分由中国新闻出版研究院庞沁文撰写）

第二章 分类报告

第二章　公共关系

第一节 2015~2016 中国图书出版业发展报告

2015年是"十二五"规划的收官之年，也是"十三五"规划编制与实施的关键一年。由此，未来一段时间，中国图书出版业的政策导向和发展趋势逐渐明朗，各家出版单位也纷纷对未来战略规划展开布局。相比于以往，中国图书出版业将会有更多变革和创新。

纵观近两年的中国书业，实体书店渠道图书零售稳步回升，网上书店渠道快速发展，各种新兴的图书零售方式开始显现；在品种供应方面，年度新书品种数呈持续小幅收缩态势，上游出版单位在控制出版规模的基础上不断强化图书品种的质量和单品种效益。与此同时，图书出版发行企业对各种资本运作方式的操作更加娴熟，对新兴技术手段和商业趋势的跟进更加机敏，与业内外各类型机构的合作也更加频繁和游刃有余。而在图书出版业内部，"内容+""创意+""书店+"成为行业普遍关注的话题。应该说，是行政和市场的双重力量驱动中国出版业在深化改革、创新发展的道路上越走越远、越走越稳。

一、2015年中国图书市场基本状况

（一）年度新书品种数进一步收缩，出版领域"供给侧"改革效应显现

自从2013年开始，我国图书零售市场年度动销新书品种数呈持续下降的态势。在2012年实体书店渠道新书品种数达到高峰值以后，年度新书品种数已经连续三年出现下降。2015年，开卷监测数据显示，实体书店渠道与网上书店渠道合计的新书品种数为20.76万种；其中实体书店渠道新书品种数19.67

万种,比上一年度下降将近 1 000 种。与此同时,网上书店渠道的新书品种数呈现增长,但是与实体书店渠道的新书发行规模还有明显差距,网上书店渠道动销的当年新书只有 15.5 万种。由此可见,伴随着网上书店渠道整体销售规模以及在整个图书发行零售体系当中的重要性不断提升,网店渠道覆盖的新书品种数也不断增加;但是从整个零售市场来看,全行业的图书品种供应已经呈现明显的稳定化发展趋势,新书品种规模趋向于集约化发展。

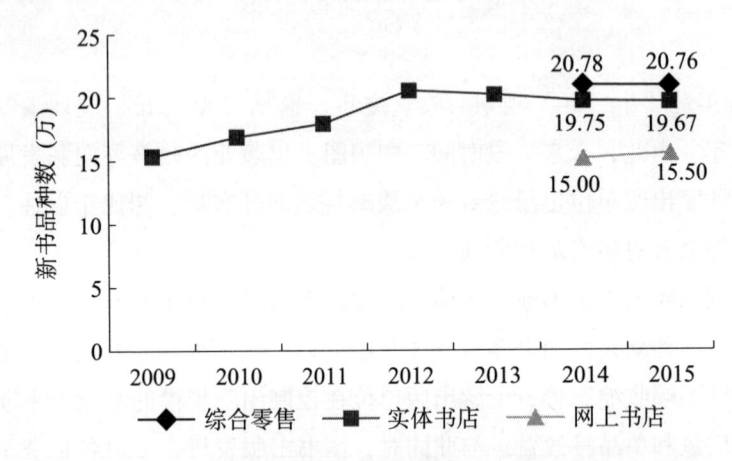

图 1 2010~2015 中国图书零售市场新书品种规模发展比较
(开卷数据)

除了零售市场上的数据表现以外,由国家新闻出版广电总局公布的年度选题申报数据也验证了这一现象。中国版本图书馆发布数据显示,2015 年全年选题申报数比上一年度有所下降,这也预示着未来一段时间出版上市的新书品种数还将进一步收缩。

上游出版机构对新品出版规模的主动收缩,是基于对社会和市场需求评估后的结果,也是其近期经营发展思路的重要体现。一直以来,图书市场上的品种雷同现象众多、同类书差异化不足,不仅给读者和渠道选书带来困惑,也造成了上游编辑出版环节的资源浪费,更成为市场过度竞争、低效竞争的深层原因。目前,"理性发展图书品种""出精品保障单品效益""摈弃依赖品种规模扩张的粗放型经营方式、追求精细化增长和图书品种的衍生效益最大化"已经成为大量上游出版单位的共识。而图书出版领域的"供给侧"改革效应也开始体现。

（二）少儿、文学类图书持续增长，艺术、社科类图书增幅明显

在 2015 年的图书零售市场上，少儿类和文学类图书依旧延续了往年的增长优势，年度同比增长率都达到了 10% 以上；但是年内市场上表现更为突出的却是艺术类图书和社科类图书，这两类图书的年度增长速度分别达到了 27.44% 和 17.41%。

同比增长率

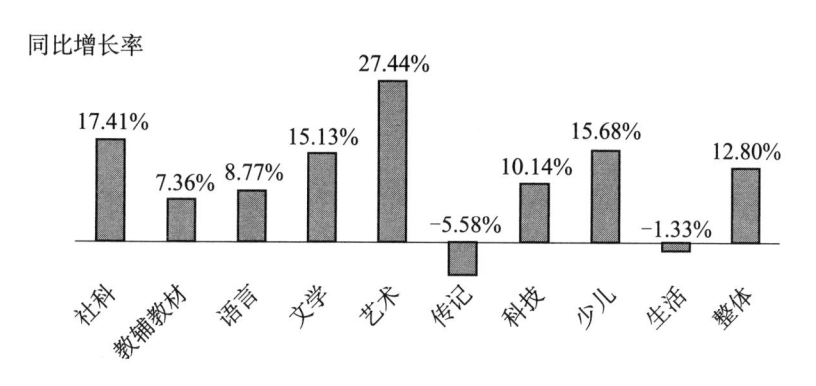

- 社科 17.41%
- 教辅教材 7.36%
- 语言 8.77%
- 文学 15.13%
- 艺术 27.44%
- 传记 -5.58%
- 科技 10.14%
- 少儿 15.68%
- 生活 -1.33%
- 整体 12.80%

图 2　2015 年中国图书零售市场各细分类同比增长率比较

（开卷数据）

从新书出版的内容角度来看，2015 年是一个主题出版相对丰富的年份，围绕中国特色社会主义和中国梦学习宣传教育、纪念中国人民抗日战争暨世界反法西斯战争胜利 70 周年等主题，出版界推出了一批优秀出版选题，在图书市场上掀起了主题出版的热潮。《习近平总书记系列重要讲话读本》《习近平谈治国理政》等国家领导人著作发行量也持续增长。主题出版类、政策推动类以及以《从 0 到 1》为代表的经管类畅销书作为年内社科类图书热点，共同推动了社科类图书的整体快速发展。

艺术类图书在 2015 年的大幅增长与"手绘涂色书"热销有着直接关系，《秘密花园》"手绘涂色书"连续多次在开卷月度非虚构榜单占据领先位置，销量不断攀升。DIY 的涂色过程让涂色书不仅是被阅读而且是被个性化创作，其操作过程被赋予了心灵解压的功能，涂色成果则借助社交网络分享得以扩散和传播，最终引爆 2015 年的一次全球性的图书流行现象，"手绘涂色书"也可以被称为 2015 年大众出版领域的典型案例。

（三）实体书店继续回暖，网店与实体店进一步融合

实体书店渠道销售在 2014 年停止负增长、实现 3.26% 年度增长之后，在 2015 年继续保持正向增长，同比增长 0.3%。虽然增长幅度没能在上一年的基础上继续放大，但是实体渠道销售企稳的趋势得到进一步巩固。实体书店图书零售的企稳回升，主要得益于近几年实体书店的经营策略调整。有的实体书店积极扩展线上零售，也有的实体书店通过重装改造或与商业地产合作的方式开设新型门店，实现了多元品类的丰富以及顾客体验的升级，为重新吸引客流和提升竞争优势奠定了基础。开卷数据显示，实体书店的销售回暖并非只是表现在个别区域或者个别类型的书店，而是表现在多种类型实体书店渠道的整体销售提升。

在 2015 年，网络书店渠道图书零售继续保持高速增长，同比增速达到 30% 以上。经过多年的发展，实体书店渠道和网上书店渠道已经形成了相对稳定的规模结构。根据开卷数据，2015 年实体书店渠道零售码洋超过 330 亿元，网上书店渠道零售码洋达到 280 亿元左右。目前电商巨头再一次出现"三足鼎立"的局面，当当、天猫、京东成为目前的领先者，亚马逊在纸质书销售规模方面的领先地位已经被天猫和京东超越。

在线上与线下渠道发展的过程中，两者之间的关系早已从"竞争"走向"融合"。除了实体书店主动开拓线上业务以外，"融合"还表现在两个方面：第一，图书电商巨头从"卖商品"的自营业务模式向"卖流量"的平台业务模式进行扩展的过程中频频向实体书店伸出橄榄枝，受邀在天猫、京东、当当、亚马逊网站上开设第三方店铺的大型书城已经不在少数。一方面，这是电商业务模式发展的需要；另一方面，优质实体书店的入驻也能够为电商平台在可供品种数量和偏远地区到货速度方面带来直接的效果提升。第三方平台方式让实体书店和出版商与线上零售的关系发生了微妙的变化，实体书店不再视电商为敌，而是将其作为自身构建线上销售体系并吸引客流的平台；电商也不再忙于与实体店在销售图书、分流读者方面逐利，而是带着构建新型渠道生态的目的让双方分别发挥各自优势。第二，电商看好实体店铺的体验优势，网店"落地"开设实体书店的现象受到关注。2015 年，亚马逊在美国开出第一家实体书店，而国内最大的图书电商当当网宣布要在三年内开出 1 000 家实体书店，

第一家店已经于2015年底在湖南开业。

当然，在这场融合当中实体书店和网上书店最终的合作模式如何尚无定论，但是"融合"一定会带给整个行业更大的价值。

（四）实体书店渠道优化创新，新一轮"开店热"出现

随着实体书店整体销售的回暖，实体书店的创新经营和卖场改造工作也在继续，新一轮"开店热"在2015年出现。

在2013年至2014年间曾经出现过一轮实体书店升级热潮，南京新街口书店、武汉光谷书城、广州购书中心、深圳书城南山城等大型书城先后完成升级改造。2015年"新华系"大书城的升级改造还在继续，北京图书大厦、济南泉城路书店、深圳书城罗湖城、山西图书大厦、青岛书城、重庆新华大渡口店等纷纷启动原有卖场的改装改造。事实上，在这一年新华书店系统内部的门市升级改造已经呈现出向更广泛城市、更基层门店延展的特征，这也是各省新华发行集团实施卖场普遍优化策略的表现。近一年多来，江西新华、浙江新华、广东新华、河北新华、黑龙江新华、安徽新华、山东新华、重庆新华、新华传媒、吉林新华、青岛市店、沈阳市店、大连市店等实体书店改造的步伐已经从省会城市大书城、中心门店，逐渐向各地级市、县中心书城的中小门店拓展。"结合自身特点、特色，因地制宜做好门店建设规划；注重颜值、品位、选品、互动"等成为此轮实体书店升级改造最显著的特点。在改造过程中，这些门店更加关注差异化定位和特色化经营，尤其是中小门店改造必须结合环境特点和当地需求，强调由"小而全"向"特而专"转型。在这种思路下，新华书店推动中小门店改造和新型门店试点，促成了一批新华系相关特色型门店的诞生——哈尔滨"果戈里书店"、南京"不纸书店"、上海"新华一城书集"、青岛"明阅岛"等新开门店背后都代表了不同思路下的经营尝试。

在新华系统之外，民营实体书店的开店热情也同样高涨。一些地标型的民营书店动作频频，南京先锋书店、上海钟书阁、贵州西西弗、北京言几又不断开出新店；2015年11月，诚品苏州书店开业；12月，无印良品书店（MUJI BOOKS）落户上海……与"财大气粗"的新华系主动改造自有物业的方式不同，民营书店新开店能够"遍地开花"大多与商业地产商的合作有关。地产商看重的是图书商品对于客流的凝聚力，需要将其作为吸引客流的工具纳入整体业态组合当中，因此商业地产项目愿意低租金模式甚至是免费邀请一些知名实体书店入驻，为自己凝聚人气。而这些实体书店面对持续的租金压力，以自身的吸引流量能力换取优惠的租金待遇，节省下来的费用可以用做更多的尝试和业务创新。至少从目前来看，这是一个双赢的合作模式。

开卷监测数据显示，以北、上、广、深为代表的一线城市实体书店在2015年增长最为突出。其中，中等书店的增长速度在近期超越了大书城群体。结合上述近几年实体书店升级改造和新开中小型特色书店的背景，可以看到前两年的一线城市书城改造已经见到效果，由更多特色中小规模书店支撑的下一轮发展或将很快到来。

（五）互联网丰富人际交流方式，社群营销主导的图书销售渐成规模

近几年来，互联网对图书零售渠道的影响不断持续和深化，从自营业务模式下"网店崛起冲击实体书店"开始，经历了平台业务模式下"大型电商与出版单位、实体书店融合发展"的过程，而近期借助社交媒体渠道兴起的社群营销模式又成为新的亮点。

在微信公众号平台上，以"罗辑思维""童书妈妈三川玲"等为代表的自媒体在运营的过程中，不仅为"粉丝"提供内容，同时也将与内容直接相关的图书在微店中进行销售，开创了社群营销主导的新的售书模式，具有"少品种""高销量"的特征。通过"自媒体运营者的专业建议和信用背书"吸引大量粉丝购买成为这一模式下图书销售暴涨的动因。"罗辑思维"作为这一模式的典型代表，在2015年凭借不到60个品种实现了过亿元销售额，也由此吸引了业内外对其模式的广泛关注。服务母婴人群的"大V店"，汇聚妈妈人群，利用目标人群之间的社交关系构建了"供应—分销—购买"的独立平台，让妈妈们购物消费的同时更乐于去分享传播并影响社交关系中的他人消费。据报道，2015年"大V店"销售图书3 000多个品种，实现销售码洋3亿元。

在第三方机构主导的社群营销以外，众多出版机构尝试以自有品牌构建自有读者群和销售渠道也成为上游直接介入社群营销的新探索。出版商通过微信公众号与读者互动并通过微店售书当属此例。借助这样的尝试，华文天下、读库、中信出版社等早在2014年就开启了微店业务，2015年有更多出版社将微

店作为自有营销渠道和直销通路的一部分。对于出版者而言，这种方式更大的吸引力在于直面读者，并为读者数据积累、未来精准化营销奠定基础。

建立在社群营销和社会化分销基础上的售书模式还在继续发展，各种新的尝试仍在构建当中。与"大而全"的网络书店不同，社群化售书由核心人物聚集粉丝进而形成高黏性和高认可度的用户社群，然后结合场景进行营销。这种与社交行为深度绑定的图书销售模式成为互联网发展背景下渠道垂直化的另一种可能。在这种模式之下，被改写的将不仅仅是图书发行环节，甚至还可以直接作用于图书选题的产生、出版社图书营销方式的变革等多个方面。事实上，伴随着整个社会互联网使用习惯的不断发展以及图书出版发行行业"互联网+"不断深化，在线图书零售将不再是巨头的游戏，而是焕发出更多的可能。

二、2015年影响中国图书出版业的重要事件

（一）新闻出版业"十三五"规划布局未来五年发展

2015年是"十二五"规划的收官之年，"十二五"期间，我国新闻出版产业在多个方面取得了进步，具体体现在：行业服务大局的能力得到了显著的增强；产业规模迅速壮大；体制改革成效显著；公共文化服务体系初步建立；"走出去"迈出了坚实的步伐。按照国家新闻出版广电总局的规划思路，"十三五"时期是贯彻落实中央全面深化改革部署，持续深入推动新闻出版业转变发展方式加快产业发展，从新闻出版大国向新闻出版强国迈进的关键五年。在"十三五"规划当中，总局已经向发改委上报了十大功能项目，具体包括：全民阅读工程、国家数字出版传播工程、国家版权产业发展推进工程、网络内容监测和管理系统建设工程、新闻出版国际传播能力建设工程等。同时，国家新闻出版广电总局还积极争取把新闻出版工作的重点任务纳入到整个国家国民经济和社会发展的"十三五"规划大盘子当中，为新闻出版业深化发展创造更好的政策环境和行业支持。

在政策层面，2015年在加快构建现代公共文化服务体系、推进文化金融扶

持计划、在公共服务领域推广政府和社会资本合作模式、推进新闻出版产业"互联网+"、加大传统出版和新兴出版融合发展等方面，行业主管部门不断出台新的政策予以推动。这些工作无疑将为优化行业发展环境、支持行业发展提供有力的政策支持和制度保障。

年内，各级新闻出版主管单位及新闻出版发行企业对于"十三五"的发展规划进行了深入的思考和部署。从公开发布的信息来看，被提及最多的话题有：知识服务、粉丝经济、产业关联、版权生态等，这也在一定程度上揭示了未来一段时间整个图书出版行业的业务发展走向。

（二）内容资源得到业内外普遍重视

2015年，《花千骨》《何以笙箫默》《琅琊榜》《芈月传》等由网络小说改编的同名电视剧热播，一次次形成社会热点，而已经出版的同名图书也得以在市场上热销。与影视产业相比，图书销售创造的收益规模并不大，但是IP所拥有的潜在价值再一次引起出版业热议。

知识产权（Intellectual Property）代表的是内容拥有者所享有的权利。我国图书出版行业年出版新书品种20万种左右，年动销文艺类图书品种接近30万种。而图书作为内容的一种载体，与游戏、动漫、影视等其他形式具备丰富的转换可能；事实上，很多游戏、动漫、影视都是通过图书内容衍生而来。在这些市场上，各种运作手段丰富而成熟，因此很多时候是创意和资源决定一切。始于业外的这股IP热潮，给出版业带来的不仅是示范和警示，还包括未来内容运作的全新可能，即"出版全产业链开发"。传统出版商在载体形式上不仅要向数字转型，还要由内容生产者转变为原创IP的经营者。有全产业链开发能力的出版机构可以变身为作者的经纪人。经营作家、经营优质IP，立足于提供版权代理服务，将IP的价值发挥到最大，这需要出版机构在新的工作流程中对自身有更加明确的定位，并且建立起相对完善的能力结构和资源体系。

其实IP的价值不仅局限在内容本身，还包括整个无形资产体系（包括内容资源、品牌资源、作者和读者资源等）的价值拓展。近年来，大量出版机构的跨界之举也是这一思路的体现，跨行业、跨地域、跨媒体融合现象成为业务发展推动下出版企业的内生需求，比如医学类专业社通过APP等新的产品形式跨界大众健康产业、教育类出版社开发在线教育平台甚至延伸到早教培训及幼儿园经营、少儿类出版社围绕少儿阅读服务展开经营等。

（三）数字阅读市场关注度不断提升

2014年下半年以来，在数字阅读领域有多项值得关注的重要事件，BAT纷纷加入让整个数字阅读市场变得异常火爆。2014年年末，百度文学成立，发布了"纵横中文网""91熊猫看书""百度书城"等应用，希望通过原创平台、分发平台、版权增值平台打造完整的网络文学产业链。2015年3月，腾讯文学和盛大文学联合成立阅文集团，该集团汇聚原属于盛大文学和腾讯文学旗下的起点中文网、创世中文网、小说阅读网、潇湘书院、红袖添香等10多个网文品牌、2个听书品牌及华文天下、中智博文等多个图书出版发行品牌。8月，阅文集团在"QQ阅读"之外推出"微信读书"，将腾讯系在社交领域的优势资源引入阅读，也为数字阅读导入了更多社交化的可能。可以说，依靠腾讯用户资源，阅文集团自诞生之日起就已经成为中国网络文学和数字出版领域中的强势运营主体。2015年4月，阿里巴巴移动事业群宣布正式推出新业务阿里文学，此后迅速与新浪阅读、塔读文学和长江传媒达成深度战略合作，并在影视改编、游戏改编等方面与强势机构联合布局，显示了阿里巴巴对文学IP向多元化版权衍生的大手笔。

与此同时，图书电商群体作为数字阅读的分发平台也有新的动作。亚马逊Kindle在中国市场持续发展，在售图书品种持续增长，硬件设备也不断推陈出新，国内市场产生了大批Kindle用户群体。当当在2015年宣布将数字业务剥离出来独立发展，计划寻求战略投资者扩展网络文学市场。京东在2015年收购拇指阅读并推出新版京东阅读社区版APP以打通电子图书全消费链条。

另外，2015年1月，小米科技细分阅读群体，在多看阅读APP之外再推出小米小说APP，定位于移动端青春网文阅读，阅读产品线进一步细化。

可见，无论是致力于IP资源布局争夺的互联网巨头，还是致力于数字内容分发的图书电商，亦或是小米多看这样的数字阅读平台，都充分看好数字阅读市场的巨大前景。从网络文学到图书电子化，整个读者需求及数字阅读特点也越来越清晰，而内容产业所孕育的更大可能也成为整个产业关注的焦点。数字阅读对于图书出版，既有阅读载体的差异，也有选题来源的不同，但是从对读者和行业的影响来看，数字阅读对图书出版的影响和带动必将对传统图书出版发行行业产生深远的影响。

（四）资本手段助力书业机构发展

受整体资本市场环境的影响，2015年并不是一个企业上市的"大年份"，不少拟上市企业的IPO进程被迫暂停，但是书业上市企业的队伍在这一年却不断壮大。1月，北京中文在线在深交所创业板正式挂牌，成为国内数字出版第一股。9月，青岛碱业正式更名为"城市传媒"，青岛出版集团借壳上市成功。12月上旬，读者出版传媒股份有限公司在上交所主板上市；中旬，中信出版集团登陆新三板。2016年2月，南方出版传媒股份有限公司正式在上海证券交易所挂牌上市。截至2016年第一季度末，沪深两市共有出版传媒类上市公司14家，而新三板也已经成为文化传媒企业完成融资和资产增值的重要通道。从各家书业上市公司发布的财务报告来看，借助资本市场的融资支持，出版机构大多已经加速进行新型业务拓展和相关产业布局。

最近几年，资本竞相涌入文化产业，而身处其中的出版传媒类上市企业，也开始通过成立或参股投资基金等形式用资本手段整合产业资源、拓展经营业态。中文传媒成立了新媒体基金——共青城睿创投资管理合伙企业，首期募集资金为1亿元，主要投资"互联网+传统产业"且具有高成长潜力的初创公司，以及"互联网+传媒产业"的后期项目。中南传媒也在2015年成立泊富基金管理公司，注册资金5 000万，重点投资与公司经营业务有协同效应的领域。凤凰传媒则作为有限合伙人参与到多家投资基金的项目当中。

有了资本手段的支撑，紧跟大众阅读、少儿出版、在线教育等快速发展的市场机会，近几年来有多家出版社也开启了集团化运作，这一点在少儿出版以及教育领域表现最为突出。2013年长江少儿出版集团成立、中信出版社发展成为中信出版集团，2014年二十一世纪出版社集团挂牌，2015年时代少儿文化发展有限公司成立……这些出版社向集团发展的转化，为优势内容进行全版权运营以及跨产业发展创造了更大的可能。

（五）出版走出去成绩令人关注

伴随着中国新闻出版行业"走出去"步伐的加快，我国图书出版业的国际参与度越来越高，中国出版也赢得了更多国际同仁的关注和认可。2015年，中国先后以主宾国身份参展明斯克国际书展和美国书展；二十一世纪出版社在博洛尼亚童书展获"2015世界年度最佳童书出版社"大奖；中国出版集团在伦敦书展斩获分量最重的国际出版卓越奖主席大奖。

与此同时，书业企业的经营视角也不断扩展到海外，跨国合作、国外开设分支机构以及并购国外出版社的做法越来越多。与上一轮海外合作由大型出版集团所主导不同，近期海外扩展的出版单位主体更加丰富，基于图书出版和版权合作的业务型整合合作增多。据不完全统计，2015年出版社投资海外的案例就有：浙江少年儿童出版社并购了澳大利亚新前沿出版社；接力出版社成立埃及分社；安徽少年儿童出版社与黎巴嫩数字未来公司在黎巴嫩首都贝鲁特合资成立了时代未来有限责任公司。

三、2016年中国图书出版业发展趋势展望

2016年是各行业"十三五"规划实施的开始，行业规划当中的重点项目发展、传统出版业务与新兴互联网工具融合、行业政策的实施以及文化产业发展专项资金的后续规模与投向都会对整个图书出版发行行业的发展产生重大影响。新闻出版发行行业的下一个五年计划，将指导整个图书出版发行行业开启新的征程。

在图书出版的上游，出版企业将进一步深化业务改革和经营模式拓展，更广泛的业务尝试、更多业内外机构对内容产业的参与将会成为图书出版行业的主基调。伴随着书业机构资本运作能力的加强，以及业外机构对以内容产业和IP价值的投入度提升，未来以图书出版业为代表的内容产业的价值必将被进一步发掘，内容版权拥有者将可能成为跨行业、跨媒体发展的全产业链运营者，图书也会成为各类内容载体当中的重要一环。当然，作为传统出版代表的图书出版社，在其中能够获得怎样的地位和收益，将取决于在新的产业模式下出版社所担任的角色本身。因此，在互联网变革影响读者、影响社会也影响出版发行流程的背景下，在市场和资本的推动下，集团化、产业化、国际化对于广大图书出版发行企业来说既是重大机遇，也意味着面临更大的挑战。将会有一批

有眼光、有思路、有能力的出版机构通过明晰市场定位、优化业务布局占据新的有利地位，而后知后觉者将可能被市场所淘汰，因此未来产业竞争格局可能将发生更大的变化。

在图书出版的下游，传统实体书店渠道、大型网上书店平台、社会化分销体系将共同支撑未来的图书零售业务，图书零售将形成更加多元化的渠道格局。实体书店与网上书店两个渠道的融合还将进一步发展，实体书店借助经营思路的升级不断提升用户体验，将作为与线上渠道差异化的体验形式焕发出新的活力。当然，在实体书店卖场环境的"硬件"升级改造之后的经营能力"软实力"提升仍旧需要一个缓慢的过程；同时，近期新开的特色书店与商业地产的合作如何达到长期"双赢"的效果，也需要彼此的磨合。大型网上书店也将逐渐明晰图书自营业务与第三方平台业务之间，纸质图书业务与数字阅读业务之间的长远战略和定位关系，在阅读分销和阅读服务当中寻找合理的商业模式。至于社群营销和社会化分销，在2015年的初成规模之后，是否会给行业带来新的惊喜，还需要我们进一步摸索和观察。

特别说明：本文所涉及的零售市场数据均来源于北京开卷信息技术有限公司自1998年建立的"全国图书零售观测系统"。

（杨　伟　北京开卷信息技术有限公司）

第二节 2015~2016中国期刊出版业发展报告[①]

2015年全国共出版期刊10 014种，较2014年增长0.5%；总印数28.8亿册，降低7.0%；总印张167.8亿印张，降低8.6%；定价总金额243.0亿元，降低2.6%。期刊出版实现营业收入201.0亿元，降低5.2%；增加值162.9亿元，降低3.3%；利润总额26.3亿元，降低3.0%。2015年，全国出版综合类期刊2.0亿册，较2014年降低14.0%，占期刊总印数的6.8%；哲学、社会科学类期刊13.1亿册，降低4.3%，占45.7%，占比有所提高；自然科学、技术类期刊4.0亿册，降低7.1%，占13.7%；文化、教育类期刊6.5亿册，降低9.2%，占22.5%；文学、艺术类期刊3.2亿册，降低8.3%，占11.3%。

2015年期刊业可以说是喜忧参半：喜的是有一些刊物平均期印数超过百万册。譬如，《读者》《知音漫客》《青年文摘》《小学生时代》等。同时，2015年对于中国期刊业来说，是一个值得纪念的年份。这一年是中文期刊诞生二百周年。多家品牌期刊也喜迎自己的周年庆典，如《儿童时代》创刊65周年、《北京大学学报（哲社版）》创刊60周年、《当代》创刊35周年、《婚姻与家庭》创刊30周年、《三联生活周刊》创刊20周年，等等；忧的是一些刊物无奈离去。譬如，《瑞丽时尚先锋》《壹读》《都市主妇》《费加罗（中国版）》《时尚新娘》《外滩画报》等都走上了停刊之路。

可以看出，期刊业经过多年发展，品种覆盖广泛，总量较为充足，其中的一些刊物逆市上扬，尤其是学术期刊异军突起，具有一定的国际影响。但从整体上说，受数字化转型、体制变革、经济下行等多重因素的影响，我国传统期刊业整体处于下滑状态。尽管如此，2015年的期刊出版业仍有一些情况值得

[①] 本报告所指的2016是截止到作者写稿日期2016年3月。

关注。

一、2015年中国期刊出版业的基本状况

(一) 主题出版彰显新特点[①]

2015年,期刊界进一步弘扬社会主义核心价值观,壮大主流舆论,紧紧围绕"纪念中国人民抗日战争暨世界反法西斯战争胜利70周年"做好主题宣传。多家期刊社精心策划专题,组织优秀采编团队,以图文并茂的形式进行报道,着力宣传中国人民抗日战争胜利的伟大历史意义及其在世界反法西斯战争中的重要地位和作出的巨大贡献。如《南风窗》策划的"抗战改变中国"、《新民周刊》策划的"我以我笔荐轩辕"、《看天下》策划的"重庆延安南京长春,重整河山二十天"、《中华儿女》策划的"抗战中的侨海赤子——纪念中国抗日战争胜利70周年"、《南方》策划的"砥柱——纪念中国人民抗日战争暨世界反法西斯战争胜利70周年"、《航空知识》策划的"走向胜利"等专题,都成为纪念抗战胜利暨世界反法西斯战争胜利70周年主题宣传中不可或缺的重要组成部分,并经受住了市场"检阅"。

(二) 出版质量得到新提升

国家新闻出版广电总局组织优秀少儿报刊评审,在"六一"儿童节前向全国少年儿童推荐60种优秀读物。第二届"百强报刊"推荐出《求是》《纳米研究》等299种报刊,彰显我国期刊最高水平,发挥了引领示范作用。同时,与中国科学技术协会、教育部、中国科学院、中国工程院等六部门共同实施"中国科技期刊国际影响力提升计划",联合出台《关于准确把握科技期刊在学术评价中作用的若干意见》,促进建立健全公正合理的学术评价体系,进一步提高我国科技期刊的学术质量、学术影响力和国际竞争力,引导科技工作者科研成果传播行为,优化学术生态。第一批学术期刊认定工作结束,对学术期刊

---

① 段艳文. 2015中国期刊业:亦喜亦忧又一年 [J]. 传媒, 2016 (2): 23-26.

编校质量、学术规范、学术水平进行了评估,扶优汰劣。通过相关政策引导,规范了报刊发行秩序,净化了学术出版环境,优化了学术生态。国家新闻出版广电总局还印发《关于开展报刊发行秩序专项整治的通知》,要求各省级新闻出版广电行政部门加强对所属报刊搞搭车摊派、违规发行等的监管,对违规报刊主要负责人和有关当事人严肃追究责任,坚决纠正其缺位失责的问题。

(三) 上市挂牌提供新机遇

2015年6月30日,湖北特别关注传媒股份有限公司在全国中小企业股份转让系统(新三板)挂牌,标志着华文期刊第一股登陆新三板。12月10日,读者出版传媒股份有限公司在上海证券交易所成功上市,实现了甘肃省文化企业上市零的突破。这是西北地区首家在国内主板上市的出版传媒类企业,也是A股中唯一拥有著名期刊品牌的概念股。期刊上市打通直接融资渠道,有利于建立起更加市场化的体制机制。

(四) 大数据拓展发行新渠道①

随着新媒体的崛起和媒体融合的深入推进,传媒业态发生了极大的变化。发行向来是媒体产业链中不可或缺的一环,其对用户数据的挖掘和对用户需求的掌握,具有同样重要的意义。2015年,在期刊精准发行方面,中国邮政表现突出。为了更好地利用大数据,中国邮政专门成立了直属于集团公司的数据中心,协助各专业做好邮政数据库的管理和应用。据中国邮政集团报刊发行局局长刘绍权介绍,经过不断的试错和修正,数据中心的数据分析工具在年度收订中发挥了积极的作用。2015年,数据中心在南京市、郑州市等城市开展数据库营销的推广工作,针对选定的报刊做了详细流失客户数据分析以及空白市场分析,根据数据分析结果安排投递员进行了上门拜访,挽回流失客户概率在20%左右,空白市场开发率也达到了20%左右。这一成果远高于一般数据库营销3%的成功率。

---

① 刘绍权. 实践三个创新,推动转型升级——谈中国邮政数字发行之路 [J]. 出版发行研究,2016 (3): 23 - 25.

(五) 众筹出版引发新关注[①]

自 2013 年《社交红利》通过众筹成功后,众筹出版在中国蓬勃发展起来,但主要集中在图书领域,纸质期刊对于众筹模式少有问津,仅有《大众软件》、《清华金融评论》、《金融法苑》(学术季刊)、《新金融评论》(学术集刊)等几家刊物进行了尝试。值得一提的是,国内最早开展学术期刊众筹的《清华金融评论》继 2013 年和 2014 年之后,在 2015 年的第三次众筹中,将"清华五道口"全球金融论坛作为主要众筹项目,取得了 43 590 元的众筹资金(2013 年和 2014 年分别取得了 85 209 元、22 950 元的众筹资金)。众筹出版的优势在于有利于资金来源的多元化,一定程度上规避版面费、审稿费等带来的弊端,如果运用得好,可以成为期刊发展的一种造血机制。但对于当前研究者发表论文的刚需而言,如果众筹资金严格地独立于期刊版面之外,那么,对众筹者的吸引力能否实现可持续性有待检验。

(六) 整治非法出版取得新成效

2015 年 5 月至 11 月,全国"扫黄打非"办公室组织开展了"秋风 2015"专项行动,对"假媒体、假记者、假记者站"进行严厉打击。在这次打击"三假"活动中,梧州市《西江月》杂志由于其原法人代表严重违反新闻出版有关规定,用已作废的旧印章及私刻的《西江月》杂志编辑部印章,先后与区外多人签订协议,提供刊号授权他人出版《西江月》杂志,造成在全国多地均有盗用《西江月》杂志名称及刊号的非法杂志出版,严重扰乱新闻出版市场秩序。最终,《西江月》原法人代表被判处有期徒刑 5 年,并处罚金 150 万元。此外,有媒体曝出,某知名刊物主笔在任职期间,为多家公司撰写软文收取好处费达 8 万元。另有一些不法分子冒充《北京医学》《中国临床医生》《中华全科医师》《中国医药》等杂志社的工作人员,仿冒印刷上述杂志,刊登论文,并向投稿人索要版面费骗取多人钱财,诈骗金额共计 200 万余元。诸如此类事件,一度引起业界关注。

[①] 王佳,孙守增,赵文义,芮海田. 学术期刊众筹出版的可行性探索与实践 [J]. 出版发行研究,2015 (9): 55 - 57.

二、2015 年影响中国期刊出版业的重要事件

（一）"壹学者"：开启纸网互动的小同行评议模式[①]

"壹学者"平台作为中国人民大学复印报刊资料在移动互联网时代转型、探索而打造的我国首个移动学术科研服务平台，自 2014 年 11 月上线至今，已拥有 55 万注册用户，走在了移动互联网时代刊网融合的前列。

2015 年，"壹学者"刊网融合的实践，突出体现在开启了纸网互动的小同行评议模式，进一步推动了从"以刊论文"向"以文论文"评价机制的转变。"壹学者"以"荐稿"的方式、"宽进严出"的审稿流程和"小同行评议"的审稿模式，不仅扩大了稿源、团结了业内专家，也保证了学术公正，一定程度上避免了学术评议结果与利益分配的过度关联。以《高校思想政治理论课教学研究》为例，通过"荐稿"的方式在思想政治研究方面吸引了 1 万多人投稿，其中包括顶级专家 137 人；经过"壹学者"平台的小同行评议后，筛选出了 600 多篇文章；参照国外发达国家的做法，小同行评议环节中采取了二级评审制度，即小同行评议选出的候选文章，要再送交专家评议组进行评审打分，然后确定拟用稿；拟用稿件由专家评议组确定后，还会在"壹学者"平台上公示。公示过后，最终稿件由中国人民大学书报资料中心定稿出刊。

多年来，以文献计量学三大经典理论"文献聚散定律""引文集中定律"和"文献老化指数和引文峰值理论"共同构成理论基础的核心期刊评价体系，在期刊界和学术界影响深远，但这种以"影响因子"为核心的评价体系，其反映的实质是刊物的影响力，不能与刊物的质量划等号，更不能完全反映单篇论文的学术水准。不少学者看到了问题，却一直难以找到破局之法，2015 年 12 月 29 日，国务院办公厅发布的《关于优化学术环境的指导意见》提出，要"鼓励开展健康的学术批评，发挥小同行评议和第三方评议的作用。科学合理使用评价结果，不能以各类学术排名代替学术评议，避免学术评议结果与利益

[①] 媒介融合下学术期刊与学术传播的品牌建设 [EB/OL]. http://www.njliaohua.com/lhd_4hepg6j2rz6b8vf014e2_1.html.

分配过度关联"。

"壹学者"所开启的纸网互动小同行评议模式,不仅为刊网融合提出了一种全新的探索模式,也顺应了从"以刊论文"向"以文论文"转变的发展趋势,它将在一定程度上成为打破我国学术评价困局的破冰之举。但目前发展也遇到一些困境,当前"壹学者"的经营基本处于收支平衡状态,其发展模式是先聚集学者,然后在"人"的基础上迭加系列应用,无论是人才引进、技术研发、产品迭代,还是市场运营及拓展,都需要大量的资金投入。目前虽有不少投资机构看重"壹学者"清晰的商业模式和可预期的发展空间,向"壹学者"伸出橄榄枝,但受限于中国人民大学书报资料中心现行相关规定,融资仍受到一些约束和限制,这成为"壹学者"未来做大做强的重要制约因素。

(二)"域出版"平台:再造学术期刊数字化传播模式

一直以来,以知网、万方、维普等为代表的商业化期刊数据库成为学术期刊数字化传播的主要模式,并且几近处于垄断地位。不可否认,这些商业期刊数据库在推动学术期刊数字化转型方面,起到了一定作用,但这种传播模式在对期刊内容进行数据转换的同时也拆解了期刊,使刊物的整体风格和选题策划难以呈现,数据库对内容生产者的回报也是微乎其微。最致命的是,学术期刊数据库对传播渠道的掌控和垄断使得传统期刊难以成为数字化转型的主体。为了进一步推动学术期刊数字化转型,早在新闻出版业"十二五"时期发展规划中,就将建立"国家学术论文数字化发布平台"作为新闻出版精品工程之一。笔者也曾经对此平台的构建提出了设想①:以编辑部为单位的淘宝式服务平台或成为平台建设的一个方向。在此基础上,笔者提出了该平台的优势主要体现在五个方面:一是在保障稿源和稿件质量的同时也节约了纸张,二是解决了平台上多学科内容把关的问题,三是有助于期刊的集约化、规模化发展,四是有助于学术成果的传播与交流,五是有利于与现行科研评价体系平衡。

超星"域出版"平台的构建,与笔者当年的构想有诸多相似之处,虽然笔者的设想没有清晰地提出"域"的概念,但以编辑部为单位的平台化传播理念

---

① 笔者曾在《中国出版》(2015年2月上)发表《学术论文数字发布平台:学术期刊数字化转型的未来?》一文。

却是与"域出版"平台不谋而合的。"域出版"平台依托移动互联网的社交手段,汇集学者、作者、读者、用户、大众就相关主题开展观点交流与碰撞,打造包括专栏出版、文献、图片、音频、视频、论坛和授课等多媒体功能在内的学术交流移动互动平台,该平台使得编辑与专家可以完美结合,编辑可以以经纪人、社会活动家、编剧等角色,组织专家发起学术研究,甚至引领学术研究。因此,"域出版"最能体现编辑思想、编辑理念和编辑不可替代的作用,是学术期刊编辑价值的集中体现。

毫无疑问,超星集团的"域出版"为我们勾画了移动互联网时代学术期刊实现逆袭和反超的新机会,即通过平台化传播重构学术期刊传播模式。但这幅美好的蓝图能否实现,还需要战术层面的具体运营和实施,如果没有可持续的赢利模式做支撑,那么,"域出版"也终将是空中楼阁。

(三)"知音头条 APP":主打知音传媒的独家优质内容,凸显版权价值

2015 年 9 月,知音传媒集团和今日头条所属的北京字节跳动科技有限公司联合打造的"知音头条 APP"(即今日头条知音版)正式上线。有媒体报道称,这是今日头条和国内媒体联合打造的首家移动互联网新产品,主打《知音》的独家优质内容,同时融入今日头条的精粹资讯,还能根据大数据分析技术为读者量身推荐最合适的阅读内容。据今日头条负责人介绍,数据分析显示,知音头条号是最受湖北用户欢迎的杂志头条号。[1][2]

笔者认为,且不论这一合作的具体方式和实际效果,此次合作体现了传统媒体维权意识的增强,也体现了新媒体对传统媒体内容价值的认可和尊重。版权问题一直是传统媒体和新兴媒体融合过程中不可回避的核心问题之一,尤其是近年来伴随着移动互联网的崛起,以"今日头条"为代表的新闻客户端,主要通过"搜索链接"的方式进行侵权,即通过对信息的整理、归类、排行和大数据算法之后,对新闻作品进行"二次加工"。这种方式被冠以"新闻搬运

---

[1] 湖北省新闻出版广电局. 知音传媒集团与今日头条签署战略合作协议 [EB/OL]. (2015 – 09 – 01). http://www.hbnp.gov.cn/zwdt/xwzx/16484.htm.

[2] 长江商报. "今日头条"正式上线 [EB/OL]. (2015 – 09 – 25). http://www.changjiangtimes.com/2015/09/512594.html.

工"的称号，虽然侵权方式更加隐蔽，但也难掩其侵权的事实。2014年至今，曾有多家媒体对今日头条的侵权行为进行抗议，并引起了国家相关管理部门的重视。笔者认为，如果传统媒体与新媒体之间能够建立起新型版权利益分配与合作机制，将有利于推动媒介融合的实质性进展，并实现双赢。这方面可以借鉴腾讯与《新京报》的合作。

（四）《读者》发布双屏智能手机：跨界经营不被看好[①]

2015年11月，在第十七届中国国际高新技术成果交易会上，《读者》杂志发布了"读者阅尚DZS2"双屏智能手机。据了解，这款手机内置读者数码自主研发的"读者云图书馆"，整合出版资源，内容丰富，这也是其与其他手机产品最大的不同之处。有媒体报道称，这已经是《读者》发布的第二款手机产品了，不过从消费者反馈来看，大家似乎对《读者》的跨界手机市场并不怎么看好。手机行业业内人士也表示，数字阅读的确已经成为当前的一大方向，《读者》借内容推硬件也确实是一种思路，但是手机行业本身也是一个竞争极为惨烈的市场，单一以内容资源为卖点，对手机的销售来说还是远远不够的，特别是《读者》自身没有硬件研发能力，只靠和代工商及方案设计公司合作推出的产品，很难真正成为受市场欢迎的爆款。

（杨春兰　传媒杂志社）

[①] 古晓宇.《读者》发布双屏智能手机，消费者不看好杂志跨界［EB/OL］.（2015-11-17）. http：//www.changjiangtimes.com/2015/09/512594.html.

第三节 2015~2016中国报纸出版业发展报告

一、2015年中国报纸出版状况分析[①]

(一) 报纸出版特点分析

报纸出版出现全方位下滑,面临挑战更趋严峻。2015年,共出版报纸1 906种,较2014年降低0.3%;总印数430.1亿份,降低7.3%;总印张1 554.9亿印张,降低19.1%;定价总金额434.3亿元,降低2.1%。报纸出版营业收入和增加值成两位数下滑,尤其是利润总额,下滑严重。2015年,报纸出版实现营业收入626.2亿元,降低10.3%;增加值273.4亿元,降低12.3%;利润总额35.8亿元,降低53.2%(详见表1)。

表1 2015年报纸出版总量规模

总量指标	数量	较2014年增减(%)
品种(种)	1 906	-0.31
总印数(亿份)	430.09	-7.29
总印张(亿印张)	1 554.93	-19.11
定价总金额(亿元)	434.25	-2.12
营业收入(亿元)	626.15	-10.27
增加值(亿元)	273.41	-12.31
总产出(亿元)	641.46	-10.69
利润总额(亿元)	35.77	-53.21

---

① 数据来源于《2015年新闻出版产业分析报告》。

(二) 各类报纸出版结构分析

报纸根据内容划分为综合、专业、生活服务、读者对象和文摘 5 大类。2015 年，全国出版综合类报纸 284.4 亿份，较 2014 年降低 9.4%，占报纸总印数的 66.1%；专业类报纸 110.9 亿份，占 25.8%；生活服务类报纸 12.5 亿份，占 2.9%；读者对象类报纸 17.4 亿份，占 4.0%；文摘类报纸 4.9 亿份，占 1.1%（详见表2、图1）。

表2 2015 年报纸的内容结构分析

内容类型	数量（亿份）	比重（%）
综合	284.41	66.13
专业	110.88	25.78
生活服务	12.53	2.91
读者对象	17.37	4.04
文摘	4.89	1.14
合计	430.09	100.00

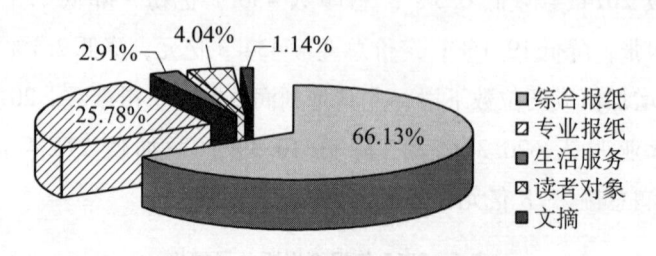

图1 2015 年报纸内容结构比重图

(三) 各级报纸出版结构分析

报纸根据地域层级划分为全国性报纸、省级报纸、地市级报纸和县级报纸 4 类。2015 年，出版全国性报纸 79.4 亿份，较 2014 年降低 1.2%，占报纸总印数的 18.5%；省级报纸 209.8 亿份，降低 9.7%，占 48.8%；地市级报纸 140.0 亿份，降低 6.8%，占 32.6%；县级报纸 0.8 亿份，增长 1.1%，占 0.2%。省级报纸占据半壁江山，占比有所下降；全国性报纸和地市级报纸占比有所提高（详见表3）。

表3　2015年各级报纸的结构分析

地域层级	数量（亿份）	增长速度（%）	比重（%）	比重变动（百分点）
全国性报纸	79.44	-1.23	18.47	1.13
省级报纸	209.81	-9.71	48.78	-1.31
地市级报纸	140.00	-6.83	32.55	0.16
县级报纸	0.84	1.08	0.20	0.02
合计	430.09	-7.29	100.00	0.00

（四）报业集团发展总体经济规模分析

2015年，报刊出版集团资产规模继续扩大，但营业收入和利润总额同时下滑，尤其是利润总额下降幅度较大。47家报刊出版集团共实现主营业务收入394.3亿元，较2014年减少28.5亿元，降低6.8%；拥有资产总额1 567.1亿元，增加116.2亿元，增长8.0%；实现利润总额22.5亿元，减少17.1亿元，降低43.2%（详见表4）。

表4　2015年报刊出版集团经济规模情况

指标	金额（亿元）	增长率（%）
主营业务收入	394.31	-6.75
资产总额	1 567.13	8.01
所有者权益	845.85	7.77
利润总额	22.47	-43.16

上海报业集团、成都传媒集团和浙江日报报业集团资产总额超过100亿元。浙江日报报业集团跻身"百亿"阵营，"百亿"报刊出版集团由2家增加到3家。

2015年，43家报业集团主营业务收入与利润总额分别降低6.9%与45.1%，其中31家报业集团营业利润出现亏损，较2014年增加14家。

（五）数字报纸出版及赢利情况

2015年，数字出版实现营业收入4 403.9亿元，较2014年增长30.0%；增加值1 196.2亿元，增长28.4%；利润总额334.6亿元，增长25.9%。其中，数字报纸实现营业收入9.6亿元，比上年减少8.57%。（注：数字报纸是指利用现代信息技术，将传统的报纸内容电子化，并以报纸的原版原式为基础在互联网上发布的一种新媒体；不包括手机报。）

（六）报纸媒体广告市场降幅有扩大趋势①

据中国广告协会报刊分会和央视市场研究（CTR）媒介智讯发布的《2015年1—9月中国报纸广告市场分析报告》，2015年前三季度，传统媒体广告刊登额降幅已扩大至7.3%。其中，平面媒体降幅继续扩大，状况最为严峻的报纸广告降幅扩大到34.5%，资源量（广告占版面积）降幅达36.5%。从报纸广告主要投放行业来看，也是继续着大幅度下降的趋势。在前六个行业中，房地产业降幅达44.9%，商业零售业降幅达35.6%，娱乐及休闲业下降19.1%，金融业下降5.8%，邮电通讯业下降23.5%，医疗保健机构下降20.9%。

（七）2015年报业用纸量下降18%②

从中国报协2015年对全国93家用纸量大的报社2014年、2015年用纸量的调查数据来看，2015年比上年用纸量增加的有18家，比例为19.4%；减少的有67家，比例为72.0%；持平的有8家，比例为8.6%。综合各因素进行推算，2015年全国报业用纸量约为221万吨，相比2014年的270万吨减少49万吨，约下降18%。

据中国报业协会统计，2015年国内新闻纸总产量约为235万吨，比去年260万吨的产量下降25万吨，下降幅度为9.6%。在出口方面，由于出口价格低，出口量较少，2015年新闻纸的总出口量约为2万吨。进口纸方面，预计全年进口量在10万吨左右，进口来源国主要是韩国，约占进口量的70%，其余依次为比利时、瑞典、加拿大、美国。

---

① 中国经济网北京1月15日讯，转引自http://www.cnad.com/html/Article/2016/0118/201601181148263188545.shtml。
② 2015年12月10日《中国新闻出版广电报》。

二、2015年休刊或停刊的报纸

（一）传统媒体遭遇寒流，多家都市报选择休刊或停刊

据新京报传媒研究统计[①]，2015年有将近30份报纸、杂志选择休刊或停刊，成为传统媒体寒流下的遇难者，所幸其中一部分关停了纸质版，保留或转向发展电子业务。

1. 《杂文报》2015年1月停刊

2014年12月5日，河北日报报业集团旗下的《杂文报》宣布自2015年1月起停刊。其停刊启事上写道："为适应新形势、新任务的要求，集中精力、集中力量使杂文采编再上新水平，河北日报报业集团决定，《杂文报》自2015年1月1日起停刊，整合有限报刊资源，聚集精干优势力量，下大力办好《杂文月刊》。"

2. 《生活新报》2015年7月起无限期休刊

2015年，《生活新报》的薪资纠纷成为各大媒体的焦点，6月27日、28日新报的版面几乎全被广告占据，仅头版配图文字"钱都去哪了"和"宿命难逃"。6月29日，只剩下头版标题"没想到的灾难"。6月30日这天的报纸没有付印，7月1日起，《生活新报》正式无限期休刊。

3. 《长株潭报》2015年9月起休刊

2015年9月21日，《长株潭报》头版发布休刊公告，公告称，根据调整报刊定位、优化报刊结构的要求，经研究决定，《长株潭报》自2015年9月21日起休刊。

4. 《上海商报》2015年10月起休刊

《上海商报》由上海世纪出版股份有限公司主管主办，是全国第一家改制成企业的日报，也是上海发行量最大的财经日报。1985年10月创立，至今刚好走过30年。但在2015年9月28日，《上海商报》发布公告称，自10月1日

[①] 《2016年，你可能再也看不到这些报纸和杂志》，新京报传媒研究，转引自 http://www.anyv.net/index.php/article-128206。

起，《上海商报》休刊。2015年9月30日的报纸成为它休刊前的最后一刊。《上海商报》网站（www.shbiz.com.cn）也于10月20日起正式关闭。

5.《上海壹周》2015年11月起休刊

《上海壹周》由上海文艺出版总社主办，创办于2000年，由上海的一张机关报《上海文化报》改版而成。以"优质优雅的都市生活，时尚实用的多维指南"为办报理念，在上海有着非常大的影响力。2015年9月18日，上海壹周文化传媒有限公司向各印刷厂和负责人发布休刊通知，《上海壹周》于11月份起休刊。

6.《今日早报》2015年12月关停

《今日早报》是浙江日报报业集团于2000年创办的一张新锐都市报，钱江报系骨干成员，4开56版，其财经和娱乐报道独树一帜。2015年12月31日，浙江日报报业集团旗下《今日早报》在其官方微信公众平台正式宣布停刊。在致读者信中，《今日早报》表示：今天是《今日早报》的第5563期。伴着2015年最后一个晨曦，早报要向您说再见了。

7.《榆林日报·都市生活版》2015年2月起停刊

《榆林日报·都市生活版》是由西安日报社和榆林日报社共同创办、经榆林市委常委会批准成立的一份都市类报纸，创刊于2011年4月1日，起初报名为《榆林晚报》，但一直未能获得原新闻出版总署的出版许可和刊号，后更名为《榆林日报·都市生活版》。2015年6月2日，榆西报业传媒有限公司发布公告，称其经营陷入困境，亏损严重，《榆林日报·都市生活版》已于2015年2月15日休刊，所有员工放假，现依据相关法律规定停刊，于5月31日与所有员工解除劳动关系。

8. 江西《九江晨报》宣布于2015年12月31日正式停刊

2015年年末，江西《九江晨报》宣布将于2016年1月1日正式停刊。12月31日，《九江晨报》在其头版刊发《致读者》，文章称：明天开始，《九江晨报》正式停刊和向读者告别。晨报虽去，新闻不死。各位读者朋友，让我们挥挥手告别，在每一个明天再见！值得注意的是，此次是《九江晨报》纸质版正式停刊，《九江晨报》旗下微博、微信公众号以及APP将继续充当新闻发布平台。

（二）为强军而生，为强军而止——七大军区机关报正式停刊

长期以来，每个军区都办有党委机关报。这些报纸，渊源深厚，在宣传军区党委的决策意图，宣传军区部队的风采上作出了杰出贡献。如今，随着军队改革的深入，这些报纸已处于渐行渐远的境地。

从 2016 年 1 月 15 日起，七大军区机关报北京军区的《战友报》、成都军区的《战旗报》、广州军区的《战士报》、济南军区的《前卫报》、沈阳军区的《前进报》、南京军区的《人民前线》报、兰州军区的《人民军队》报，这 7 张诞生于烽火年代的军区报纸光荣地完成历史使命，宣告正式停刊。普通人可能从未听过这些报纸，但在军人那里这些报纸绝对是军旅生涯中不可或缺的一部分。

为此，《解放军报》发表社论，"为强军而生，为强军而止。每一张军区报纸都不曾因战火硝烟而失声，也不曾因艰辛困苦停下脚步，但为人民军队的发展壮大，却义无反顾。如今，为了改革强军需要而停刊，他们依然没有丝毫迟疑"。字里行间无不透出作为军队报纸的军人本色和担当，表达出对党的一片赤诚，更是转身踏上新征程的开端。

三、2015 年新改版的报纸

过去的一年，多家报纸都把新媒体冲击作为出发点，把报纸改版作为寻求差异性发展的战略。

有一种说法是：把精品、本土、专业还给报纸，把快速、广泛、巨量还给网媒。因此，靠近精英、舍弃大众成为多家报纸的追求，报纸全新改版，有些可以说是脱胎换骨式的改版。有专业人士指出，那么多知名报纸密集改版，都在寻找移动互联网时代的存在价值，表面上看有许多相似的诉求，其实没有一个共同点。报纸改版最重要的还是需要调整读者定位，使之与内容相匹配。

综合媒体与网络报道，2015 年有如下报纸进行了改版[①]。

[①]《20 个关键词带您回顾 2015 中国报业》http：//www.cnad.com/html/Article/2015/1207/20151207104 7137246585.shtml。

1. 《南方日报》改版

2015年10月底，南方日报启动新世纪以来第12次改版。一是调整优化版面体系，进一步提升报纸内容品质，提高围绕中心服务大局的能力；二是实现流程再造，形成适应于报、网、端、微博微信、LED和南方全线通等终端传播需要的内容生产流程，构建完备的全媒体融合发展新格局；三是创新机制，构建支撑融合发展的绩效考核体系。

2. 《银川晚报》改版

2015年11月9日，《银川晚报》在头版发布改版致读者《我们没有理由辜负这个时代》，文章说：我们没有理由辜负这个时代，如同马云不会辜负生产制造商、亚马逊不会辜负实体书店一样，我们也没有理由与他人树敌，因为我们已不是那个隔空叫骂的时代，而是共享共荣的大好年华。

3. 《重庆晨报》改版

2015年10月26日出版的《重庆晨报》发表改版宣言：让新闻更精致 让阅读更优雅。文章说：我们并不守旧，我们拥抱变革。此次改版后，我们的报纸将借鉴互联网媒体的生产方式和稿件样式，民生质量实验室、数读等栏目将运用实验、数据等手段为读者呈现新闻；在每个版面的报眉，您都会看到一个二维码，手机扫一扫，即可以访问重庆晨报的微博、新闻客户端和微信公众号矩阵，获得更丰富、更快捷的新闻报道和服务资讯。

4. 《羊城晚报》改版

2015年10月13日出版的《羊城晚报》，在头版发布《改版致读者——为您办一份纯正的报纸》。文章说：当今传媒业，已经卷入一场脱胎换骨式的大分化大改组之中。如何脱胎换骨？我们将是"析肉还母，析骨还父"式的改造——把精品、本土、专业还给报纸，把快速、广泛、巨量还给网媒。

5. 《南方都市报》

2015年10月12日，《南方都市报》全新改版，定位"精英，精致，精品"，提供更多独家新闻和独特版面，提供高品质阅读。

6. 《新消息报》改版

2015年10月12日，《新消息报》发布改版宣言《放下，您或不舍》。文章说：此次改版凸显三大元素：适应时代变化，满足读者需求，提升阅读感受。这次改版，我们主打服务。以用户体验为核心，为您制作实用的、有价值的信息。

7.《三湘都市报》改版

2015年8月1日出版的《三湘都市报》头版发表改版致读者文章,名为《别慌!》,作者说:"改版后的我们,主打财经,专攻市场,希望做您的品牌推手、创富帮手、理财顾问、生活参谋,但愿不会让您大跌眼镜节操碎了一地。"

8.《河南商报》改版

2015年7月1日,《河南商报》发表"改版宣言"《改·造——我们为什么改版》。文章说:和以往的"改版"完全不一样,这一次,我们改的不仅仅是这一叠报纸,也不仅仅是针对不同读者群体设置的特色版组。而是,我们能够以无限多的方式,向无限多的受众提供无限多的服务。

9.《海峡导报》改版

2015年7月1日,《海峡导报》发表"改版宣言"——《绽放在盛夏》。文章说:此刻,你拿在手里的,首先是一张传统报纸:我们设立了重点、落点、视点、观点、一点等重要板块,对新闻予以优化:观点更鲜明,重点更深度,视觉更美观,资讯更丰富……

10.《楚天都市报》改版

2015年5月28日,《楚天都市报》在头版发表《改版致读者》。据了解,《楚天都市报》以前的几次改版,主要集中在内容和版面形式上,这次改版首次提及"新媒体",也引用时下热词"互联网+"。

11.《南方都市报》改版

2015年3月31日,《南方都市报》在头版发表《南都又改版了!读者将变"用户"》。文章说,您不仅能在报纸上看到更多特色版面,更可以通过各种移动互联网产品读取南都、分享服务。改版背后,是南都整体架构的调整和扁平化的管理,新闻生产、传播形态和运营模式的全面转型正式开启。

12.《北京晚报》改版

2015年3月30日,《北京晚报》在头版发表《改版致读者》,称从当天起,《北京晚报》的版面结构将进行调整,改版后的《北京晚报》,将分为三叠,分别为"要读""选读""品读"三个版组。

四、2015年上市和"新三板"挂牌的报纸[①]

2015年有两家报业集团完成上市。一家是杭州日报报业集团,实现经营性资产整体上市;另一家是,江西日报传媒集团挂牌新三板。

(1) 2015年1月19日,杭州日报报业集团所属的"华媒控股"在深圳证券交易所实现经营性资产整体上市。

杭州日报报业集团通过其上市公司"华媒控股",实施资本运作,开展多项投资。2015年以来,华媒控股以"互联网+"为突破口,加速推进媒体转型升级和多元文化产业布局。如出资2.04亿元控股上海快点文化传播公司,进军移动视频业务;与杭州泰一指尚科技有限公司成立合资公司"杭州华泰——文化有限公司",发展互联网广告业务;与浙商创投共同发起设立华媒泽商文化传媒产业基金重点投资新媒体、泛文化产业及信息技术结合相关领域。

(2) 2015年7月20日,江西日报传媒集团所属的"大江传媒"获批正式登陆新三板,江西日报传媒集团也成为全国第三家挂牌新三板的省级党报集团。

五、2015年建立客户端的报纸

建立客户端,把报纸的读者变为"客户",是报纸发展、积极转型、寻求出路的一种表现,表明报纸人"能够以无限多的方式,向无限多的受众提供无限多的服务"。正如《河南日报》改版宣言中所言,"我们将改变以往'报纸'在你头脑里的固有概念"。

综合媒体与网络报道,2015年有如下主要报纸建立了客户端。[②]

[①]《20个关键词带您回顾2015中国报业》http://www.cnad.com/html/Article/2015/1207/20151207104713724 6585. shtml.

[②]《20个关键词带您回顾2015中国报业》http://www.cnad.com/html/Article/2015/1207/20151207104713724 6585. shtml.

1. "广州参考"APP上线运行

2015年12月1日是广州日报的第63个生日，当天"广州参考"APP上线试运行。广州参考包括新闻客户端、公众号、网站等系列产品，是广州日报报业集团打造的新媒体高端品牌，内容主打时政与思想。

2. "看楚天"上线

2015年11月26日，客户端"看楚天"上线。"看楚天"脱胎于湖北第一大报——《楚天都市报》，它集合了新闻推送、在线服务、互动娱乐等多样化功能，提供"最贴近的本地资讯+个性化生活服务"，还可以掌上看报，线上爆料。

3. "上游新闻"上线

2015年11月18日，"上游新闻"客户端上线。据"上游新闻"内部人士介绍，上游新闻由重庆日报报业集团倾力打造，其主创团队于2015年5月组建，产品形态以新闻客户端和网站为主，目前并无开设微信订阅号和微博的意思；和大多数传统媒体转型的新闻客户端类似，上游新闻依托原有报纸的优势采编力量，回归新闻本质，专注原创新闻。

4. "交汇点"上线

2015年11月17日，在第三届江苏互联网大会上，交汇点新闻客户端激情上线。作为新华报业传媒集团媒体转型期的重大战略项目，交汇点意在打造江苏移动媒体第一品牌。"交汇点"将着力打造成集新闻资讯发布、政务查询办理、民生服务、移动化建设于一体的超级互联服务入口，形成微博微信群、手机APP客户端、手机报（短信彩信版）、升级版手机报（HTML5版）的跨终端、全网化移动矩阵，以及集纳天气、交通、挂号、缴费等民生常用内容于一体的互动服务掌上社区。

5. "猛犸新闻"上线

2015年11月16日，猛犸新闻正式上线。2015年9月，大象融媒、东方今报联手打造的猛犸新闻客户端正式进行公测。从此，对于与老百姓息息相关的一些重要事件，猛犸新闻都会第一时间发声。

6. "封面传媒"上线

2015年10月28日，四川日报集团与阿里巴巴集团正式宣布成立"封面传媒"，携手打造强调一个"个性化定制"的新型主流媒体。作为一个移动媒体平台，封面将以新闻客户端为主打，以 Thecover.cn 网站为基础，涵盖微博、微信、视频、数据、论坛、智库等，逐步推出多个垂直细分领域的产品矩阵。目前，四川日报集团与阿里巴巴集团已联手组建全新的封面传媒有限责任公司，就封面传媒进行运营。

7. "南方+"客户端上线

2015 年 10 月 23 日，南方日报、南方杂志、南方网联袂推出"南方+"客户端，举全集团之力全天候生产与播发原创新闻、权威资讯和深度分析，为用户提供移动互联网时代的政务与生活服务，"一报、一刊、一网、一端"的主流媒体立体传播格局就此形成。

8. "浙江 24 小时"客户端上线

2015 年 10 月 20 日，"浙江 24 小时"客户端正式上线。由《钱江晚报》与咪咕数字传媒有限公司联合推出的这个客户端，主打本地化、实用化的"服务+资讯"，追求"有用、有趣、有温度"，努力成为用户的 24 小时生活管家。

9. "零碎八碎"客户端上线

2015 年 10 月 10 日，温州都市报"零碎八碎"客户端上线。当天出版的温州都市报是这样介绍的：无论是通下水道、擦玻璃这样的生活琐事，还是找对象、买房子这样的人生大事，不少市民都习惯找份温州都市报，翻一翻分类信息。今年是温州都市报推出分类信息专版的 20 周年，为更好地与全媒体接轨和方便市民，分类信息手机客户端"零碎八碎"今天上线啦！今后，凡是你想要"找"点什么，"零碎八碎"轻松帮你搞定。

10. "九派新闻"上线

2015 年 9 月 23 日，"九派新闻"正式上线，为此，他们写下了发刊词《心潮逐浪高》。文章说：首先，我们将尝试着"刷新"您对传媒的印象。"九派"绝不仅仅是普通的互联网新闻资讯产品，它是思想的版图，是舆论的沙龙，是价值的曲线，是产业融合的平台。一言以蔽之——"九派"依托的是数据分析技术，承载的是媒体资产价值。是的，经典教科书要改写了——新闻不仅仅是文字、图片、声音和影像，它将以全新的方式呈现在您面前，以深度挖掘、精准响应和体验互动，激越信息资产化时代跨界融合的涌流。

11. "华商头条"APP 上线

2015 年 5 月 11 日，"华商头条"APP 全新上线。华商头条是华商报倾力打造的唯一官方新闻客户端,经历了多个版本的迭代之后,这一次推出的华商头条客户端功能更强大,开设"头条""现场""地市""最华商""八卦""活动"等栏目,通过华商系独特的价值观与视角,在关注全国的同时,更专注于陕西本地,为陕西用户奉献最有价值的新闻和信息。

12. "并读新闻"上线

2015年4月15日,"并读新闻·读赚天下"暨并读新闻客户端上线发布会在广州举行,这款产品由南方都市报重拳推出,从开发组建团队到推出1.0版本,历时四个多月。作为全球首家"读者获利"的新闻平台,"并读新闻"的定位是"有趣有用有钱赚"。除了人性化的阅读体验与快人一步的资讯内容,它还将新闻嵌入社交场景,具有"阅读即享现金收益"等创新元素,是一款为都市白领及年轻人群量身定制的新型新闻客户端。

六、2015年新创刊的报纸

在报纸停刊不绝于耳的时候,一份新报纸的创刊无一例外地被行业内加上了"逆势"二字,逆势创刊,既体现了办报人的勇气,也体现了办报人的智慧,因为新创刊报纸的办报理念包含"网络化"的内容。

综合媒体与网络报道,2015年有如下新报纸创刊。

1. 《医学科学报》立志打造离医生最近的报纸

由中国科学报社和中国医学科学院共同主办的《医学科学报》2015年1月在京创刊。报纸编委会由100多名医疗领域权威专家和一线医务工作者组成,受众定位为医生,旨在打造"离医生最近的报纸"。《医学科学报》报名由全国人大副委员长、中科院院士陈竺应邀题写。据悉,在目前我国就医需求质与量不断增加的现实环境下,报纸将面向广大医生群体的需求,有效衔接基础研究和临床实践,全方位报道国内外医学、药学领域的科研动态、临床规范、管理政策等,鼓励医学科研人员、临床专家分享前沿进展和临床经验,策划医学领域重大新闻和事件的深度解读。报纸还设立了微信、微博、网站、手机客户端、视频等全媒体平台。

2. 《今日邓州》正式创刊发行

《今日邓州》报为中共邓州市委机关报，由中共邓州市委宣传部主办。2015年1月1日正式创刊发行。《今日邓州》报围绕邓州市委市政府中心工作，把握正确舆论导向，准确传达上级精神和邓州市委市政府工作部署，弘扬主旋律，传递正能量，反映基层百姓心声。

3. 《近报》正式创刊

由山东广电网络集团与大众报业集团联合创办的《近报》，2016年4月8日在山东传媒大厦正式创刊，近报融媒旗下微博、微信、APP等新媒体产品同步上线。近报融媒是山东省内首家将报纸、电视和新媒体完全融合在一起的新兴媒体，以"1+5"为架构，共同组成新媒体矩阵。"1"是《近报》，这是山东广电网络集团和大众报业集团共同创办的一份生活服务类周刊，以"贴身、贴心、可读、可用"为定位，以"关注生活生存，关心人生人情"为理念。"5"分别是新视听网站、好看APP、官方微博、微信矩阵和手机报。

4. 《北京文摘》逆势创刊

2015年10月22日，在报业市场不景气的大环境下，《北京文摘》逆势创刊。《北京文摘》是一份都市生活类的文摘周报，侧重新闻观察、时评理论、人文历史、都市闲情，填补了北京本土文摘报的空白，为读者阅读提供了一个新的选择。《北京文摘》为4开16版，每周四出版，设置新闻、人文、言论、生活等版组，开设观察、人物、声音、阅读、常识、闲情等版面。

5. 《胞波（缅文）》创刊

《胞波（缅文）》报纸2015年12月4日在云南省德宏州芒市举行创刊仪式，《胞波》将为中缅两国加强人文交流、经贸往来搭建新的平台。据了解，《胞波（缅文）》于2015年6月获得国家新闻出版广电总局颁发的《中华人民共和国报纸出版许可证》，成为国内第一家有独立刊号、统一连续出版的缅文报纸。

6. 中英文双语报纸《云南旅游文化时报》创刊发行

2015年6月12日第4届中国—南亚博览会开幕之际，《云南旅游文化时报》（英语名称：Yunnan tourism & culture times）正式创刊发行。据悉，《云南旅游文化时报》为中英文双语，其中英文占80%，中文占20%，半月刊，每期48页，包括游线、艺术、美食、城事等栏目。该份报纸将面向海外游客，尤其是南亚东南亚入滇游客和海外揽客渠道实行定制生产、精准发行,打造"专属入滇海外游客的精品旅游文化生活读本"。

7. 中国首份民机产业报纸《大飞机报》正式创刊

2015年5月11日,由中国商飞公司主管主办、上海《大飞机》杂志社有限公司出版的《大飞机报》(国内统一刊号:CN31-0115)正式创刊,成为中国第一份以大飞机和民机产业为关注点的报纸。

作为航空传媒大家庭的新成员,《大飞机报》立足中国商飞、服务民机产业、传播航空文明,以专业视角报道航空制造业和航空运输业的大事、要事,展现全球航空业蓬勃发展的壮阔图景。

8. 《华夏文明导报》正式创刊

2015年8月6日,由甘肃省广播电影电视总台主管主办,甘肃广电报业传媒有限责任公司出版运营的《华夏文明导报》正式创刊。据悉,报纸当期发行量达15万份,覆盖全省各级党政机关企事业单位及省外重点城市的文化企事业单位。

9. 《新能源汽车报》正式创刊,网站同步上线

2015年1月21日,2015中国新能源汽车年会暨《新能源汽车报》创刊发布会在北京隆重举行,《新能源汽车报》正式创刊,网站同步上线。

10. 《中国美术报》创刊

2015年12月26日,《中国美术报》创刊。《中国美术报》由文化部主管,中国国家画院主办,中国美术报社有限责任公司出版。报纸将坚持"二为"方针,坚持学术立报,遵循"专业化、人文化、国际化、市场化、网络化"办报理念,力求服务中国美术家、推动中国当代美术发展。目前,《中国美术报》为周报,每期40个版,包括《美术新闻》《美术副刊》《美术家》《艺术财富》《艺术设计》《学术理论》《域外美术》等。

七、2015年新合并的报纸

《上海证券报》《中国证券报》《经济参考报》三者都是新华社旗下媒体,据和讯网发布消息称,2015年10月底,三大报因内容定位相似度极高而合并。

对此也有内部人士分析，除了定位与名称的高度相似之外，新华社在探索媒体转型、另有资本大佬插足财经媒体等都是此次合并的重要原因，合并之后，在提升报纸本身价值的同时，也将谋划登陆上海证券交易所战略新兴板块。

  从以上的分析我们不难看出，能及时捕捉社会经济活动的瞬息万变，并按轻重缓急迅速公布于众，成为社会经济运行的"晴雨表"和指示器，这依然是报纸的特点与价值，也是为什么还有诸多的报纸"逆势"创刊的原因。报纸不仅发布消息，还可通过分析性文章对复杂的市场现象进行阐述，从历史渊源、因果关系、矛盾演变、影响作用、发展趋势等方面来启发思维、拓宽思路，不仅满足"是什么"，还回答"为什么"，减少人们在接受信息过程中的不确定性。

  2016年最重要的产业趋势是虚拟现实（VR），最火的应用是直播。他们是新媒体的产物，也是传统媒体在微信、微博、客户端后，下一个尝试拥抱的新事物。我们欣喜地看到，2016年的两会报道，VR技术最引人注目，除了新浪新闻、百度新闻、优酷、乐视这些互联网媒体积极使用VR呈现两会新闻，人民日报客户端用VR技术无死角观察全会场，新华社更是拍摄了19个VR视频，包括新闻发布会、会议记录、现场采访，甚至结合闯关游戏搞起了互动，大大增强了网友的参与性。《光明日报》《经济日报》和《法制晚报》也都进行了VR视频报道两会的新尝试。

  这些动作都说明，报纸在保持传统优势的同时，还在积极地搭乘"互联网+"的快车，深入转型，深层融合，深度洗牌，拥抱新技术，报纸和报人正在不断探索。在网络媒体日渐壮大的今天，纸质媒体前景受到了极大的挑战，但我们看到仍然有不在少数的报纸在此时创刊，是逆势而生，又是众望所归。

（赵彦华　中国新闻出版研究院）

第四节 2015~2016中国数字出版产业发展报告

一、2015年中国数字出版产业发展的基本状况

2015年,是"十二五"收官之年,是数字出版产业稳中求进的关键之年。国家相继出台一系列利好政策,主管部门的政策、举措逐渐推行,数字出版产业的政策环境日趋完善;数字消费需求日益旺盛,移动阅读成为阅读主流方式;传统出版单位转型升级思路日渐明晰,发展模式日趋清晰,融合发展态势逐渐形成;科技与出版融合更加深入,驱动数字出版产品的创新升级,企业对科技的研发和应用力度进一步加大。

据《2015年新闻出版产业分析报告》,2015年数字出版实现营业收入4 403.9亿元,较2014年增加1 016.2亿元,增长30.0%,占全行业营业收入的20.3%,提高3.4个百分点;对全行业营业收入增长贡献率达60.2%,增长速度与增长贡献率在新闻出版各产业类别中均位居第一。

(一)产业政策环境趋好

2015年,伴随文化产业努力追求成为我国国民经济支柱型产业的进程,政府对文化产业重视程度进一步提升,加强了对文化产业的相关部署。特别是2015年下半年,连续出台了《关于推动国有文化企业把社会效益放在首位、实现社会效益和经济效益相统一的指导意见》《中共中央关于繁荣发展社会主义文艺的意见》等扶持文化产业繁荣发展的相关政策,强调推进文化与新技术、新业态、新模式、新媒体的有机融合,对以数字为核心的新兴出版业态有重要

的指导意义,也提出了更高要求。其中,《中共中央关于繁荣发展社会主义文艺的意见》明确提出要"大力发展网络文艺,推动网络文学、网络音乐、网络剧、微电影、网络演出、网络动漫等新兴文艺类型繁荣有序发展,促进传统文艺与网络文艺创新性融合"。同时,2015 年国家大力推行"互联网+"行动战略,借助互联网,利用大数据、云计算、物联网、人工智能等互联网新技术,助推传统产业实现革新升级,出台了《关于积极推进"互联网+"行动的指导意见》《关于促进大数据发展的行动纲要》等多项政策,对数字出版的持续快速发展,新闻出版业的转型升级、融合发展形成利好。一系列相关政策的出台,为数字出版产业的可持续发展提供了良好的政策环境,也赋予了空前的发展机遇和发展空间。此外,2015 年中央财政对文化产业的扶持力度进一步加大,下拨了 50 亿元文化产业发展专项资金,共有 834 个项目获得财政资金支持,新闻出版业数字化转型升级、传统媒体和新兴媒体融合发展被纳入重点支持的八项内容之列。

(二)数字消费需求日益旺盛

在互联网和移动互联网的快速发展的背景下,我国国民的消费理念,消费习惯、消费渠道日益多元化,数字消费需求日益旺盛。2015 年,我国互联网和移动互联网持续普及,截至 2015 年 12 月,中国大陆网民规模已达到 6.88 亿,互联网普及率已然过半,达到 50.3%。其中,手机网民规模达 6.20 亿,有 90.1% 的网民通过手机上网。只使用手机上网的网民达到 1.27 亿人,占整体网民规模的 18.5%,手机已逐渐成为中国网民上网的首选方式。网民数量的快速增长,推动互联网市场的持续繁荣,普及率日益提升。2015 年,互联网对个人生活方式的影响进一步深化,融入到教育、医疗、交通等民生服务中。同时,由于移动支付的爆发式增长(64.5%),带动了网络购物、网上银行、旅行预订、手机炒股等移动应用爆发式成长,加速各类创新应用形成业务闭环。据统计,2015 年 1.10 亿网民通过互联网实现在线教育,1.52 亿网民使用网络医疗,表明在互联网环境下,人们的消费习惯正在发生改变。在数字内容消费方面,第十三次全国国民阅读调查成果显示,2015 年我国成年国民数字化阅读率持续上升,有 51.3% 的成年国民进行过网络在线阅读,60.0% 的成年国民进行过手机阅读。2015 年网络新闻、网络视频、网络文学、网络音乐等数字内容的应用使用率也得到稳步提升,并进一步向手机端聚集。2015年,手机网络新闻用户规模为4.82亿,增长率为16.0%,网络新闻已经成为即时通信和搜索引擎之外的第三大互联网应用领域。在传统媒体和互联网门户网站加速转型和自媒体迅猛发展的态势下,"两微一端"(微博、微信、新闻客户端)已成为媒体的标准配置,特别是新闻客户端,已成为媒体提升传播力、品牌影响力的重要窗口,且从单一的新闻资讯发布向人们的日常生活中逐渐渗透,成为综合平台,通过社交化、生态化实现用户高度聚拢。

(三)科技应用水平显著提升

新常态下,产业发展由要素驱动转变为创新驱动,而科技进步是产业创新的重要引擎和有力支撑。近年来,科技的快速发展,加速出版业深刻变革,驱动数字出版产品创新、形态创新、模式创新,借助新技术更充分地挖掘、聚集、整合、运用优质内容,将内容优势转化为发展优势,为出版业转型升级、融合发展开拓了多元路径。2015年,我国数字出版的整体科技应用水平持续提升,在"互联网+"行动战略下,科技与内容融合程度进一步加深。云计算、大数据、物联网、人工智能等新一代信息技术从观察、研究步入实质应用阶段,二维码、虚拟现实、数据挖掘技术等实现了较为广泛的应用。同时可以看到,当前科技与内容融合得更加紧密与自然。运用虚拟现实技术和增强现实技术让内容实现立体化呈现,丰富用户阅读的感官体验;运用二维码技术实现了产品与用户之间的连接,深化产品与用户之间的交互,改变数字产品体验、消费方式,"扫码"已成为人们获取信息、实现消费的常态方式;数据挖掘技术的广泛运用,让企业精准把握用户需求成为现实,为数字产品的设计完善,内容的个性化推送提供依据,例如可以看到很多客户端应用中都会有"个性推荐"或"猜你喜欢"等板块,就是在数据挖掘技术基础之上形成的,伴随该项技术的日趋成熟,个性化推送的精准度将不断提升。

(四)传统出版单位融合发展态势渐显

2015年,传统出版单位转型升级步伐渐趋深入。近年来,管理部门在推进新闻出版转型升级方面成果显著,并已从传统出版转型迈向传统出版与新兴出版融合发展的新阶段,融合态势渐显。继2013年6月公布了首批70家数字出版转型示范名单之后,2015年7月,国家新闻出版广电总局公布了第二批100家转型示范单位,转型示范单位已达到170家。在管理部门的积极推动、引导下和转型示范单位的积极带动下,我国传统新闻出版单位的转型升级整体水平有了显著提高。2015年,在《关于推动新闻出版业数字化转型升级的指导意见》和《关于推动传统出版与新兴出版融合发展的指导意见》两大政策的指引下,传统出版的转型升级思路日渐清晰与开阔,方法和路径日趋明确与多元,涌现了一大批新产品、新模式。其中,专业出版经过长时间探索取得较大突破,特色资源数据库等知识服务模式实现了社会效益与经济效益的有机统一。管理部门也通过相应举措给予了积极引导与有效推动。2015年3月,总局主持开展了专业数字内容资源知识服务模式试点工作,以加快推进专业化知识服务平台建设,有效聚集专业领域内容资源,推进形成中国特色的专业数字出版模式,推动国家知识服务体系建设。11月,根据这一工作的统一部署,总局发布了《关于推荐专业数字内容资源知识服务模式试点工作技术支持单位的通知》,推荐中国科学技术信息研究所等11家单位为相关核心技术支持单位;中新金桥数字科技(北京)有限公司等9家单位为知识体系建设及知识化加工、管理技术支持单位;武汉理工数字传播工程有限公司等12家单位为知识服务与运营技术支持单位。同时,教育出版单位在数字教育应用与服务上的探索也已初具模式,大众出版单位则全力构建差异化的全媒体产品体系,在内容聚集、产品创新、模式探索方面也取得了显著成果,产品形态和发展形态日趋丰富多元。

(五)新媒体竞争格局初步形成

前文已述,2015年数字消费需求进一步旺盛,且持续向移动端发展,移动互联网成为各企业在各领域布局的重点方向,也成为媒体话语权争抢的主要阵地。而新闻资讯客户端作为移动新媒体的主要产品形态,满足碎片化、多元化、个性化的阅读需求,为用户所广泛接受,新老媒体纷纷涌入这一领域,市场竞争日益激烈,推动其内容质量的不断提升和呈现形式的日趋多样。当前的移动新媒体格局已形成以腾讯为代表的互联网巨头和以一点资讯、今日头条等为代表的新兴的新媒体企业同场竞争的局面。互联网巨头中,腾讯在2015年7

月推出定位于个性化兴趣阅读的新闻聚合客户端"天天快报",与已形成较强影响力的腾讯新闻客户端的组合,让腾讯在新闻资讯领域处于行业领先位置。同时,腾讯的微信影响力持续扩大,腾讯的新媒体布局渐趋完整。阿里巴巴在2015年也加紧了在新媒体领域布局,因阿里巴巴自身不具备媒体属性,因此其布局主要采取的战略是投资、收购、合作等方式。2015年6月,阿里巴巴投资"第一财经",与上海文广集团在新媒体方面达成战略合作;9月,阿里联手财讯集团、新疆网信办创办"无界新闻",主打政经新闻和国际报道;10月,阿里与四川日报集团成立"封面传媒";2015年底,阿里巴巴收购香港媒体《南华早报》。据不完全统计,截至目前阿里巴巴已将24家媒体纳入麾下或战略入股,在地域上覆盖了中华大地的东南西北,在属性上则包括了纸媒、电视、视频、垂直媒体、社交媒体、内容发行商和内容生产商。此外,搜狐新闻客户端、网易新闻等传统门户网站的新媒体产品在2015年也同样保持着较强的影响力和市场占有率。同时,2015年一点资讯、今日头条等新兴的新媒体企业也在移动媒体上大放异彩,相比于传统门户,这些企业的产品更加注重用户的互动、个性化阅读和社交需求,聚合了大量传统媒体内容及网络资源,具有良好的用户体验。

二、2016年中国数字出版产业发展趋势展望

"十二五"时期已然收官,步入"十三五"时期,新闻出版业"十三五"时期发展规划与数字出版"十三五"时期专项规划对行业发展有一个全新的部署,引领数字出版产业在新阶段迎来发展的新局面,新闻出版的融合发展也将迈向更高的台阶,数字出版产业环境与格局也将面临转变。

(一)"十三五"规划将引领产业发展

当前,新闻出版广播影视"十三五"时期规划的编制工作已进入尾声即将出台,数字出版"十三五"时期发展专项规划也已出台,对数字出版产业在"十三五"时期的发展重点、主要目标、主要任务等方面进行统筹规划,制定

发展数字出版产业的总体思路，推进新闻出版业融合发展的思维视角，谋划数字出版产业的战略布局，切实引导出版业实现新常态下的融合发展新突破。

（二）内容（版权）运营将成为核心竞争力

2015年是"IP"概念大热之年，"IP"就是知识产权的英文缩写，包括网络文学、网络动漫、网络游戏、网络影视在内的数字内容版权运营链条已初步形成。互联网企业通过版权运营，实施数字内容产业布局，实现内容、用户、流量、渠道等方面的深度转化，带动资本大量流入，促进了优质内容价值的充分挖掘与运用，探索出多元化商业模式。百度、阿里巴巴、腾讯相继成立了独立的网络文学运营机构，并涉足网络游戏、网络影视等数字内容领域，逐步打通了数字内容生产与传播的全产业链条，由此让出版业认识到"IP"带来的强大效应与影响，也令IP运营持续高涨。中文在线等数字出版企业在以网络文学为核心的数字内容版权运营方面取得了较大突破。传统出版单位也在积极开展基于同一内容的多元形态的版权运营，产业之间基于版权的合作日益增多且逐步深入，数字版权开发的良性循环正在逐步形成。

未来一段时期，各家企业基于各类数字内容的版权运营竞争将进一步加剧，推动版权运营的效应将持续扩大，将为数字出版产业的内容运作、活力焕发提供新的风口，或将成为激发数字出版爆发式增长的重要因素，同时基于数字内容的版权运营对我国新闻出版业融合发展、走出去等方面都将产生重要影响。而在"IP"效应持续提升的情况下，内容成为各家企业的核心竞争力，数字出版发展将回归"内容为王"的主旋律，数字内容的深耕细作，将会使内容的价值发挥到最大。

（三）互联网企业加速线下布局构建完整生态

2015年11月3日，被视为实体书店头号劲敌的亚马逊在美国西雅图大学村开了第一家实体书店"Amazon Books"，为消费者提供与线上销售同样优惠价格的图书，同时出售Kindle、Fire Phone等周边产品，亚马逊明确表明开线下书店的目的是为了以线下带动线上。2015年12月，我国大型电子商务网站当当网也宣布将在未来三年开1 000家实体书店，开创我国电子商务在图书领域 O2O 模式的先河。

2015 年 9 月 29 日，国务院发布《关于推进线上线下互动加快商贸流通创新发展转型升级的意见》，标志着 O2O（即线上线下互动）模式得到国家层面的正式认可，并被纳入顶层设计，该意见对于出版产业开展 O2O 模式也具有重要的推进与指导意义。

可以看到，近年来互联网企业开始发力线下布局，着力发展 O2O 模式，利用线上收集的用户数据库指导线下经营，从而可以更加精准地满足用户需求，同时还实现线下反哺线上，在商业模式、技术应用、内容整合、产品服务等方面实现线上与线下的互通创新，推进线上线下融合发展。一些互联网企业已经实现了品牌的塑造和用户、流量的积累，亟待进一步拓展影响力，面对日益激烈的市场竞争，开展线下业务，发展 O2O，是互联网企业构建完整产业生态链条、寻求突破发展的必选之路。

（四）行业管理机制日趋健全

2016 年 2 月 4 日，国家新闻出版广电总局、工业和信息化部联合发布第 5 号令，从 3 月 10 日起施行《网络出版服务管理规定》，对网络出版服务的概念、许可、资质、管理及监督等事项作出了明确规定。长期以来，数字出版适用的行业规章是 2002 年原新闻出版总署依据《互联网信息服务管理办法》和《出版管理条例》制定的《互联网出版管理暂行规定》，该《暂行规定》填补了当时网络出版管理缺乏法律依据的空白，对于行政管理部门在依法履行网络出版监管职责、促进产业发展等方面发挥了重要作用。然而该暂行规定出台至今有十几年，已难以满足网络出版服务迅猛发展的需求。一方面，网络出版服务业快速发展，新业态、新模式不断涌现，市场需求日益旺盛，在意识形态传播中发挥日益重要作用，需进一步规范网络出版市场秩序，以维护国家网络出版领域的文化安全；另一方面，近年来中央对于网络文化建设和管理不断提出更高要求，中央关于加强网络文化建设和管理出台了一系列重要文件，国务院对于总局开展网络出版服务管理的范围、边界等也进行了划分和调整，需要及时纳入规章之中。《网络出版服务管理规定》的出台实施，对推进网络出版与传统出版的统一标准、统一要求、统一管理，促进数字出版行业规范发展，具有积极意义。

不仅行业的总体规章得到了进一步的完善，数字出版的具体细分领域的管理也日益健全。以网络文学领域为例，近年来，总局持续推进网络文学行业的健康繁荣发展，2014年12月出台《关于推动网络文学健康发展的指导意见》以来，总局开展了多项工作。如组织专家进行网络文学作品的审读，同时还计划推出网络文化的相关评价机制。

（五）人才培养体系日趋完善

数字出版人才队伍建设难以满足行业快速发展的需求，一直是多年来数字出版产业存在的一大难题，然而人才问题的解决有望在"十三五"期间取得突破。数字出版相关人才的培养计划方案已经在着手制定中，国家新闻出版广电总局在"十三五"期间，将持续推进数字出版人才队伍建设，丰富数字出版人才体系，逐步完善数字出版人才培养和培训机制。北京市已将数字编辑职称评审纳入了全市职称评审序列，为全国数字编辑职称评审工作开创先河，职称资格考试用书和考试大纲在2015年已完成编辑修订成稿工作，并已于2016年初出版。这一工作为全国数字出版人才队伍建设作出了有益示范与积极表率。同时，在已制定的《北京市"十三五"时期新闻出版业发展规划》征求意见稿中，将"加强人才队伍的培养和建设，推进数字媒体准入资格考评体系，完善人才激励机制"作为"十三五"时期推进新闻出版发展的重要举措，并已在着手制定"十三五"时期数字出版人才的专项规划。此外，企业近年来也日益注重数字人才的引入与培养，数字出版人才队伍建设的良性机制正在逐步形成。

三、关于中国数字出版产业发展的思考

（一）持续完善产业政策体系，引导产业健康可持续发展

当前正值"十三五"时期开局，在新时期，国家的社会经济环境将面临新的形势，数字出版的产业环境也将迎来新的局面。"十三五"时期是贯彻落实中央全面改革部署，持续深入推动新闻出版业转变发展方式加快产业发展，从新闻出版大国向新闻出版强国迈进的关键五年。数字出版作为新闻出版业内增

速最快的领域,将发挥更加重要的作用。而伴随文化产业成为国民经济的支柱型产业,在"十三五"期间,国家对文化产业发展,特别是新技术、新媒介环境下的文化产业健康持续发展,必将给予更加高度的重视。新闻出版业和数字出版"十三五"规划编制均已基本完成,"十三五"规划将指明"十三五"时期产业的重点发展方向,提出发展的主要任务,是未来一个时期内产业发展的行动指南。

政府管理部门层面,需依据规划,围绕中央相关指示精神,出台推进数字出版产业发展的各项政策、举措,完善产业政策体系,持续优化产业顶层设计,政策制定更加精准到位、切实可行,同时稳抓贯彻落实。在推进产业发展上,应积极推进实施"三个重大",即组织一批对新闻出版产业发展和结构调整全局带动性强的重大工程,推出一批对新闻出版事业和产业发展效果显著的重大项目,出台一批促进产业更快更好发展的重大政策,持续推进新闻出版业的转型升级,传统出版与新兴出版的融合发展,为数字出版产业提供更强大的内在动力,切实引导数字出版产业在新时期的健康可持续发展。

(二)开拓融合发展创新思路,着力推动融合发展提质增效

当前,我国新闻出版业已经从转型升级步入传统出版与新兴出版融合发展的新阶段,融合发展态势已经初步形成,但离《关于推动传统出版与新兴出版融合发展的指导意见》中所提出的要求,仍存在着一定距离。传统出版单位利用新技术、多手段发挥内容优势的思路尚存在一定的局限性,思维惯性和依赖惰性心理尚未完全消除,融合发展的思维和路径有待进一步创新突破。传统出版要持续提升对融合发展的认识与理解,充分领会、运用大融合思维,一体化思维、用户思维谋求发展,加大资源挖掘、要素整合、产业耦合程度,实现传统出版与新兴出版在内容、技术、终端、渠道、管理、经营等方面的多层次、多样化的全面深度融合。一方面,积极应用新技术、新媒介、新渠道,创新产品形态和生产传播模式;另一方面,积极开展出版与教育、旅游、医疗等多领域的跨界融合,充分发掘数字出版与其他领域的结合点,从而创新产品形态和服务模式。

同时,当前传统出版单位与新兴出版企业之间的合作壁垒还没有完全消除,合作有待进一步深入,模式仍需进一步创新,传统出版单位要向新兴出版

企业借鉴与互联网融合的思路与模式，利用多种手段，打破在融合发展中的体制机制壁垒。同时，要发扬勇于试错的精神，强化借力意识，提升利用新技术、新媒体能力。

（三）加大内容生产力度，提升产品核心竞争力

内容是数字出版产业的根本。无论科技、模式、渠道以及产品形态如何创新，都应把内容生产放在首要位置。"十二五"时期虽然涌现了一大批数字出版骨干企业和优秀的数字出版产品。但整体来看，数字出版的内容质量仍然存在良莠不齐，优质内容供给不足，有数量缺质量，有高原缺高峰等问题，与人民群众日益增长的精神文化需求相比，依然存在较大差距。一方面，部分数字出版产品中仍然存在内容低俗、庸俗等不良现象；另一方面，传统出版的优质内容尚未被充分发掘和发挥，未能很好地延伸至网络空间。无论以何种形式进行阅读、获取信息，用户最终都希望获得优质内容，内容质量不高的数字出版产品难以获得核心竞争力。

从更深层次来讲，数字出版产品同样承担着传承中华优秀文化，弘扬社会主义核心价值观的责任与使命，在互联网和移动互联网时代，数字出版产品在舆论意识形态的传播上发挥着日益重要的作用。2015年下半年相继出台的《关于推动国有文化企业把社会效益放在首位、实现社会效益和经济效益相统一的指导意见》等，都着重强调了网络传播要加强内容把关、提高内容质量。因此，数字出版内容质量不容忽视。数字出版企业要时刻牢记，把社会效益放在首位，努力实现社会效益与经济效益相统一。其一，要提高内容质量；其二，要根据多元化的用户需求，充分利用新技术、新媒介创新内容的呈现方式，针对不同终端平台、不同产品形态、不同用户需求，进行内容的适配生产，以实现"一个内容多元创意、一个创意多次开发，一种产品多个形态"。

（四）加大科技创新应用力度，提升产业创新水平

当前的经济发展已从要素驱动转向创新驱动，科技则是推进产业持续快速发展的关键驱动力量，特别是在国家"互联网＋"行动战略、"大众创业、万众创新"思想指导下，科技更是为数字出版产业持续快速发展、新闻出版业融

合发展提供重要支撑。

因此，数字出版产业的创新发展，离不开科技的重要作用。当前，我国新闻出版业的科技创新体系虽然已经逐步建立，但科技应用水平仍有较大的提升空间。出版企业虽然已经开始主动地研究技术、使用技术，但距离做到"用好技术"还存在一定差距，在对先进技术、前沿技术的认知深度和把控力上还存在不足，缺乏灵活性。企业，特别是传统出版单位要提高科技应用水平，提升科技与内容、产品的适配程度，充分发挥好数字出版产品中科技与内容的"一体两翼"关系，相互支撑，共同构成数字出版产品的核心竞争力。一方面，出版单位要紧跟行业前沿，提升对前沿科技的敏感度和适应力，弥补自身技术短板；另一方面，提升对大数据、云计算、物联网、人工智能、增强现实、二维码等技术的把控能力和应用水平，使之更好地应用于业务流程改造、内容深度整合、渠道多元拓展、产品设计创新。同时，要不断强化共赢与借力发展意识，通过加强企业间基于技术层面的深度合作，实现创新水平的提高，不断增强融合发展实力。

（五）优化产业结构，推进产业均衡发展

我国数字出版产业规模逐年提升，然而产业结构仍然不甚合理。一是，产业链结构不合理，重平台、重技术、轻内容的现象仍然存在；二是，产业消费结构不合理，唯市场论、唯眼球论致使高品位、深层次数字内容供给不足，数字内容消费泛娱乐化趋势明显；三是，产业收入结构不合理，传统出版产品和平台盈利能力仍然偏低，内容优势未被充分挖掘；四是，地域发展不平衡，北上广及长江流域等经济文化较为发达地区的数字出版实力较强，而中西部欠发达地区相对较为落后，这一方面与互联网普及应用水平的客观条件不无相关，另一方面也表明了优势资源没有得到充分流通，条块分割仍然严重。

要实现产业的均衡发展，一方面，要加强对数字内容生产引导，构建多边化、多功能消费市场，以满足用户多层次、多元化消费需求。另一方面，创新体制机制，加快体制改革步伐，建立科学合理、灵活高效的管理体制和经营机制。政府管理部门需着力构建公平有效的竞争环境，清除阻碍产业均衡发展的体制性障碍。着力构建公平有效的竞争环境，清除阻碍产业均衡发展的体制性障碍，鼓励企业运用联合、重组、兼并等运作手段，打破区域分割和行业壁

垒，开展跨区域、跨行业经营。此外，需要进一步调整产业发展思路和发展方式，在我国经济运行步入新常态背景下，建立起与区域经济发展形势相适应的数字出版特色化发展路径，实现各区域的均衡化发展。

（毛文思　中国新闻出版研究院）

第五节 2015~2016中国印刷业发展报告

2015年，世界经济仍然处于2008年全球经济危机后的复苏过程中，新兴市场与发展中经济体的经济增速持续放缓，对发达经济体的赶超势头有所弱化。据国际货币基金组织（IMF）公布的数据，2015年新兴市场与发展中经济体的经济增长率为4.0%，创2010年以来的最低水平，仅较发达经济体高2.0个百分点，而2009年这一差距为6.6个百分点。

作为全球最大的新兴市场国家，2015年我国国内生产总值增速下滑至6.9%，为1990年来新低，成为全球关注的焦点。印刷业作为国民经济的重要组成部分和重要配套产业，与国民经济的运行关联性非常高。在连续多年的两位数增长后，受国民经济增速放缓影响，我国印刷业也逐步进入增速放缓、深度调整、融合创新的新常态。

一、2015年中国印刷业发展的基本状况

2016年1月27日，国家统计局发布2015年度全国规模以上工业企业利润总额统计数据。其中，印刷与记录媒介复制业规模以上工业企业实现主营业务收入7 191.7亿元，同比增长7.0%；利润总额553.9亿元，同比增长5.0%。而2014年，这两项指标的增速分别为9.5%和9.2%。与2014年相比，印刷与记录媒介复制业规模以上工业企业主要经济指标增速明显降低。但与其他主要行业相比，印刷与记录媒介复制业规模以上工业企业市场表现仍然比较活跃，呈现出一些新的发展气象。

（一）"互联网+印刷"融合发展渐入佳境

2015年初，国家新闻出版广电总局发布《关于推动传统出版和新兴出版融

合发展的指导意见》，越来越多的传统印刷企业开始探索"互联网+印刷"的融合发展之道。据中国印刷科学技术研究院统计，2015年中国印刷电商网络平台已经超过300家，利用互联网开展业务的印刷企业数量不断增多。"互联网+印刷"的融合发展模式，为印刷企业提升生产效率，拓展业务发展边界提供了新的动力，为打通物流、信息流、资金流，构建新型印刷发展生态提供了机遇。

（二）绿色印刷稳步推进

截至2015年11月初，我国获得绿色印刷认证的企业已达到925家，环保纸张、环保版材、环保油墨等8类绿色印刷原辅材料供应商已经达到88家，获得国家认可委（CNAS）资质的绿色印刷检测机构已经达到20家，绿色印刷产业链基本构筑完成。2015年全国12亿册中小学秋季教科书全部实现绿色印刷。总局认定的95家国家印刷示范企业基本实现绿色印刷。

2015年4月，国家新闻出版广电总局颁布实施了4项绿色印刷系列行业标准。国家印刷行业清洁生产评价指标体系正在编制，已有近200家印刷企业通过了全国各地的清洁生产审核。

（三）资本推动产业整合加速

2015年，印刷业资本意识进一步觉醒。一方面，以环球印务、爱司凯、吉宏包装等为代表的印刷企业IPO申请获得证监会批准，以虎彩印艺、奇良海德等为代表的20余家印刷企业在新三板挂牌，印刷企业进入资本市场的速度在加快。另一方面，以劲嘉股份、界龙实业、长荣股份、盛通股份、美盈森等为代表的上市公司，充分利用资本手段，加快产业整合与重组的步伐，推动了产业结构调整，有利于印刷业的长期良性发展。

（四）标准化工作取得重大突破

2016年3月，由我国主导制定的首个印刷领域国际标准ISO16763《印刷技术—印后加工—装订产品要求》由国际标准化组织（ISO）正式发布。这是我国于2010年成为国际标准化组织/印刷技术委员会（ISO/TC130）印后工作组（ISO/TC130/WG12）召集人和秘书处承担国后完成的首个国际标准。该标准的发布标志着我国印刷业主导制定国际标准实现了零的突破，是我国印刷业实质性参与国际标准化工作的直接表现。

（五）印刷准入门槛进一步放低

2015年9月，国家新闻出版广电总局办公厅印发《关于修订部分规章和规范性文件的决定》，其中修订了《印刷业经营者资格条件暂行规定》和《设立外商投资印刷企业暂行规定》。《决定》对印刷业经营者资格条件予以放宽，不再对厂房建筑面积和注册资本做硬性规定。此外，在对外商投资印刷企业的管理方面，删除了"从事出版物、包装装潢印刷品印刷经营活动的外商投资印刷企业注册资本不得低于1 000万元人民币；从事其他印刷品印刷经营活动的外商投资印刷企业注册资本不得低于500万元人民币"等限制。这些修订有利于更好地调动社会资本参与印刷业的投资积极性。

（六）"走出去"步伐加快

2015年，"一带一路"正式被确立为国家战略，开拓海外新市场成为中国经济发展的一大亮点。作为出版产业的主力军，我国印刷企业从设备器材厂商，到印刷企业，纷纷加快迈向国际市场的步伐，通过各种方式，扩大在海外市场的知名度和影响力。例如，凤凰出版传媒集团在纳米比亚成立了凤凰（非洲）印务基地，长荣股份收购了海德堡公司德国印后包装研发中心资产及其在斯洛伐克的子公司。

在当前的行业背景下，印刷业"走出去"一方面有利于我国企业充分利用全球的原材料和人才资源；另一方面也有利于帮助消化过剩产能，增强我国印刷业的国际竞争力。

二、2016年中国印刷业发展面临的挑战

（一）新兴媒体发展对印刷业的冲击愈加明显

近年来，智能手机、平板电脑等新型阅读终端趋于普及，新兴媒体快速发

展,人们的阅读方式发生了很大变化,以报刊为代表的纸质媒体受到了较大影响,这给服务于书报刊出版的印刷企业带来了较大冲击。据《2015年全国新闻出版业期刊、报纸基本情况》,2015年全国共出版图书、期刊、报纸、音像制品和电子出版物550.6亿册(份、盒、张)。较2014年降低5.6%,其中图书88.6亿册(张),增长5.9%,期刊28.8亿册,降低7.0%,报纸430.1亿份,降低7.3%,整体上看期刊、报纸的总印量不容乐观。出版物印刷市场的萎缩迫使部分印刷企业转型包装印刷市场,这又在一定程度上加大了包装印刷的产能供给,提高了整个印刷业的竞争激烈程度。

(二) 印刷业去产能依然任重道远

2016年底召开的中央经济工作会议,将去产能作为2016年经济工作的重要任务之一。从整体上看,印刷业的产能过剩形势虽然不像钢铁、建材、化工行业那般严峻,但在局部领域和局部地区,产能过剩的问题仍然比较突出,特别是一些中低端书刊印刷和包装印刷企业。去产能的过程往往伴随着企业的倒闭、重组,自2012以来,我国印刷业出现了多个大型印刷企业破产倒闭的案例,自2015年以来又连续出现了多家跨国公司关闭或出售在华工厂的情况,由此可能引发的社会问题,需要引起有关方面的关注。

(三) 印刷业面临的环保责任和压力空前加大

2015年被称为"史上最严"的环境保护法正式实施,这极大地引发了各行各业对环保问题的重视。6月18日,财政部、国家发改委、环保部印发《挥发性有机物排污收费试点办法》。《办法》把包装印刷行业列入首批试点收费名单。随后,各省市也将会陆续发布各地有关印刷业挥发性有机物排污的收费办法。这将对赢利能力本就不高的印刷企业而言,进一步压缩了其生存空间。

由于涉及环保问题,印刷业的形象在北京、上海等一线城市受到了很大影响。2016年2月,北京市人力资源和社会保障局宣布印刷项目不再纳入市级技能大赛一类竞赛,理由是印刷属于高耗能重污染项目,在印刷业引起了较大反响,这迫使印刷企业进一步转变发展方式和经营思路,以保持未来的持续稳定发展。

（四）成本上升倒逼印刷企业转型升级

随着国民经济的发展，我国的人力和土地成本持续上升。美国波士顿顾问公司（BCG）2014年发布的《全球最新生产经济移转分析报告》指出，中国的综合成本指数为96，美国的综合成本指数为100，这表明中国的综合生产成本已经接近美国的水平。我国印刷业以中小企业为主体，对人工和房租成本的变动十分敏感，在不断加大成本的压力下，部分企业通过采用自动化设备减少用工数量，但这仍不能完全解释成本压力。由于土地的持续升值，深圳等城市的一些大型印刷企业被迫外迁，将厂区土地转让给开发商进行商业开发。种种迹象表明，不断上升的综合成本正倒逼印刷企业进行转型升级。

三、关于中国印刷业发展的思考

面对国内外复杂多变的经济形势和印刷业技术和产能变革状况，印刷业政府主管部门和广大印刷企业正在积极布局谋篇，探索新型产业发展模式。2015年底召开的中央经济工作会议将"去产能""去库存""去杠杆""降成本""补短板"，确定为2016年经济工作的五项基本要求。印刷作为实体经济的一部分，同样面临压缩过剩产能、降低资金杠杆和生产成本、补齐短板的问题。为此，有以下几点思考。

（一）加大供给侧改革力度，化解过剩产能

进一步加大通过专项资金、评选国家印刷示范企业等力度，通过资金和政策支持，帮助印刷企业提高创新能力，不断开发符合新形势下市场需求的产品，提高产品质量，对于确实超出市场需求的低端产能，应采取切实可行的去产能措施，鼓励企业间的兼并重组，引导过剩产能平稳退出，以避免由于企业破产倒闭可能引发的社会问题。

(二）继续推进"互联网＋"发展战略，促进传统印刷企业转型升级

积极学习和采用互联网、云计算和大数据技术，在力所能及的范围内探索网络印刷、按需印刷的实现路径，搭建网络接单和业务平台。充分利用新一代信息网络技术，特别是 MIS、ERP 等信息化手段改进传统作业模式，提高生产效率。有关部门在专项资金项目及国家印刷示范企业评选中，对传统印刷企业利用"互联网＋"技术进行的转型升级探索给予重点关注。有关科研院所和高等院校应加大对"互联网＋印刷"商业模式的研究工作，为企业的实践提供理论支撑。

(三）正视环保责任，树立良好社会形象

针对日益加大的环保压力，印刷企业要严格遵守各项环保法律法规，承担起应尽的社会责任，对印刷生产过程中可能产生环境危害的生产工艺和环节，按照相关要求进行改造升级，树立印刷业良好的社会形象。同时，有关政府部门和行业协会，应加强与环保部门的沟通，以科学、合理地评估印刷业对环境影响的程度，使经济与环保协调持续发展。

(四）积极对接资本市场，降低资金杠杆

我国印刷业以中小企业为主体，不少企业的资产负债率高达百分之七八十，甚至百分之九十，资金杠杆率和资金成本较高。面对当前我国日趋成熟的资本市场体系，中小企业要逐步提高资本意识，通过 IPO 上市，挂牌新三板、四板市场等方式，积极对接资本市场。这一方面能够促进中小印刷企业内部治理的规范化，提高经营效率；另一方面也能通过社会化融资，降低资金成本和资金杠杆，为企业发展创造良好的内外部环境。

（刘成芳　张羽玲　中国新闻出版研究院）

第六节 2015~2016中国出版物发行业发展报告

一、2015年中国出版物发行业发展的基本状况

（一）行业实现增长，民营企业发挥重要作用

2015年，全国新华书店系统和出版社自办发行单位实现出版物总销售额2 563.7亿元，较2014年增长6.1%。出版物发行实现营业收入3 234.0亿元，增长7.0%；增加值758.5亿元，增长3.8%；利润总额259.7亿元，增长1.9%。

在出版物发行企业中，国有全资企业营业收入占行业营业收入的28.9%，较2014年减少2.0个百分点；民营企业占67.6%，提高2.3个百分点。国有全资企业资产总额占行业资产总额的31.0%，减少3.4个百分点；民营企业占65.7%，提高3.8个百分点。国有全资企业利润总额占行业利润总额的29.5%，减少1.2个百分点；民营企业占67.4%，提高1.3个百分点。国有全资企业纳税总额占行业纳税总额的16.1%，基本持平；民营企业占78.5%，基本持平。由此，可以看出在实现出版物发行业增长中，民营企业发挥着十分重要的作用。

（二）骨干发行企业已经形成，示范引领作用明显

2015年，发行集团收入、资产和利润规模均呈显著增长。27家发行集团实现主营业务收入913.0亿元，较2014年增加138.8亿元，增长17.9%；拥

有资产总额1 304.3亿元，增加169.4亿元，增长14.9%；实现利润总额73.5亿元，增加13.0亿元，增长21.4%。

安徽新华发行（集团）控股有限公司资产总额和主营业务收入均超过100亿元，成为唯一的"双百亿"发行集团。四川新华发行集团有限公司资产总额超过100亿元，上海新华发行集团有限公司退出，资产总额"百亿"发行集团由2014年的2家减少到1家。发行集团总体经济规模的前10位依次为安徽新华发行（集团）控股有限公司、四川新华发行集团有限公司、湖南省新华书店有限责任公司、浙江省新华书店集团有限公司、江西新华发行集团有限公司、河北省新华书店有限责任公司、山东新华书店集团有限公司、上海新华发行集团有限公司、河南省新华书店发行集团有限公司和重庆新华书店集团公司。

（三）实体书店加快转型，营造全新的"文化体验空间"

尽管一些书店退出市场，但一批特色书店、品牌书店、精品书店却在蓬勃发展。做书店的上海钟书阁准备向更多一二线城市复制推广；做网店的当当网计划未来三年建1 000家线下书店；做出版的中信出版社要大规模铺书店和网点；甚至做餐饮的肯德基、做家居的无印良品，都已开展了出版物经营业务。这表明企业对市场有信心。

部分国有大书城利用自身资源多、体量大的优势，加快升级改造，由原来单一的图书卖场向综合性服务设施转变。比如，2015年2月完成改造的广州购书中心，新开业的山东书城、新深圳书城宝安书城等。据统计，2015年上半年各地新华书店所属的多家大书城销售均呈现增长态势。一些国有新华书店还注重在现有基础上进行品牌创新，上海新华推出"新华一城书集"的全新品牌；四川文轩打造新的"轩客会"格调书店，建设高品位的社区书吧。这些都极大地满足了新一代年轻读者的需求，使他们愿意走进书店。

与此同时，一批特色民营书店坚持文化理想，加快发展壮大，企业创新力、品牌影响力不断增强，已经形成完全不同于传统模式的新型实体书店。北京字里行间新开门店12家，举办活动315场次；南京先锋书店新开5家连锁直营门店，其自主设计生产的文创产品已超过2千余种；杭州晓风书屋改造和新建了3家门店，举办各类文化沙龙130余场；合肥育才书店年销售码洋增长68.9%，成都布克购书中心营业收入同比增长9%，利润同比增长18%；陕西嘉汇汉唐图书业务增长超过18%。方所、果戈里、言又几、西西弗等知名书店陆续开张新店，很多已经成为当地城市的文化地标。上海钟书阁书店已经影响到它周边的咖啡馆去经营图书。在全国一二线城市，已经有越来越多的房地产企业和综合商业设施主动吸引特色书店入驻。

（四）网上书店继续保持高速增长，手机等移动端成为购书的新趋势

2015年"双十一"期间，文轩网上出版物销售当天就突破了1亿元。目前在不少出版社的渠道结构中，网上书店已经占据了半壁江山，甚至一些特色小型出版商已经基本只通过网络渠道进行销售，大大减少了中间环节。

与此同时，随着移动互联网技术的快速发展，手机等移动端购书成为新的趋势，使发行渠道日益多元化。2015年底京东发布一组数据，在京东图书业务当中，PC端订单占37.1%，手机APP端、微信、手机QQ端订单已占到62.9%。越来越多的国有出版发行单位也开始借助微信平台，探索图书发行的新模式，如青岛出版集团开发的"微书城"，不少新华书店正在打造的"智慧书城"等，都通过完善信息推送、移动支付、在线互动等功能，实现了线上线下的有机结合，大大提高了传统发行企业大数据分析、精细化管理和个性化服务水平。此外，像接力出版社、机械工业出版社，以及一些民营发行企业等都在开展微信、微店售书；还有正在兴起的社群营销，通过微信里不同的社群，大V推荐等方式，主打专业特色书，达到了更直接、更精准、更快速的目的。

二、未来中国出版物发行业发展趋势展望

（一）抓住供给侧结构性调整这个关键，创新产品和服务供给，更好地满足人民群众个性化需求

围绕人民群众文化消费的新需求，加快自身升级改造，与文化、创意、休闲、餐饮、商贸、地产等相关行业融合，由单一功能向多功能转变，由图书销售为主向"销售+服务"并重转变。积极研究大数据、云计算、互联网、物联

网等技术进步带来的新业态，支持网上书店进一步发展，鼓励网上书店和实体书店发挥线上和线下各自优势，相互融入促进，给读者提供更丰富的体验和服务。推动新华书店继续深化改革，加快打造新型骨干文化企业。分区域重点扶持几家大型新华发行集团，打开工作局面。同时，要引导一批有规模、有影响的民营发行企业改革创新，加快做优做强，更好发挥行业引领作用。

（二）抓住发行网点建设这个基础，推动城乡、区域协调发展，不断完善市场服务体系

坚持区域协调发展、城乡共同推进，按照人口规模和功能需求做好规划，本着就近、便利的原则，推动发行网点进一步下沉。研究提出支持实体书店发展的政策措施，比如，要按照标准在城镇新建社区中为发行网点预留经营场所；引导房地产企业为书店提供场地、租金等优惠；要继续加大财政、税收和金融支持力度，扶持书店发展；要加强农村发行网点建设，推进"小连锁"经营，加强与供销社系统合作，引导网上书店向基层农村延伸等。

（三）抓住流通体系建设这个主线，推动行业信息化智能化建设，实现绿色、高效发展

着力推动以现代物流和电子商务为核心的流通体系建设，大力推广物联网和RFID无线射频技术在出版物生产、流通、零售等环节的应用，实现行业节能增效。利用信息技术改造企业运营流程，实现由粗放式管理向精细化管理转变，提高产品进销的精准性，有效减少库存，降低成本。逐步建立全国统一的可供图书信息标准，建立社会化的数据应用机制和信息共享平台，提高全行业效率。推动发行企业在区域配送等方面加强合作，实现资源优化配置。还有前面已经提到的按需印刷、"前店后厂"等模式，大大降低了流通和仓储成本。

（四）抓住行业创新创业这个重点，推动形成对内开放和对外开放新局面，多渠道拓展发展空间

进一步降低发行单位设立门槛，取消注册资本、发行员职业资格等准入条件，降低对经营场所面积的要求，取消发行企业设立分支机构的审批等。目的

就是要打破门槛、壁垒，真正发挥市场在资源配置中的决定性作用，营造全行业创新创业的活力。借助"一带一路"、沿边开放等国家战略，鼓励有实力的发行企业积极"走出去"，参与对外投资合作，通过自建网点、设立分支机构、与国外渠道商合作等方式，拓展国际营销渠道。

（五）坚持以人民为中心的工作导向，切实履行公益服务职能，让更多群众共享出版业改革发展成果

积极参与公共文化服务，在农家书屋工程建设、三下乡、双服务、教材发行等工作中发挥了重要作用；很多发行企业积极配合政府部门，组织开展多种形式的群众性读书文化活动，在推动全民阅读、建设书香社会中发挥积极作用。

（安　乐　国家新闻出版广电总局）

第三章 专题研究报告

第一节 凤凰传媒并购美国 PIL 童书业务

一、并购后的运营情况

2014年7月16日,凤凰出版传媒股份有限公司与美国出版国际公司(简称 PIL)在芝加哥总部举行资产交割仪式。同日,凤凰国际出版有限公司和菲尼科斯创艺国际贸易(香港)有限公司在芝加哥揭牌,凤凰传媒以8 000万美元收购 PIL 童书业务及其位于德国、法国、英国、澳大利亚、墨西哥等海外子公司的全部股权和资产,分别注入凤凰国际出版有限公司。历时9个月的中国出版业最大跨国并购案圆满收官,凤凰传媒实现了电子有声童书全球市场的崭新布局。

2015年凤凰国际出版有限公司实现销售收入1亿美元,利润500万美元,公司保持了全球少儿有声童书市场的领头羊地位。

(一)品牌影响力和经济效益

目前,凤凰国际出版有限公司的产品覆盖20多个国家和地区,全美市场有声电子童书占有率第一,年销售图书2 300多万册。并购完成后,公司与迪斯尼、维亚康姆、梦工厂等主要授权商签订长期协议,成功取得米老鼠与唐老鸭、海底总动员、复仇者联盟、朵拉等著名卡通形象的授权。

并购完成后,凤凰国际出版有限公司有20多本经典卡通形象图书销量超过10万册,其中,《冰雪奇缘》单品种销售80多万册,全系列销售突破200万册。同时公司新书、畅销书与常销书结构日趋合理。公司2015年与迪斯尼公司联手推出全球热映的《超能陆战队》《星球大战》等影片授权有声图书在全美持续热卖，2016年与迪斯尼合作的《海底总动员2》、与维亚康姆合作的《小狗护卫队》都有望创造新的销量纪录。

（二）凤凰国际出版有限公司开拓市场的具体运营做法

（1）建立强大的研发团队，目前芝加哥30多人，深圳20多人。

（2）有沃尔玛、好市多、玩具反斗城等完善销售渠道，仅在美国就已进入3 000多个沃尔玛的销售网点。

（3）组建20多人的专业营销团队，与客户建立密切的联系。同时在纽约核心区域开设了300多平方米的产品营销展示中心，常年接待各类客户，扩大了品牌影响力。

（4）每年投入100万美元，参加法兰克福、美国、伦敦、博洛尼亚等书展，展示和推广公司产品。

（5）利用圣诞、感恩节等举办专题促销活动。

（6）利用PIP公司的优质出版资源，逐步拓展中国市场。首批产品已于2015年秋季上市，全年共完成出版入库13个品种，其中"Look and Find"系列市场反馈良好。预计到2016年年底，中文版图书将达到40种以上。在销售渠道上，除传统的新华书店、四大网店之外，中文版图书发行还重点拓展异业渠道，争取披露订单，在全国机场、高铁店铺货，并计划全面进入迪斯尼中国专卖店。

二、并购的实施过程

（一）偶然的线索

2013年9月底，在凤凰新华印务样本陈列室，一款别具一格的电子有声童书产品引起了凤凰教育出版社领导的注意。该产品出自美国PIL公司，由韦伯先生于1967年创立。公司总部设在芝加哥北郊，主要从事儿童图书、烹饪图书和大众图书的出版和销售。PIL拥有300多名员工，在英国、澳大利亚、德国、法国、墨西哥设有销售子公司,在中国深圳有一家管理和组织生产、新产品研发的办事处。PIL 构建了成熟的海外运营网络,能够以多种语言出版儿童读物,年销售童书 2 300 万册,年销售收入为 1.1 亿美元。经过跟踪了解,PIL 公司有意通过国际招标方式寻求买家。

(二)快速的响应

PIL 公司出售童书业务的信息得到了凤凰集团暨凤凰传媒的高度重视。原董事长陈海燕认为,十八届三中全会提出加快文化"走出去"步伐,促进文化大发展、大繁荣,国际并购无疑是最现实的选择。国际化是凤凰集团和凤凰传媒的重要发展战略之一,要成为世界出版强企,就必须坚定不移地走出去。商机稍纵即逝,凤凰集团高层当机立断,决定成立并购项目小组,明确以凤凰教育出版社为收购主体,力争通过这一重大并购,布局凤凰传媒的童书国际市场。项目组随即致函 PIL,明确表示了合作的意愿,同时邀请对方尽快派员来华谈判。

凤凰欲收购童书业务的意向反馈到 PIL 公司总部,引起了 PIL 实际控制人兼 CEO 韦伯先生的极大关注。他要求高管团队迅速开展对凤凰传媒的研究与接洽,并委派授权代表武岩先生与凤凰保持密切的联络。韦伯先生年事已高,迫切希望有抱负的战略买家承继 PIL 的事业。2008 年,他曾与美国某玩具商达成出售协议,但突如其来的金融危机,使得转让计划搁浅。凤凰明确的战略定位和谈判诚意,改变了他在资本市场上挂牌询价的主意,最终锁定凤凰团队。2013 年 10 月下旬,PIL 公司派出代表与凤凰项目组在深圳首次面谈,双方随即签署了排他性保密协议。

尽管凤凰传媒经历过许许多多的并购,也有诸多"走出去"的成功案例,但 PIL 项目难度大、挑战性强,其显著的特点是:

(1)产业链长。公司业务贯通从创意研发、全球化生产、跨国物流、国际化销售渠道等全产业链环节。

(2)涉及主体多。涉及迪斯尼等全球著名授权商、沃尔玛等全球经销商和 20 多家生产供应商。

(3)业务资产分布广。除美国之外,PIL 公司还涉及英、德、法、澳大利亚、墨西哥五个国家的公司及资产,业务遍及 20 多个国家和地区。

(4)交易难度大。此次并购属于资产业务的剥离收购，而非对原公司的整体股权收购。而中国的文化、法律都与美国存在巨大的差异，这对于双方都是全新的挑战。

(5)标的规模大。此项目对价8 000万美元以上，相对版权、文化产品贸易和项目合作而言，是创纪录的并购交易。

(6)谈判时间紧迫。对PIL公司来说，2008年第一次交易失败到目前已有5年，一直没寻找到合适的买家，出价从当时的1.6亿美元大幅缩水，而韦伯年事渐高，按双方签署的保密协议，如与凤凰不能尽快顺利合作，将不得不启动国际招标程序。对凤凰来说，如果不能快速推进谈判，久拖不决，将不可避免地出现更多的竞争者，增加谈判的难度。同时由于PIL童书销售具有很强的季节性，一旦错过最佳交割时点，随着国际宏观环境和市场形势变化，标的估值会发生重大变化，尽职调查报告也将失去时效和价值。即使重启谈判，也需二次尽调，不仅增加费用，而且会导致整个并购进程至少延迟一年。

凤凰高层经过反复论证，认为尽管难度很大，挑战性强，但不能错失良机，必须快速跟进，迎难而上，争取突破。为此，决定聘请中国国际金融有限公司、德勤会计师事务所、美国美迈斯律师事务所等国际一流中介机构开展尽职调查。三大中介的适时介入，保证了项目的顺利推进。

(三)艰难的谈判

此次并购属于业务、资产剥离收购，涉及的问题数不胜数，谈判的难度难以想象。尤其是交易过程中的法律风险和主要授权商、经销商、供应商流失的风险，以及过渡期服务风险、后期独立运营风险等，必须得到有效的防范和把控。就其复杂程度而言，此项目堪称一项综合性的系统工程。用美国佩斯大学出版系主任拉斯金教授的话说，凤凰传媒收购PIL童书项目可以作为美国大学精品课程的经典案例。由于中西文化的差异，加上双方律师忠于雇主的职业精神，有时为一句法律用语就会争论不休。在一次电话谈判过程中，双方律师对"据卖方所知"五个字如何定义各执一词，双方谈判团队绞尽脑汁，用三个半小时才最终形成定论。相对而言，争议较大的有以下几点。

(1)交易方式。作为具有重要影响力的上市公众公司，凤凰传媒对并购项目一般采用控股和对赌的方式，目的是与对方利益共享、风险分担。但韦伯先生坚持全额转让，一次性付款。为了防范风险，凤凰项目组实地走访、拜会了迪斯尼等授权商，沃尔玛、玩具反斗城、塔吉特部分卖场和威斯康辛仓储物流中心，以及深圳各主要生产厂家，对授权商、经销商、供应商的稳定性进行了全面深入的调研评估。同时对各类合同转移、退货率控制等关键问题制定了有效的应对措施，确保在全额收购的情况下，能平稳独立运营。

（2）净营运资金。PIL认为，在保证正常运营的前提下，净营运资金（包含可销售存货、应收账款）仅需3 500万美元。凤凰项目组分析近三年的历史数据，认为4 600万美元的平均值是合理数据，两者相差1 100万美元。商务谈判不仅需要战术和技巧，更要比韧性和毅力。几经反复，PIL公司抛出4 050万美元的折中方案。项目组再次论证，坚持陈述我方测算依据，最终PIL高层接受了4 600万美元的运营资金交割价。

（3）授权转让费。按照PIL公司与迪斯尼等授权商的协议要求，如果PIL公司转让业务，需额外支付1 000万美元左右的转让费，PIL公司要求凤凰全额承担该项费用。项目组经过认真研究，以PIL公司2008年的交易条款为参照，坚持只承担200万美元以示诚意，最终获得韦伯先生的理解。

（四）繁重的交割

此并购项目需交割的业务资产面广量大。根据双方约定，从签署《资产购买协议》到正式交割只有两个月准备时间，双方律师排列的交割清单涉及107项交割事项，任务艰巨。为按时完成交割，双方抽调力量，成立交割工作小组，逐项解决各种问题。特别是买方克服种种困难，攻克了诸多难题。

（1）组织架构。工作小组与德勤共同设计了全新的投资架构：利用上海自贸区平台的有利政策，由凤凰教育出版社在上海自贸区设立了菲尼科斯创艺国际贸易（上海）有限公司，该公司同时在深圳成立分公司。菲尼科斯下设凤凰国际出版有限公司和菲尼科斯创艺国际贸易（香港）有限公司，前者收购PIL美国总部的资产，后者通过股权转让或资产交易的方式收购PIL位于英、法、德、澳大利亚、墨西哥的资产。经过超常规的紧张工作，上述新公司均在预定的时间内顺利注册并开户运作。

（2）ERP。由于公司架构和财务管控流程发生改变，PIL公司的ERP系统已经不能适应需求，唯一的解决办法就是在保留原始业务数据的基础上，再造业务流程，以适应新的架构。由于 PIL 童书产业链涉及授权合同、经销合同、采购合同、客户订单、物流、退货等诸多环节，业务关系涵盖了公司内外的众多部门，ERP 系统极其复杂。双方共同组织了攻关小组，根据新公司税务架构与财务流程，组织新公司 ERP 开发需求的调研与编制，仅用两个月时间就完成了 ERP 系统的更新改造，为新公司正常运营提供了有力的保障。

（3）过渡期服务。交割意味着财务、人力资源、办公区等资源均需转移或切分到位，特别是童书业务与 PIL 保留的烹饪及汽车类图书需共享物流服务。双方就此多次磋商，签署了过渡期服务协议，同时明确交割以后的 18 个月内，PIL 继续按照原来的费用分摊标准提供物流服务，保证公司高效运转，不因为资方的变更而使生产、销售、服务等环节脱节。

（4）国际融资。此次并购总价款为 8 500 万美元，其中，8 000 万美元为交易对价，200 万美元为授权转让费，300 万美元为中介费用。为了减轻凤凰教育出版社的资金压力，凤凰传媒以现金对凤凰教育出版社增资 1.5 亿元人民币；同时，为了降低资金成本，决定开展海外融资。经过与各大商业银行多轮竞价谈判，最终选定由中国银行通过其海外分支机构以较低的利率为交易提供总金额为 7 500 万美元的贷款。其中，4 500 万美元用于支付交易对价，3 000 万美元作为短期流动性贷款。

（5）员工转移。国际并购中员工队伍的稳定直接关系到项目运营的成败。经过一系列的论证、谈判，凤凰项目团队制定了诸多针对性措施，为进入凤凰美国公司的高管及普通员工解决了养老、医疗、意外伤害保险等后顾之忧，并为他们提供了更好的职业规划。2014 年 7 月，新公司召开了全体员工大会，现场解答了大家关心的问题。员工们普遍感到，尽管主体变了，但地位没变、待遇没降、企业文化没变。目前，创意、销售、财务、人力资源等部门 100 多个美籍员工均以舒畅的心情顺利签约进入新公司，并对未来发展充满信心。受此感召，原公司的财务主管虽然即将退休，也承诺协助新公司 CFO 工作到年底。

（五）创新的管理

跨国并购难，独立运营更难。签署协议并完成交割只是并购成功的第一步。如何克服中西文化差异，对新公司实施长效管理是并购成功与否的关键。不少跨国并购的案例告诉我们，管理必须本土化、国际化。PIL 分管授权、创意、销售、供应链的高管团队都有 20 年以上的从业经验,能否将他们转入新公司,对稳定授权商、经销商、供应商和员工队伍至关重要。为了缩小中美文化差异和员工队伍的心理落差,凤凰决策层经过反复论证,决定由原分管授权的 Jack 先生担任 CEO,并抽调凤凰传媒总部骨干人员进驻,作为授权代表履行出资人职责。同时,对高管团队制定了绩效挂钩的奖励机制。新组建的高管团队已形成了和谐有序的工作机制,新的国际市场拓展计划正在酝酿之中。从新公司高管团队制定的年度商务计划书看,未来业绩稳中有升。

(六)精干的团队

回首 7 个月的谈判历程,从最初的试探性接触,到彼此不断深入了解,虽然经历数十次、上百小时的电话会,无数次的争论甚至激烈的争吵,但双方始终保持信任和诚意,注意营造和谐的氛围,增进双方的友谊,避免谈判陷入僵局。

按惯例,资产购买协议和过渡期服务协议核心条款达成共识后,签约只是程序化的流程。美国时间 2014 年 5 月 12 日上午 8:30,双方准备正式签署资产购买协议和过渡期服务协议,凤凰传媒也已预定当日在上交所发布公告。但 PIL 就过渡期服务协议中的物流服务价格等提出新的要求。经过近 15 个小时的紧张谈判,在离预定的上交所公告时间只剩半小时的最后时点,双方终于签署协议。虽然双方谈判人员 12 个小时都没顾上吃饭,但大家都为最终成功签约而感到由衷的高兴。深夜 12:30,所有餐馆早已关门,饥肠辘辘的项目组成员在加油站以三明治和矿泉水互致庆贺,6 小时后的早晨 7:00,项目组踏上了回国的旅途。

对美国人而言,孩子的毕业典礼是一生中最重要的时刻。在芝加哥谈判期间,PIL 高管 Jeff 先生坚持到晚上 11:00 多谈判结束以后,驾夜车 8 小时赶到儿子学校参加毕业典礼,其敬业精神和慈父情怀令人感动。

中金、德勤和美迈斯团队的核心成员 2014 年 4 月 30 日来南京参加项目组会议和电话谈判,从下午 4:00 一直坚持到 5 月 1 日早晨 5:00 才离开会议桌。他们在南京开往上海的火车上发了一条幽默的微信:"我们不仅过了一个很有意义的劳动节,而且还节省了宾馆的住宿费用。"

三、并购后的工作设想

凤凰传媒收购的是世界领先的童书生产商,其产品并非传统的纸质出版物,而是有声童书与益智早教结合的泛文化产品。成功收购不仅使得凤凰教育出版社一举成为全球规模最大的童书出版商,对凤凰传媒现有业务形成补充和延伸,而且与凤凰传媒的早教产品形成较强的协同效应。由于PIL童书产品主要在中国国内采购生产,未来依托公司资源,不仅有利于降低管理成本,而且可以进一步拓展亚洲特别是中国市场,实现收入增长。本次收购有助于拓展凤凰传媒的产业链,增强其在童书出版业务上的实力。同时凤凰传媒不仅一举获得国际性的品牌形象授权和全球化的销售渠道,而且可以利用这一平台培养锻炼更多的国际化人才,为凤凰传媒加快"走出去"奠定坚实基础。

经过一年多的平稳运营,凤凰国际出版有限公司计划在今后推出以下新的举措:一是将原有过渡期的物流转为专业的第三方物流服务,同时自营小型转运仓库,处理美国以外图书转运、集装箱卸货、装托盘、退货等业务,一方面节约物流费用,另一方面通过自营仓库培养仓储物流方面的管理队伍,积累经验,为将来公司自营仓储及物流做好准备工作。二是整合位于深圳的供应商资源,进一步降低原材料采购的综合成本。三是积极调整欧元区等国际市场销售策略,努力降低汇率变化带来的负面影响。四是将公司总部由芝加哥北郊搬至市区商业圈新购的凤凰美国控股公司的新大楼中,进一步改善办公环境,提升企业形象。五是进一步拓展中国市场。首先是引进原版电子有声童书;其次是精选适合中国市场的产品进行汉化改造,推出双语图书;第三,充分利用迪斯尼等品牌授权,研发本土化产品,与凤凰传媒的幼教产品形成互补和协同效应。

(孙真福　凤凰出版传媒股份有限公司)

第二节　实体书店的建设与发展

自 2010 年前后实体书店出现"倒闭潮"以来，其生存与发展一直深受业界和社会关注。随着国家相继出台各项财税银的扶持政策，实体书店近两年有了新起色。但同时，仍面临着一些新老问题，亟待研究解决。

一、实体书店转型升级步入复苏期

2015 年，在国家出台扶持政策的激励下，以新华书店为主的大型书城，以品牌、特色实体书店为代表的中小书店，主动寻求转型升级，创新经营模式，经济效益和社会效益有所提升，重新焕发出活力，进入更新换代复苏期。

（一）数量此消彼长

一批经营不善、不能适应市场变化、不能满足读者需求的实体书店退出了历史舞台，但同时，资本、政策与文化相结合，在市场上又催生出了一大批新的实体书店。大型书城数量增势明显，一些新鲜另类的书店，如社区书店、体验书店、书吧、文化 MALL 等新型书店明显增多，一些品牌书店走上了连锁经营之路。2015 年，北京字里行间新开了 12 家门店，西西弗书店在全国新开了 20 家分店。昆明新知集团走出国门，7 月，南非约翰内斯堡华文书局开业，成为新知集团继柬埔寨金边等地开设的第八家国际连锁华文书局。12 月，新知集团又开设了第九家国际连锁华文书局——印度尼西亚雅加达华文书局。

（二）功能向复合文化空间转型

2015 年，不少实体书店致力于扩大文化内涵，突出传播优质文化生活方式,将图书销售与服饰鉴赏、品茶、电影鉴赏会、戏剧鉴赏会等休闲文化结合,探索多元业态经营模式,向复合文化空间转型。如哈尔滨果戈里书店在全国首创书店"迷你剧院"以及图书定制、录音棚等创新业态,打造书店文化品牌。还有一些品牌书店将图书销售与阅读推广、读书品书相结合,突破原有售书功能。

(三) 服务向现代化升级

前些年,实体书店还普遍停留在传统售书模式阶段,基础设施陈旧,文化氛围不足,服务被动保守,不能很好地满足新生代读者对书店的购书环境、文化氛围、便捷购书的新需求,本身已难留住读者。经过这几年实体书店经营者主动向台湾诚品、日本茑屋等优秀实体书店学习、创新,着力打造充满文化气息的新颖卖场环境,完善图书品种,提升选书质量,提升服务质量,延长服务时间,提供支付宝、微信支付等多种便捷的网络支付手段,为读者提供了现代、便捷的文化消费体验,实现了服务升级。

(四) 实体销售向 O2O 模式探索

网上书店和实体书店从对立走向并存并融合发展已成为图书零售市场的"新常态"。国内一些有实力的实体书店通过开设线上业务,赢得了一定的市场份额。如浙江新华的博库书城,四川文轩的文轩网,在全国网上书店中占有重要地位。随着智能手机的普及以及微信等社交媒体平台的繁荣,O2O 模式更添新业态,如重庆新华建立了电子商务平台"阅淘网",深圳书城推出了云书城和微商城。与此同时,网上书店也在利用自身优势探索线下发展。2015 年 11 月,全球最大图书电商亚马逊在西雅图购物中心开设了第一家实体书店,成为亚马逊网络书店的实体延伸。随后,中国最大的网上书店当当网宣布推行开设实体书店计划,计划 3 年内开到 1 000 家。线上营销、线下体验、交易方式多样化,已成为图书零售市场的重要模式。

二、实体书店复苏得益于发展环境

一是财政部和国家税务总局出台的《关于延续宣传文化增值税和营业税优惠政策的通知》，减免图书批发、零售环节增值税，使实体书店减小了税收压力，从中得到了实惠。

二是2014年财政部安排实体书店奖励资金的范围由2013年的12个城市扩大到12个省，2015年扩大到了16个省市，实体书店奖励范围不断扩大，奖励资金三年累计已达3个亿。在中央财政资金的带动下，北京、上海、成都、杭州等地也下达了实体书店扶持专项资金。

三是国家新闻出版广电总局通过项目带动引导，将加强城乡出版物发行网点建设纳入新闻出版改革发展项目库，用于支持特色书店和品牌书店扩大经营规模、创新发展模式、增加农村发行网点、改善经营条件等。

四是国家新闻出版广电总局与国家发改委价格监督检查与反垄断局就图书价格管理工作进行了有效沟通，取得共识，为下一步启动图书价格豁免及建立图书价格管理制度打下了基础。此外，总局有关司局通过与大型网上书店进行沟通协商，网上新书低折出售的行为已有所控制。

五是业内同行为实体书店创造了良好的沟通交流平台。2014年至2015年，上海书展举办了两届"中国超级书店论坛"，展示了中国超级书店具有创新价值的优秀案例。

三、实体书店发展面临的问题

实体书店虽然已经开始走向复苏，然而要更好地发展，无论是客观上还是自身上都仍存在一些问题需要解决。

（一）生存环境依然严峻

数字阅读分流纸质图书购买群体。实体书店普遍反映进店购书群体较十年前有大幅度的下降，原因之一是数字阅读环境下，消费者阅读习惯发生了重要改变。随着电子书的发展和移动阅读终端的繁荣，碎片化阅读、"浅阅读"逐渐占据了阅读纸质书籍的时间，影响了纸质书籍的销售。人们对专业资料的获取也由原来的专业书刊向电子资料转移。这就不可避免地对购书群体造成了分流，使得实体书店原有的购书群体大幅缩减。

网络书店继续抢占实体书店市场份额。在电子商务日趋发达的今天，人们的购书习惯也发生了巨大变化，网络已经成为人们购书的重要消费方式。2015年，当当以销售码洋110亿元雄踞业界，占据市场四成份额；"天猫图书"平台年销售额达75亿元；京东销售纸质书超过2亿册。因此，网络书店仍然是实体书店最大的市场竞争对手，而网络书店的低价销售是对实体书店经营形成冲击的主要因素。

盗版屡禁不止，冲击实体书店。通过对多个城市的实体书店调研发现，绝大多数书店经营者把盗版书问题视为当前实体书店经营困难的重要原因之一。盗版书等非法出版物一方面影响了正规出版物的销售，成本上的极大优势使得个别实体书店铤而走险，在正规书店中夹杂盗版书销售；另一方面，盗版图书屡禁不绝，造成"劣币驱逐良币"的现象，造成坚持诚信经营的实体书店丧失信心。

（二）超大书城发展面临体制短板

超大书城多为新华书店系统内国有企业，基本不存在租金上的压力，普遍开始向复合业态、文化MALL、智慧书城的方向转型升级，但当前发展情况并不乐观。北京开卷公司发布的《2015上半年中国图书零售市场分析报告》中，2015年上半年超大书城销售同比增长率下降了0.37%[①]。据调研，超大书城在转型升级中遇到的阻力主要来自体制方面。书店的转型升级需要全面转变经营理念，调整产品结构，改变营销方式，塑造文化品牌形象。超大书城比一般的实体书店往往容纳更多业态，提供更多产品和服务，相应地对经营管理、人才提出了更高的要求，需要采用更为灵活的管理体制和用人机制。但现状是体制

---

① 2015上半年中国图书零售市场分析报告． [EB/OL]． (2015 – 08 – 27) [2016 – 03 – 22]．http://www.360doc.com/content/15/0827/20/17132703_495246107.shtml.

普遍欠缺灵活，一方面死板的制度使创意措施难以落地，另一方面人员激励机制不够导致人员专业素养不高，又难以引入既懂图书又懂非书经营、既懂线下图书销售又懂线上图书运营的复合型高端经管人才，因此成为超大书城转型升级中的短板。

（三）基层中小书店普遍活力不足

县级以下基层实体书店，多为中小书店，经营规模较小，发展活力普遍不足，这与书店所处的环境密切相关。一是网上书店基本建在一线二线发达城市，受物流成本限制，还未深入县乡一级，这给基层实体书店留下了相对安稳的生存空间。二是房租、人工相对便宜，书店经营成本与大城市书店相比压力较小。三是目前转型升级成功的实体书店还多集中在一二线大城市，新思潮还未传播到基层。这些因素造成基层中小书店普遍缺少危机意识，小富即安，转型升级动力不足。因此无论是新华书店还是民营实体书店，多数存在经营者观念保守、服务意识不强、营销观念落伍、经营业态单一、文化氛围不足、图书品种稀少且雷同性较高、严重依赖教材教辅等特点。但是随着人民群众生活水平、消费水平的普遍提高，读者势必会对书店产生新的要求。同时，随着物流业向基层的迅猛发展，网上书店也将逐渐从城市到县城到乡村，留给基层书店应对挑战的时间并不多。

（四）民营书店经营成本居高不下

自"十一五"后半期开始，国内的社会、经济环境发生了剧烈变化，房地产持续攀升推高店面、租金成本，劳动力短缺推高人力成本，两方面原因导致实体经济经营成本居高不下。不断上涨的房租和员工工资被认为是导致民营实体书店凋零的两大重要因素，尤其是一线城市的民营实体书店受影响尤为明显。在被调查的民营书店中，书店租金占经营成本比重最高，大城市的店面租金成本普遍占到成本的30%~40%，有的甚至更高，且仍在逐年上涨。因无法支付房租，许多实体书店不得不向偏远地区或向"二楼"迁移。人力资本急增，有专业背景或工作经验的店员薪酬逐年上涨，也相应增加了经营成本。减免增值税等优惠政策所带来的利润很容易被不断上涨的房屋租金和员工工资所抵消。

四、关于实体书店发展的思考

(一)继续优惠政策,扩大实体书店奖励范围

从 2013 年起实行的对图书发行环节免收增值税的政策,至 2017 年 12 月 31 日结束。为促进实体书店发展,应继续延续此项政策,或降低图书发行环节增值税税率。制定实体书店银行贷款优惠政策,降低实体书店贷款门槛和利率,对有偿还能力的实体书店在技术改造、专业设备更新、网上书店及配送体系建设等方面所发生的银行贷款予以贴息,以支持我国实体书店的发展。中央文资办应进一步扩大实体书店奖励范围,带动更多省市县各级出台专项扶持政策。2015 年财政部、国家新闻出版广电总局将实体书店扶持试点范围扩大到了北京等 16 个省市,支持了一批重点实体书店实现转型升级。在中央的带动下,得到扶持的省市也积极响应,如上海市发布了《上海市出版物发行网点建设扶持资金管理办法》,每年从新闻出版专项资金中划拨 500 万元直接用于支持实体书店建设。杭州市财政每年安排 300 万元专项资金,以资助、贴息和奖励等方式扶持杭州民营书店发展。但截至目前,仍有 15 个省(区、市)未能享受中央的这一政策。建议中央尽早实现实体书店扶持资金全覆盖,让所有省市区都能享受这一阳光政策。

(二)将实体书店建设纳入城市文化基础设施规划,推进校园书店和社区书店建设

实体书店是城市的文化象征,也是城市文化基础设施。校园和社区都是人口比较密集的区域,更是文化传播效率高、培养阅读习惯的重要场所,开办校园书店、社区书店,一是能充分地展现出实体书店的社会服务功能;二是能通过建设距离读者群体最近的书店,以解决目前文化消费渠道网络体系"最后一公里"的服务难题;三是能够提升学校和社区的文化品位。将实体书店纳入城市文化基础设施规划,统筹设计;对新建设的社区,鼓励房地产商与书店合作共建社区书店;鼓励学校,特别是大、中专学校,自建或引进书店;鼓励社会机构投资实体书店。

（三）实体书店健全体制，创新理念，加快转型升级的步伐

实体书店经营者转变思想观念，抓住当前有利的政策环境和社会环境，找准市场定位，精研读者需求，提升顾客体验，探索多元业态经营，创新经营管理模式。

一是国有实体书店应根据新的市场需求，建立健全经营管理体制，采用灵活的用人机制，大胆引入复合型经营人才，提高采购和导购人员专业素质，以适应升级后的实体书店发展需要。以"书城+"为特点进行多业态组合，比如，"书城+影院""书城+餐饮""书城+教育培训"等，把实体书店做得有深度、立体化，吸引更多的读者光顾。

二是与时俱进，实现实体书店技术革新，利用"互联网+"思维，打造"实体书店+互联网"的O2O模式，更好地迎合新生代读者接受营销信息的方式和便捷支付的需求。

三是有条件的品牌实体书店用好、用足中央以及地方的各类扶持政策，吸收社会力量参与，开展书店连锁经营，向集团化和特色化发展，扩大经营规模，改变目前"规模小、经营散、实力弱"的状况，增强抗风险能力。

四是组织建立全国性或区域性实体书店联盟，建立集合采购、物流、宣传、信息等资源共享平台，以降低单个实体书店的经营成本，提高经营效率。

五是加大打击盗版力度，规范市场行为。盗版是图书零售市场的毒瘤，据全国"扫黄打非"办公室公布数据，2015年全国各地共收缴非法出版物超1 500万件[1]，盗版市场依然十分猖獗。建议政府继续加大查处和惩罚力度，维护合法经营者的权益。同时，针对网上书店低价倾销扰乱市场正常秩序的不规范行为，建议政府制定图书价格管理制度，明确在一定期限内新出版图书以固定价格或折扣销售，限制最低销售折扣，遏制随意打折的不规范行为，制定电子图书价格管理及纸质图书优先销售制度，为实体书店的图书销售提供更为公平的制度保障。

（陈含章　中国新闻出版研究院）

---

[1] 全国"扫黄打非"办2015年收缴非法出版物超1 500万件［EB/OL］.（2016 - 1 - 16）［2016 - 2 - 5］. Http：//www.chinanews.com/sh/2016/01 - 16/7718820.shtml.

第三节 第十三次全国国民阅读调查

一、综合阅读率稳步提升

2015年我国成年国民图书阅读率为58.4%，较2014年的58.0%上升了0.4个百分点；报纸阅读率为45.7%，较2014年的55.1%下降了9.4个百分点；期刊阅读率为34.6%，较2014年的40.3%下降了5.7个百分点；受数字媒介迅猛发展的影响，数字化阅读方式（网络在线阅读、手机阅读、电子阅读器阅读、光盘阅读、Pad阅读等）的接触率为64.0%，较2014年的58.1%上升了5.9个百分点。

综合以上各媒介，2015年我国成年国民包括书报刊和数字出版物在内的各种媒介的综合阅读率为79.6%，较2014年的78.6%上升了1.0个百分点。

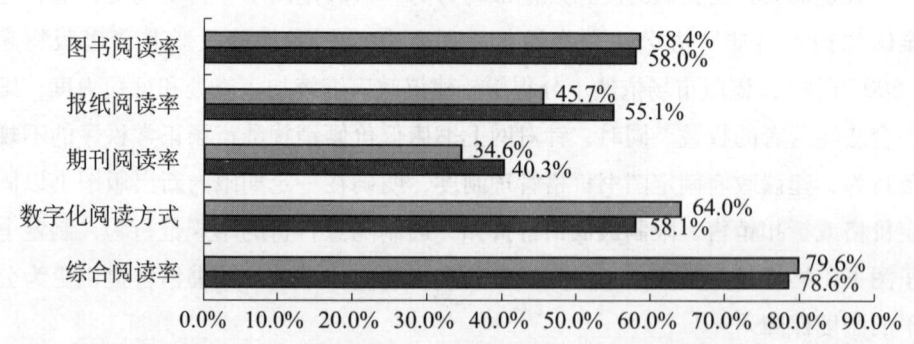

	综合阅读率	数字化阅读方式	期刊阅读率	报纸阅读率	图书阅读率
2015年	79.6%	64.0%	34.6%	45.7%	58.4%
2014年	78.6%	58.1%	40.3%	55.1%	58.0%

图1 各媒介阅读率年度比较

二、数字化阅读载体接触率增长

进一步对各类数字化阅读载体的接触情况进行分析发现,2015年我国成年国民的网络在线阅读、手机阅读、电子阅读器阅读、Pad(平板电脑)阅读和光盘阅读接触率均有所上升。具体来看,2015年有51.3%的成年国民进行过网络在线阅读,较2014年的49.4%上升了1.9个百分点;60.0%的成年国民进行过手机阅读,较2014年的51.8%上升了8.2个百分点;8.8%的成年国民在电子阅读器上阅读,较2014年的5.3%上升了3.5个百分点;11.3%的成年国民使用Pad(平板电脑)进行数字化阅读,较2014年的9.9%上升了1.4个百分点;2.1%的成年国民用光盘阅读,比2014年的2.0%略有提升。对微信使用情况的考察发现,有51.9%的成年国民在2015年进行过微信阅读,较2014年的34.4%上升了17.5个百分点。在手机阅读接触者中,超过八成的人(87.4%)进行过微信阅读。

	网络在线阅读	手机阅读	电子阅读器阅读	光盘读取	pad(平板电脑)
2015年	51.3%	60.0%	8.8%	2.1%	11.3%
2014年	49.4%	51.8%	5.3%	2.0%	9.9%

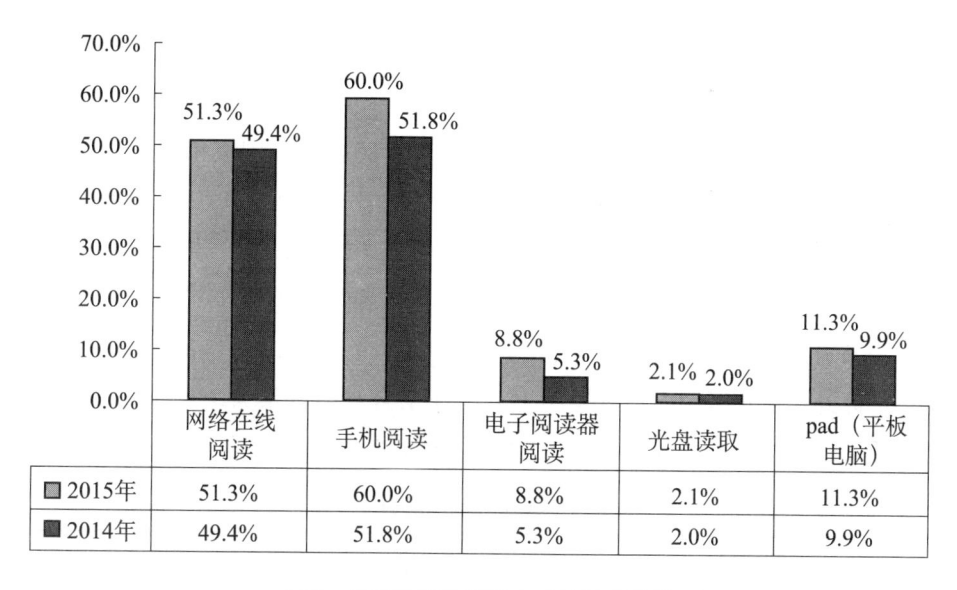

图2 各类数字化阅读方式接触率比较

对电子书报刊的阅读情况考察发现,2015年我国成年国民电子书阅读率为26.8%,较2014年的22.3%上升了4.5个百分点;电子报的阅读率为12.0%,

较2014年的10.0%上升了2.0个百分点；电子期刊的阅读率为9.4%，较2014年的8.0%上升了1.4个百分点。

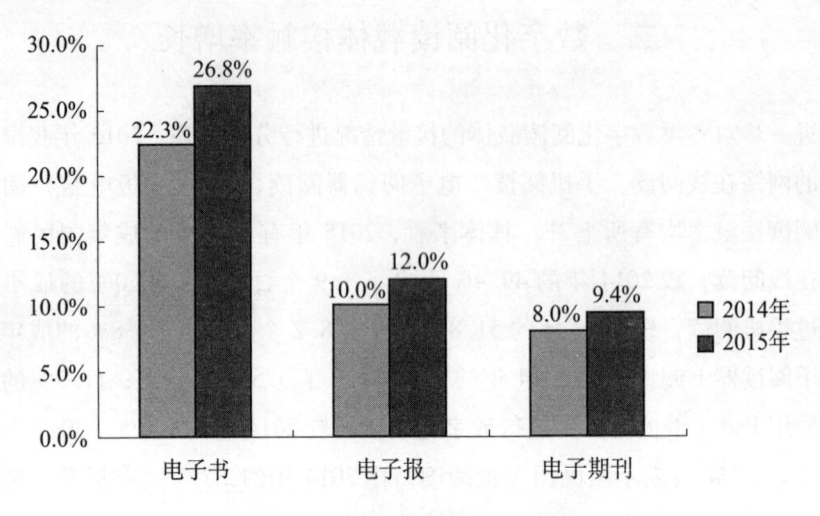

图3 电子书报刊阅读率年度比较

三、纸书和电子书阅读量略有上升

从成年国民对各类出版物阅读量的考察看，2015年我国成年国民人均纸质图书的阅读量为4.58本，与2014年的4.56本相比，增加了0.02本。人均报纸阅读量和期刊阅读量分别为54.76期（份）和4.91期（份）。与2014年相比，人均报纸阅读量下降了10.27期（份），期刊的人均阅读量下降了1.16期（份）。

2015年我国成年国民人均阅读电子书3.26本，较2014年的3.22本略有增加。此外，成年国民人均纸质图书和电子书合计阅读量为7.84本，较2014年纸质图书和电子书合计阅读量7.78本上升了0.06本。

表1 各媒介阅读量对比

阅读量	2015年	2014年
图书（本）	4.58	4.56
报纸（期/份）	54.76	65.03
期刊（期/份）	4.91	6.07
电子书（本）	3.26	3.22

四、每天接触新兴媒介的时长提升

在传统纸质媒介中,我国成年国民人均每天读书时间最长,为19.69分钟,比2014年的18.76分钟增加了0.93分钟;人均每天读报时长为17.01分钟,比2014年的18.80分钟减少了1.79分钟;人均每天阅读期刊时长为8.83分钟,比2014年的13.42分钟减少了4.59分钟。

从新兴媒介来看,人均每天手机阅读接触时间最长。我国成年国民人均每天手机阅读时长为62.21分钟,比2014年的33.82分钟增加了28.39分钟;人均每天互联网接触时长为54.84分钟,与2014年的54.87分钟基本持平;人均每天微信阅读时长为22.63分钟,较2014年的14.11分钟增加了8.52分钟;人均每天电子阅读器阅读时长为6.82分钟,比2014年的3.79分钟增加了3.03分钟;2015年人均每天接触Pad(平板电脑)的时长为12.71分钟,较2014年的10.69分钟增加了2.02分钟。

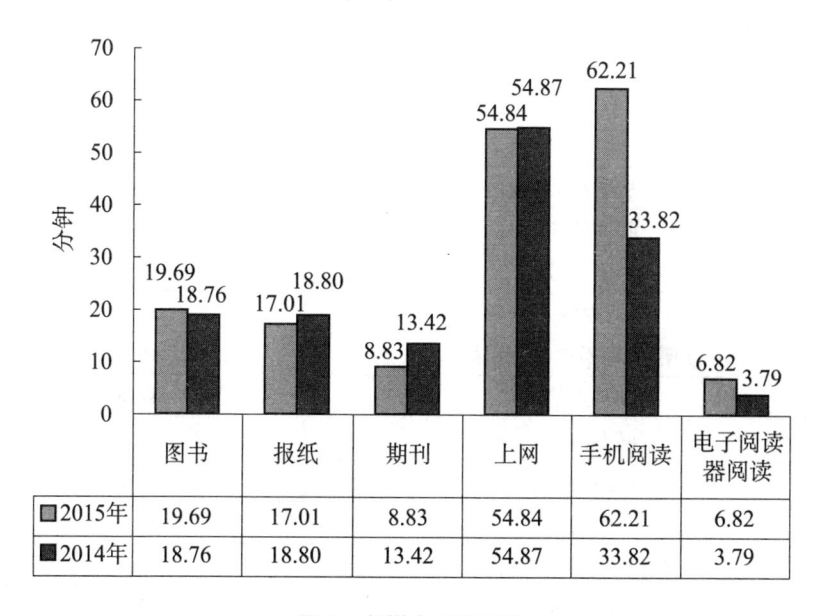

分钟	图书	报纸	期刊	上网	手机阅读	电子阅读器阅读
2015年	19.69	17.01	8.83	54.84	62.21	6.82
2014年	18.76	18.80	13.42	54.87	33.82	3.79

图4 各媒介阅读时长

五、上网率增幅明显

2015年，我国成年国民上网率为70.0%，比2014年的65.8%增加了4.2个百分点。具体来看，有接近五成（49.5%）的国民通过电脑上网，有超过六成（65.9%）的国民通过手机上网。其中，通过手机上网的比例增幅明显，与2014年的56.2%相比，增长了9.7个百分点。

我国成年网民上网从事的活动中，信息获取功能受到越来越多网民的重视，具体来说，有74.8%的网民将"阅读新闻"作为主要网上活动之一，有44.8%的网民将"查询各类信息"作为主要网上活动之一。同时，互联网的娱乐功能仍然占据重要的位置，有70.6%的网民将"网上聊天/交友"作为主要网上活动之一，有52.5%的网民将"看视频"作为主要网上活动之一，有46.4%的网民将"在线听歌/下载歌曲和电影"作为主要网上活动之一，有32.5%的网民将"网络游戏"作为主要网上活动之一，还有34.9%的网民将"网上购物"作为主要网上活动之一。有19.4%的网民将"阅读网络书籍、报刊"作为主要网上活动之一。

表2 上网从事的活动

网上从事相关活动	选择比例
阅读新闻	74.8%
网上聊天/交友	70.6%
看视频	52.5%
在线听歌/下载歌曲和电影	46.4%
查询各类信息	44.8%
网上购物	34.9%
网络游戏	32.5%
即时通讯	22.8%
阅读网络书籍、报刊	19.4%
收发Email	17.9%

六、对书刊价格的承受能力有所下降

对于一本200页左右的文学类简装书的价格,有23.1%的国民能够接受8~12元的价格,有29.5%的国民能够接受12~20元的价格;17.9%能够接受8元以下,20.2%能够接受20元以上,另有9.3%的国民认为只要喜欢多贵都买。我国国民能够接受一本200页左右的文学类简装书的平均价格为14.39元,比2014年的16.01元减少了1.62元。

对期刊价格的承受能力分析发现,我国成年国民平均可接受一本期刊的价格为6.93元,比2014年的7.42元下降了0.49元。

在接触过数字化阅读方式的国民中,有50.2%的国民表示能够接受付费下载阅读电子书,这一比例比2014年的44.3%上升了5.9个百分点。数字化阅读接触者能够接受一本电子书的平均价格为1.64元,价格接受程度比2014年的1.58元略有上升。

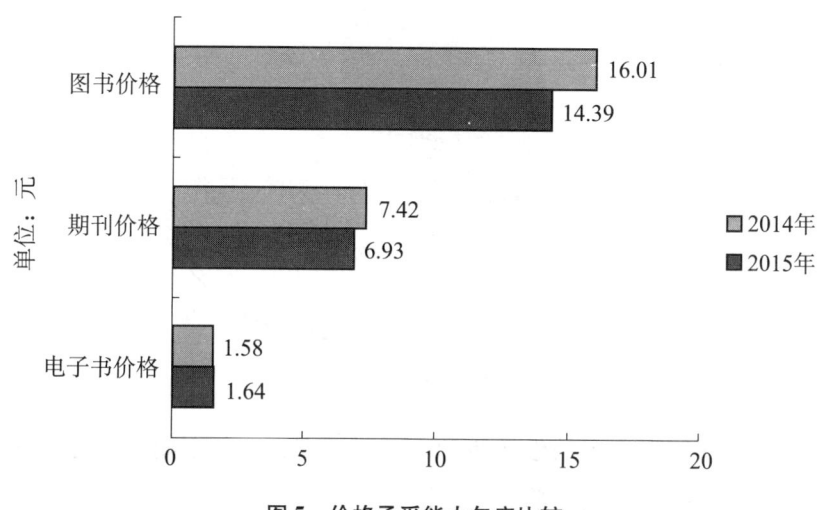

图5 价格承受能力年度比较

手机阅读群体中,27.6%的人能够接受付费阅读,而有72.4%的人只看免费的手机读物。手机阅读群体在2015年人均花费在手机阅读上的费用为11.19元,较2014年的16.47元有所下降。

七、仍有近六成的国民阅读纸质出版物

从数字化阅读方式的人群分布特征来看，我国成年数字化阅读方式接触者中，18~29 周岁人群占到 38.6%，30~39 周岁人群占 28.1%，40~49 周岁人群占 21.1%，50~59 周岁人群占 9.1%。可见，我国成年数字化阅读接触者中 87.9% 是 18~49 周岁人群。

对我国成年国民倾向的阅读形式的研究发现，57.5% 的成年国民更倾向于"拿一本纸质图书阅读"，有 10.2% 的国民更倾向于"网络在线阅读"，有 27.0% 的国民倾向于"手机阅读"，有 4.1% 的人倾向于"在电子阅读器上阅读"，1.2% 的国民"习惯从网上下载并打印下来阅读"。

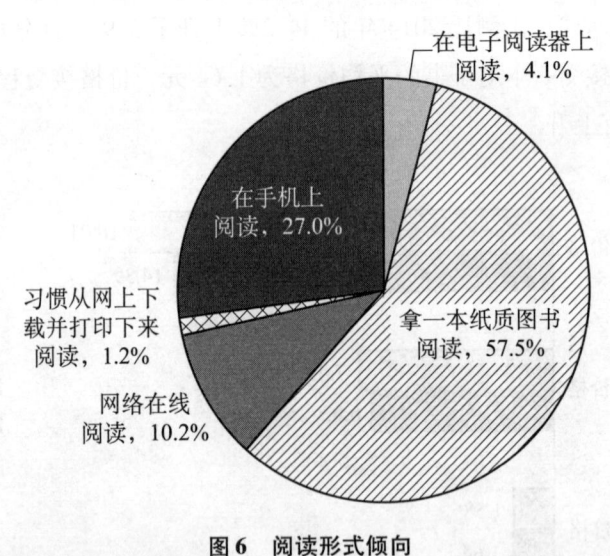

图 6　阅读形式倾向

另外，对于同样内容的纸质版和电子版图书，在数字化阅读方式接触者中，有 37.2% 的人更倾向于购买电子版。

八、近七成的成年国民渴望举办阅读活动

2015 年我国成年国民对个人阅读数量的评价中,只有 1.2% 的国民认为自己的阅读数量很多,8.0% 的国民认为自己的阅读数量比较多,有 37.4% 的国民认为自己的阅读数量一般,45.0% 的国民认为自己的阅读数量很少或比较少。

从成年国民对个人纸质阅读内容和数字阅读内容的阅读量变化情况的反馈来看,有 6.6% 的国民表示 2015 年"增加了纸质内容的阅读",但有 11.8% 的国民表示 2015 年"减少了纸质内容的阅读";有 3.9% 的国民表示 2015 年"减少了数字内容的阅读",但有 10.0% 的国民表示 2015 年"增加了数字内容的阅读";近六成(57.7%)的国民认为 2015 年个人阅读量没有变化。

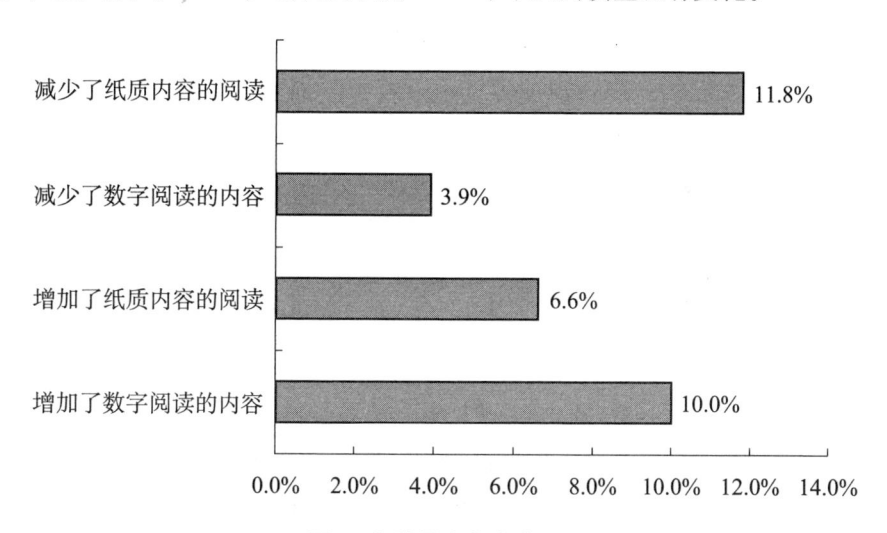

图 7 阅读量变化自我评价

从成年国民对于个人总体阅读情况的评价来看,有 20.8% 的国民表示满意(非常满意或比较满意),比 2014 年的 25.8% 有所下降;有 17.4% 的国民表示不满意(比较不满意或非常不满意),比 2014 年的 16.3% 略有提升;另有 48.5% 的国民表示一般。

我国成年国民对当地举办全民阅读活动的呼声较高,2015 年有 67.3% 的

成年国民认为有关部门应当举办读书活动或读书节，比2014年的68.6%略有下降。其中，城镇居民认为当地有关部门应该举办读书活动或读书节的比例为67.7%，农村居民中这一比例为66.7%。

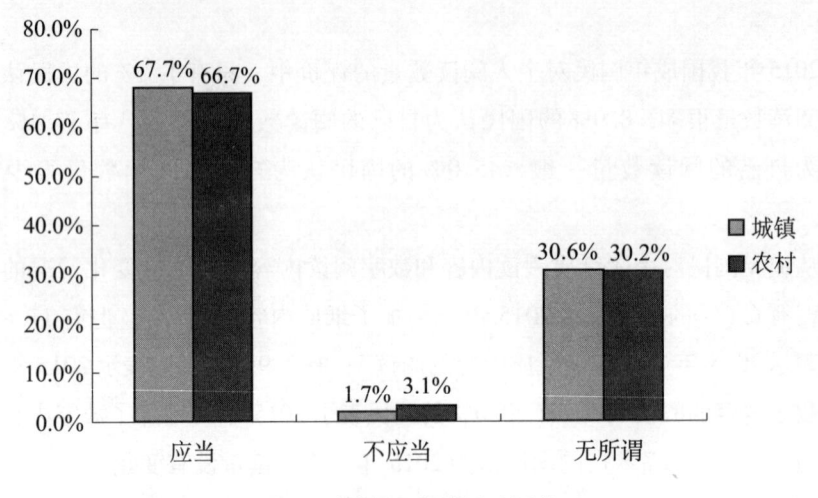

图8 城乡居民阅读活动诉求

九、未成年人人均图书阅读量有所减少

从未成年人的阅读率来看，2015年0~8周岁儿童图书阅读率为68.1%，高于2014年的59.2%；9~13周岁少年儿童图书阅读率为98.2%，较2014年的95.4%提高了2.8个百分点；14~17周岁青少年图书阅读率为86.3%，较2014年的88.3%下降了2.0个百分点。综合考察来看，2015年我国0~17周岁未成年人图书阅读率为81.1%，较2014年的76.6%增加了4.5个百分点。

对未成年人图书阅读量的分析发现，2015年我国0~8周岁儿童图书阅读量较上一年有所增加，9~13周岁和14~17周岁未成年人的图书阅读量较上一年有所减少。其中，我国14~17周岁未成年人课外图书的阅读量最大，为8.21本，比2014年的13.13本减少了4.92本；9~13周岁未成年人的人均课外图书阅读量为7.62本，比2014年的8.80本减少了1.18本；0~8周岁儿童

第三节 第十三次全国国民阅读调查 | 第三章 专题研究报告 |

	0~8周岁	9~13周岁	14~17周岁	0~17周岁
2014年	59.20%	95.40%	88.30%	76.60%
2015年	68.10%	98.20%	86.30%	81.10%

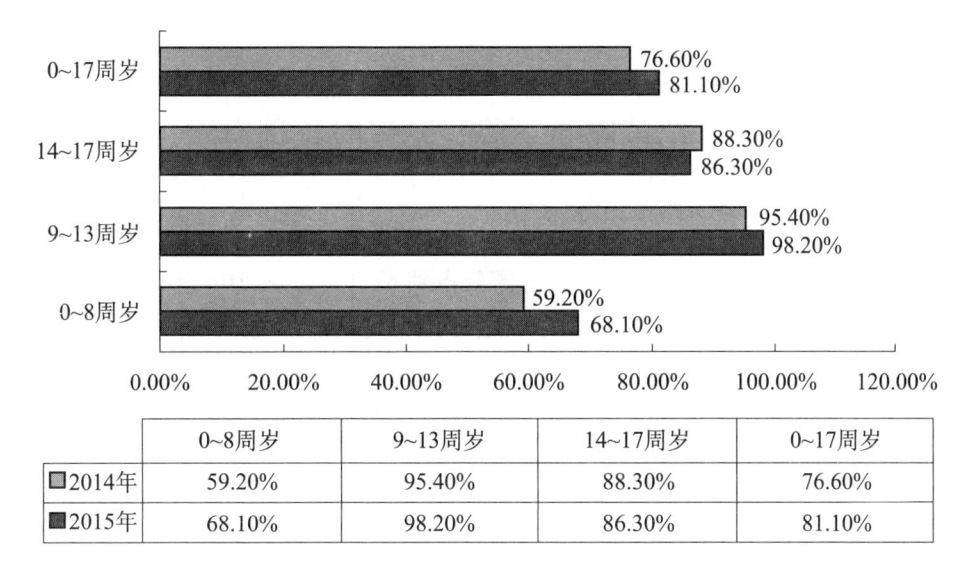

图9 未成年人图书阅读率年度比较

人均图书阅读量为 6.34 本，比 2014 年的 5.56 本增加了 0.78 本。综合以上三个年龄段，2015 年我国 0~17 周岁未成年人的人均图书阅读量为 7.19 本，比 2014 年的 8.45 本减少了 1.26 本。

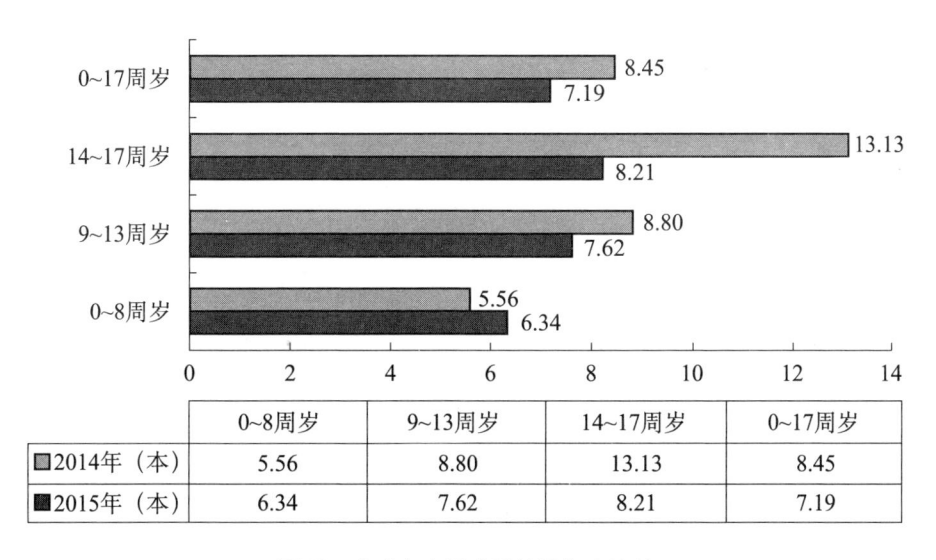

	0~8周岁	9~13周岁	14~17周岁	0~17周岁
2014年（本）	5.56	8.80	13.13	8.45
2015年（本）	6.34	7.62	8.21	7.19

图10 未成年人图书阅读量年度比较

十、亲子陪读略有下降，陪读时长稍有增加

对亲子早期阅读行为的分析发现，2015年我国0~8周岁有阅读行为的儿童家庭中，平时有陪孩子读书习惯的家庭占到87.1%，较2014年的88.8%下降了1.7个百分点；在这些家庭中，家长平均每天花费23.69分钟陪孩子读书，较2014年的23.64分钟略有增加。

此外，2015年我国0~8周岁儿童的家长平均每年带孩子逛书店2.98次，比2014年的3.52次有所减少。近五成（47.3%）的0~8周岁儿童家长半年内至少会带孩子逛一次书店，其中三成多（34.4%）的家长会在1~3个月内带孩子逛一次书店。

（田　菲　高　洁　中国新闻出版研究院）

第四节 2015~2016出版物市场治理情况

2015年,各地"扫黄打非"部门开展了"护苗2015""秋风2015""净网2015"专项行动,深入治理出版物市场。全国共收缴各类非法出版物1 500余万件,查处各类案件7 200多起,关闭非法和传播有害信息网站2.8万个。在打击非法有害少儿出版物、净化网络文化环境、提升工作法治化水平、推进"扫黄打非"进基层等方面取得新的进展。

一、2015年出版物市场治理成效

(一)严查非法有害少儿出版物,保护未成年人身心健康

扫除非法、有害少儿出版物,让未成年人在健康的社会文化环境中成长,是"扫黄打非"的重要工作任务,也是全社会共同的呼声。全国"扫黄打非"办公室在2015年中小学春季、秋季开学和"六一"国际儿童节前后,在全国范围内开展了"扫黄打非·护苗2015"专项行动,深化打击有害和非法少儿出版物及信息,一手抓对少年儿童的正面教育引导,一手抓对校园周边市场清查。

各地"扫黄打非"部门在中小学校开展了形式多样的倡导正版生活和绿色阅读主题活动,利用各种媒体和网络平台大力推介和组织阅读优秀少儿出版物;组织中小学校老师、学生家长积极发声,谴责不良文化产品,并加强对中小学生的教育引导,增强自觉抵制有害出版物和网络信息的能力,防止有害读物在校园内传播蔓延。

同时,集中整治中小学校园周边出版物市场,收缴宣扬淫秽色情、暴力、

恐怖、迷信等有害内容以及非法出版的少儿出版物；强化执法检查，在中小学校开学以及节假日前后等重点时段和中小学生放学后等重点时间，对中小学校园周边及少儿文化用品销售店档等重点点位，进行高频次巡查，及时依法取缔关闭销售非法、有害少儿出版的游商店档。全国收缴非法有害少儿出版物70余万件，北京查处的《一分钟奇趣数学》等非法少儿出版物案，涉案码洋达600余万元。

此外，开展以少儿为主要用户的互联网站、社区、论坛、博客、播客等的专项监测，及时处置影响少年儿童身心健康的有害内容；加强对少儿网络新应用的专项研判，查处一批利用微博、微信、微出版、微视、微电影等制售传播淫秽色情等妨害少年儿童健康成长有害信息的案件，重点查办了"360小说频道""动漫之家"等一批传播有害信息的网站。

（二）惩治"三假"，维护新闻出版传播秩序

"三假"指的是假媒体、假记者站、假记者。这些活动严重干扰基层工作，侵害群众利益，损害新闻媒体公信力和新闻工作者形象。近年来，打击"三假"虽然取得了显著成绩，但"三假"问题尚未得到根本遏制。2015年5月至11月，各地"扫黄打非"部门普遍开展了"扫黄打非·秋风2015"专项行动，深化打击假媒体、假记者站、假记者工作。

这次专项行动突出重点问题，查处真假记者内外勾连、招摇撞骗、敲诈勒索行为，查缴非法时政类、军事类、旧闻类、医疗类、教育类报刊，惩处利用非法学术性期刊实施诈骗活动的不法分子，整治含有有害内容的违法违规报刊，特别是整治含有政治性有害内容、泄露国家机密、淫秽色情低俗信息的违法违规报刊，打击在境外注册登记，在境内非法从事编、印、发等活动的报刊机构；突出重点部位，整顿、关闭一批问题严重的高速公路服务区、火车站和长途汽车客运站候车室、机场航站楼书报刊市场，查处宾馆饭店、高档写字楼内以及餐饮娱乐场所、大中小学校和医院周边等部位销售非法报刊的活动，等等。

同时，行动还注重加强内部约束。要求各地相关管理部门加强对本地有关单位和企业的宣传教育，严肃党纪政纪，要求不得以任何理由为"三假"活动提供资金等帮助，铲除新闻敲诈活动滋生的土壤。对向敲诈者提供财务等帮

助、拒不配合对"三假"进行调查的有关部门、单位负责人及党员干部，依规依纪处理。如发现上述部门、单位及党员干部还涉及其他违法违规问题，一并移交纪检监察等部门查处。

"扫黄打非·秋风2015"专项行动中，全国收缴非法报刊190余万件，查处"三假"案件121起。各地各有关部门还积极参与打击新闻敲诈和假新闻专项行动，将打击"三假"与清理整顿中央媒体驻地方机构和网站频道相结合，着力查处真假记者内外勾连行为。二十一世纪报系新闻敲诈案被告单位，二十一世纪传媒公司被判处罚金948.5万元，主犯被判处有期徒刑4年；江苏徐州马士平等假冒记者伪造中央巡视组文件诈骗案，主犯被判处有期徒刑5年6个月；陕西咸阳"8·15"新闻敲诈勒索案，主犯被判处有期徒刑8年。

打击侵权盗版工作也被纳入"秋风2015"专项行动中。通过加强网络环节管控，督促重点电商加强网上售书店铺的审查清理，严厉查处网上销售侵权盗版出版物行为；加强对新闻网站、音视频网站、文学网站、游戏网站的监测，打击未经许可转载、非法传播他人作品的侵权盗版活动；清查图书、音像制品、计算机软件市场，严厉查处盗版教材教辅出版物、畅销书、工具书、影视剧、音乐作品及应用软件的行为。全国收缴侵权盗版出版物700余万件，查处侵权盗版出版物案件2 195起。

（三）打击网络淫秽色情信息，净化网络文化环境

近年来，随着信息技术的不断发展，手机智能终端的普及，淫秽色情等有害信息传播蔓延加速，造成不良的社会影响。全国"扫黄打非"办公室针对这种情况，持续开展了"扫黄打非·净网2015"专项行动，按照"治标治本一起抓、网上网下一起查、老虎苍蝇一起打"的方针，继续全面清除互联网上的淫秽色情信息和市场上的淫秽色情出版物。全国"扫黄打非"办公室联合举报中心受理群众举报网络淫秽色情信息5万余条，都及时予以转办查处。

一是果断查处突发性网络传播淫秽视频事件。先后查处了北京优衣库试衣间、浙江嵊州、四川成都九眼桥、浙江丽水万地广场等系列涉不雅视频案，主要案犯均被刑事拘留，腾讯、新浪等互联网企业受到行政处罚。

二是针对通过微视自拍、微博推广、微信和QQ群组传播、云盘存储等方式制售传播淫秽色情信息的突出问题，组织开展为期2个月的对"微领域"制

售传播淫秽色情等有害信息行为的集中整治。

三是重点查处了网易云阅读、百度手机客户端、陌陌、人人网传播淫秽色情信息案等,其中网易云阅读被罚款 85.6 万元,停业整顿 1 个月。百度手机客户端小说栏目被罚款 21 万余元,并责令其立即改正违法行为。陌陌被罚款 6 万元,并要求立即整改,向社会公开道歉。

四是督促知名互联网企业进一步落实内容安全主体责任。督促各大网站认真落实先审后发制度,建立专门的内容审查机构,配备相应人员和技术装备;建立健全举报受理和有害信息迅速处理机制,对群众举报、监管部门通报的淫秽色情信息线索迅速核查、删除;积极开展淫秽色情信息自查自纠,对传播淫秽色情信息的账号、群组等及时、永久关闭。倒查发现问题网站的责任落实情况,对没有落实先审后发等制度,或者虽然有制度、有机构、有人员,但无行动、无效果的网站,依法依规严厉查处。例如,新浪微博全年清理淫秽色情信息 270 万条,关闭传播淫秽色情等有害信息账号 5.75 万个。

五是网下与网上相结合,加大对出版物市场清查力度强化对地级市、重点县和县级市出版物市场的检查,每月集中清查一次城乡接合部、农村集市和城市早市、夜市出版物摊点。行动期间,全国收缴淫秽色情出版物 50 多万件,查处淫秽色情出版物案件 1 821 起。

二、2015 年出版物市场治理特点

(一) 以落实责任制为抓手推动工作

各地"扫黄打非"部门以学习贯彻中央关于意识形态工作责任制的有关文件为契机,层层落实"扫黄打非"工作责任。北京、天津、吉林、江苏、山东、河南、广西、云南等省(市)将"扫黄打非"工作列入党委常委会工作要点、政府常务会主要议题或召开专题会议研究"扫黄打非"工作,解决"扫黄打非"难点问题。特别是陕西省将"扫黄打非"工作纳入政府绩效考核,对推动全省"扫黄打非"工作起到了积极作用;宁夏回族自治区专门印发了关于加强"扫黄打非"工作的意见,有效加强"扫黄打非"工作的基础和保障。

全国"扫黄打非"办公室将督查和暗访作为发现问题、查找责任、落实薄弱环节的重要手段,围绕春节、全国"两会"等重要时间节点,先后组织大规模督查2次,暗访检查6次,涉及20余个省份50余个(次)重点城市,发现并通报了200多个涉及市场、企业和网站的问题。各地此后按照通报要求基本整改到位,有效弥补了工作漏洞。

(二)科学务实谋事做事

随着"扫黄打非"工作领域的不断延伸和拓展,工作任务日益繁重。各地"扫黄打非"部门面对新形势、新任务,充分发挥主动性,多措并举,结合本地中心工作真抓实干,将"扫黄打非"工作融入本地发展大局协同推进,"扫黄打非"工作越来越有声势,也越来越有实效。

"净网2015"专项行动中,北京市切实发挥大型互联网企业作用,探索实施了淫秽色情网站监测处理机制。内蒙古、江苏、湖北等省(区)深入整治微领域传播淫秽色情信息,查办了多起社会影响恶劣的案件。"固边2015"专项行动中,西藏自治区充分利用信息化手段,建立完善了"扫黄打非"数据管理系统。甘肃、宁夏等省(区)严厉打击暴恐音视频及非法宗教类出版物,在维护社会稳定和文化安全方面积极作为。"护苗2015"专项行动中,江西省坚持不懈地将一百场名家讲座带进学校,安徽省把"扫黄打非"纳入学校开学第一课。"秋风2015"专项行动中,陕西、山西、河北、江苏等地在打击"三假"方面,克服困难,敢于碰硬,查办了一批大案要案。

(三)创新方式方法有效进基层

全国"扫黄打非"办公室组织召开了全国推进"扫黄打非"进基层现场会,与有关部门联合制定下发《"扫黄打非"进基层工作指导意见》。全国大多数县(区、市)已经建立"扫黄打非"工作领导小组及办公室,部分乡镇(街道)建立"扫黄打非"工作站,部分村(社区)建立"扫黄打非"工作联络站,并明确专(兼)职人员。

广西在推进"扫黄打非"进基层过程中,结合区域和民族特色,举办"扫黄打非"山歌比赛,编写"扫黄打非"诗歌和对联,在县、乡、村巡回举办

"扫黄打非"专场文艺晚会，建立社区"扫黄打非"微信群、成立农村"扫黄打非"妈妈工作队和宣传队等，形式新颖，喜闻乐见，深入人心。这些源于群众、源于实践的创新做法，促进"扫黄打非"在基层落地生根，成为推动工作的不竭动力。湖北省、市、县都将"扫黄打非"工作纳入政府目标管理责任制、社会管理综合治理、文明城市创建、未成年人思想道德建设等重点工作的考核内容，并纳入总体考核体系，实行一票否决，强化了各级党委政府对"扫黄打非"工作的重视和支持，使"扫黄打非"工作考核常态化、制度化。

（四）稳步提高"扫黄打非"工作法治化水平

全国"扫黄打非"办公室积极联合有关部门开展"扫黄打非"涉行政诉讼专题调研，推动修订淫秽色情出版物及相关信息认定标准。推进各地加强"扫黄打非"行政执法。认真落实案件备案和挂牌督办制度，全年备案案件和挂牌督办案件数量同比分别提高43%、37%。与此同时，新修订的《中国共产党纪律处分条例》也为有关"扫黄打非"工作开展提供了有力的纪律保障。

（五）运用新媒体扩大宣传效果

近年来，全国"扫黄打非"办公室除继续发挥传统媒体的宣传作用外，充分发挥"中国扫黄打非网"、全国"扫黄打非"办公室官方微信、微博的作用，密切联系各主要门户网站，创新开展微访谈等，社会反映良好。"中国扫黄打非网"和官方微信、微博全年点击量达到 2 700 万次，各门户网站登载"扫黄打非"相关消息20余万篇。组织中央主要媒体开展较大规模集体采访3次，采写播发新闻稿件50多篇。中央电视台"新闻联播"6次、"焦点访谈"4次报道"扫黄打非"工作重要进展。

三、2015 年出版物市场治理存在的主要问题

（一）现有治理方式无法满足形势需要

随着大数据、云计算、物联网等技术的不断发展，"黄""非"等有害出

版物及信息的传播方式更多更隐蔽、范围更大、危害更深。与此同时，商事制度改革后，"先照后证"已在全国推广，曾经的"严把市场主体准入关"已被"宽进严管"取代，事前监管需要向事中事后监管转变。"扫黄打非"工作横跨日常监管、行政执法、刑事司法，涉及网上网下、事前事中事后，对政策水平、监管能力和业务素养的要求越来越高。但是，一些地方和部门明显不能适应这种要求，工作中网络技能不熟练，监管方式比较简单，工作规范性不够，法律法规应用能力不足，影响了治理效果。

（二）信息交流水平相对落后

信息获取的充分和及时是实现有效监管的重要保障，信息交流的快捷更是提高工作效率的重要前提。目前，各级"扫黄打非"机构之间缺乏快捷高效的电子信息系统，情报信息、公文流转尚无法完全通过网络平台进行沟通交流。数据汇总、信息采集耗时耗力，效率不高，甚至存在部分信息滞后、信息失真等现象，一定程度上影响了工作措施的制定和执行效果。各成员单位之间也尚未建立畅通的信息平台，主要通过传统的通知文件、快报简报、会议传达等方式传递信息，时效性较差，沟通反馈滞后，难以形成良性互动，影响了部门之间的相互配合、协作。

（三）非法出版物鉴定工作存在难点

鉴定工作是"扫黄打非"执法机构开展执法的基础性工作，对依法行政、准确打击具有非常重要的意义。目前，对出版物鉴定的性质还没有明确规定，实施鉴定的新闻出版质检部门也未被赋予司法鉴定机构的资质，时常引发争议和相关的诉讼。同时，出版物鉴定工作的依据主要是一些部门规章和规范性文件。这些规章和文件制定时间较早，层级较低，面对当前科技的发展，尤其是网络出版、移动出版等纷繁复杂的现实情况，已经严重滞后。此外，出版物鉴定工作的机构、程序、机制等都需要进一步予以规范、完善。

（四）行业组织未能充分发挥监督作用

尽管文化领域已经成立了出版协会、发行协会、印刷复制协会、互联网协会等行业组织，但是尚未充分发挥引导行业自律和监督管理的作用。行业协会应当通过制定行规、行约充分强化行业自律的职能，规范行业经营行为。同时可以引进行业内知名的、高素质人士参与到行业管理中来，促进经营者由他律逐渐转变为自律。

四、2016年出版物市场治理重点

（一）深入开展专项行动，着力解决突出问题

2月至9月，开展"护苗2016"专项行动。组织"绿书签2016"系列宣传教育活动，通过宣讲、课外辅导、开设微信公众号等多种形式，普及非法出版物识别知识，引导少年儿童多读书、读好书，自觉抵制和远离有害出版物。着眼于"管苗、练苗、培苗、育苗、护苗"，推进"扫黄打非"进校园、进社区。在中小学春季、秋季开学前后，对中小学校园周边文化市场环境进行集中整治。在暑假期间，对含有有害内容的网络游戏、小说、动漫等进行集中整治。

5月至10月，开展"净网2016"专项行动。集中对利用云盘和网络视频直播传播淫秽色情信息进行整治，紧盯大型商业网站、门户网站，对传播淫秽色情信息行为从严查处。集中整治微博、微信、微视、微电影等"微领域"，以及利用网盘、云存储和移动智能终端应用商店等传播淫秽色情信息。对传播淫秽色情内容的"不雅视频"及时查处，迅速控制其不良影响。深入排查网上淫秽色情信息"利益链"，对为其传播提供接入、存储、推介、资金支持、结算等服务的经营者，连带追责，严加整治。

6月至11月，开展"秋风2016"专项行动。集中整治报刊亭（摊）销售非法报刊，规范进货渠道，严格落实有关进销管理规定。集中整治酒店、饭店、酒吧等场所传播非法报刊，深入追查印制源头。集中整治假记者、非法网络媒体、非法学术性期刊，从严查处真假记者内外勾连行为，依法关闭非法设立的新闻类网站、网站频道，严惩实施诈骗活动的不法分子。集中整治盗版重大题材出版物、教材教辅，从严打击网络侵权转载新闻作品行为，遏制网络侵

权盗版行为多发高发势头。

（二）完善网上治理手段，巩固网上"扫黄打非"阵地

建立健全网上工作机制。建立联系会商机制，定期召开有关部门参加的网上"扫黄打非"联席会议，总结交流工作情况，研究部署工作措施；完善信息通报机制，及时相互通报网络有害出版物及信息，进行快速核查处置；完善案件协查机制，针对网上"扫黄打非"案件发现难、取证难、查处难的问题，加强地区间、部门间的协查配合；完善指导约束机制，督促互联网企业落实内容安全主体责任和先审后发制度，加强行业自律，对问题企业及时约谈、查处和曝光。充分发挥互联网企业协会以及相关社会组织、公众的监督作用，推广网上"一键举报"等做法，发动群众积极举报网络有害信息。

加强对网上工作的综合协调。加强网上"扫黄打非"能力建设，切实履行综合、指导、协调、督办职责，定期分析研判网上"扫黄打非"形势，牵头组织实施网上"扫黄打非"专项行动、集中整治和督促检查。各相关部门及时处置网络有害出版物及信息，防止扩散，依法严肃查处。

创新网上工作措施手段。坚持管用防并举，改进网络基础管理，大力落实信息网络实名登记制，创新信息安全技术，提升多语种、多平台有害信息的发现、处置能力。吸纳社会力量参与网络有害信息监测。推进"扫黄打非"进网站，发挥政府主导重点网站的引领表率作用，及时总结推广互联网企业信息安全管理经验。探索建立网络有害出版物及信息样本共享系统、大数据分析平台，及时掌握热点、追溯源头，努力做到一处发现、全网查堵。

（三）抓好重点统筹，提升工作效能

首先统筹抓好专项行动与日常监管。集中时间、整合力量开展专项行动治理突出问题，改进、优化组织方式，丰富、创新实施手段。及时将专项行动好的经验、做法固化形成制度，完善长效机制。对市场主体实施全过程监管，事前监管突出防范、预警、规范，事中监管侧重监控、制约，事后监管重在追惩、反馈。

其次抓好案件查办。不断完善"扫黄打非"法规制度，加强行政执法和刑

事司法保障,深入查办大案要案,就近年来全国挂牌督办案件开展清案结案工作。建设全国"扫黄打非"举报线索数据库,整合举报线索资源。严格执行《中国共产党纪律处分条例》《行政机关公务员处分条例》《事业单位工作人员处分暂行规定》等,对制作、贩卖、传播非法、有害出版物的党员、干部和事业单位工作人员依纪依法严肃处理并通报。

此外,抓好宣传教育。结合群众文化活动开展丰富多彩的"扫黄打非"宣传教育活动,积极应用新媒体提升宣传声势。将"扫黄打非"纳入各级党校、行政学院的教育培训内容。大力宣传"扫黄打非"工作先进典型,树立榜样,鼓舞士气。

(四)加强组织领导,落实工作保障

一是严格落实工作责任。将抓好"扫黄打非"工作作为落实中央关于意识形态工作责任制有关文件的重要内容,定期分析研判,加强组织领导和督察考核。对"扫黄打非"工作开展不力、出现严重问题的,严格责任追究,并在精神文明创建、社会治安综合治理考评中实行一票否决。

二是持续深化联防协作。制定加强"扫黄打非"联防协作工程建设的指导意见,大力推进"护城河""南岭""天山""珠峰""长白山"五大工程联防协作规范化、制度化、常态化、长效化,有效实现联防联控联打。全国"扫黄打非"专项治理和办案补助向联防协作任务重的地方倾斜。

三是不断夯实基层基础。乡镇(街道)明确"扫黄打非"机构和人员、村(社区)明确人员承担"扫黄打非"工作,并落实必要的工作条件。将"扫黄打非"工作涉及的单位、场所、人员等纳入综治网格化管理,推动乡镇(街道)、村(社区)"扫黄打非"工作融入综治中心及管理平台。

(张　姝　国家新闻出版广电总局)

第五节 2015~2016出版标准化

2015年是"十二五"规划收官之年,也是新一轮标准化改革的元年。

2015年新闻出版领域所属的出版、印刷、发信、信息化和版权5家标准化技术委员会共完成并经国家新闻出版广电总局发布行业标准43项,工程项目标准33项,总计76项。国际标准化工作也实现突破,我国主导研制的ISO 17316《国际标准关联标识符(ISLI)》和ISO 16763《印刷技术—印后加工—装订产品要求》分别在2015年5月和2016年3月正式出版,ISLI国际注册中心落户中国,我国专家蒲嘉陵正式成为国际标准化组织印刷标准化技术委员会ISO/TC 130主席。

2015年3月国务院印发了《深化标准化工作改革方案》,《改革方案》提出了"建立政府主导制定的标准与市场自主制定的标准协同发展、协调配套的新型标准体系,健全统一协调、运行高效、政府与市场共治的标准化管理体制,形成政府引导、市场驱动、社会参与、协同推进的标准化工作格局,有效支撑统一市场体系建设,让标准成为对质量的'硬约束',推动中国经济迈向中高端水平"的改革目标,以及"建立高效权威的标准化统筹协调机制、整合精简强制性标准、优化完善推荐性标准、培育发展团体标准、放开搞活企业标准、提高标准国际化水平"的改革举措。根据文件精神,新闻出版业也在积极探索以市场为导向,符合产业发展需要的标准化工作新思路。

一、标准制修订工作

标准化工作是推动科技与出版融合的重要手段,在新闻出版业数字化转型的过程中,标准发挥了不可替代的作用,同时也借助科技浪潮的推动,得到了空前的发展。2015年,新闻出版业共发布行业标准43项,对比2014年增长了

50%，工程项目标准33项，共有11项国家标准完成报批工作，这其中与数字出版相关的标准占到将近一半。

（一）国家标准制修订

2015年共有11项国家标准完成研制并向国家标准委报批等待发布。这11项标准都属于国家质检总局质检公益专项项目"双打"（打击侵权盗版、打击假冒伪劣）项目——"出版物鉴定技术标准与规范研究"，该项目旨在解决出版物鉴定依据、检验技术标准和检验服务规范缺失问题，从而构建统一、系统化的"双打"技术标准规范体系。11项国家标准包括出版标准4项、印刷标准7项。分别为：

出版标准

《声像节目数字出版制作技术要求及检测方法》

《CD/DVD类出版物光盘复制质量检验评定规范》

《可录类出版物光盘CD-R/DVD-R/DVD+R常规检测参数》

《只读类出版物光盘CD/DVD常规检测参数》

印刷标准

《纸质印刷产品印制质量检验规范　第1部分：术语》

《纸质印刷产品印制质量检验规范　第2部分：分类》

《纸质印刷产品印制质量检验规范　第3部分：抽样规则》

《纸质印刷产品印制质量检验规范　第4部分：书刊》

《纸质印刷产品印制质量检验规范　第5部分：中小学教科书》

《纸质印刷产品印制质量检验规范　第6部分：报纸》

《纸质印刷产品印制质量检验规范　第7部分：折叠纸盒》

（二）行业标准制修订

2015年发布行业标准43项，其中出版标准18项，印刷标准7项，发行标准14项，版权标准4项。出版标准包括学术出版规范7项，电子书系列标准9项，数字教材1项和数据库1项；印刷标准包括绿色印刷4项，其他3项；发行标准包括图书贸易电子单证格式9项，其他5项；版权标准包括标识、元数据、数据元、代码4项基础标准。

标准清单请见下表：

标准号	标准名称	领域
CY/T 110—2015	电子图书标识	出版
CY/T 111—2015	电子图示质量基本要求	出版
CY/T 112—2015	电子图书版权记录	出版
CY/T 113—2015	电子图书阅读功能要求	出版
CY/T 114—2015	电子图书质量检测方法	出版
CY/T 115—2015	电子书内容版权保护通用规范	出版
CY/T 116—2015	电子书内容平台基本要求	出版
CY/T 117—2015	电子书内容平台服务基本功能	出版
CY/T 118—2015	学术出版规范　一般要求	出版
CY/T 119—2015	学术出版规范　科学技术名词	出版
CY/T 120—2015	学术出版规范　图书版式	出版
CY/T 121—2015	学术出版规范　注释	出版
CY/T 122—2015	学术出版规范　引文	出版
CY/T 123—2015	学术出版规范　中文译著	出版
CY/T 124—2015	学术出版规范　古籍整理	出版
CY/T 125—2015	中小学数字教材加工规范	出版
CY/T 126—2015	数字版权唯一标识符	版权
CY/T 127—2015	用于纸质印刷品的印刷材料挥发性有机化合物检测试样的制备方法	印刷
CY/T 128—2015	印刷技术　匹配颜色特征化数据集的印刷系统调整方法	印刷
CY/T 129—2015	绿色印刷　术语	印刷
CY/T 130.1—2015	绿色印刷　通用技术要求与评价方法　第1部分：平版印刷	印刷
CY/T 131—2015	绿色印刷　产品抽样方法及测试部位确定原则	印刷
CY/T 132.1—2015	绿色印刷　产品合格判定准则　第1部分：阅读类印刷品	印刷
CY/T 133—2015	电子图书版权信息检测方法	出版
CY/T 134—2015	版权信息核心元数据	版权
CY/T 135—2015	版权信息基础数据元	版权
CY/T 136—2015	版权信息基础代码集	版权
CY/T 137—2015	书店读者服务规范	发行
CY/T 138—2015	出版物发行营销活动规范	发行
CY/T 139—2015	出版物发行统计指标体系	发行

(续前表)

标准号	标准名称	领域
CY/T 140—2015	出版物发行营销活动规范	发行
CY/T 141—2015	出版物发行结算方式分类代码	发行
CY/T 142.1—2015	图书贸易电子单证格式　第1部分：简易流程、元素表	发行
CY/T 142.2—2015	图书贸易电子单证格式　第2部分：订单	发行
CY/T 142.3—2015	图书贸易电子单证格式　第3部分：订单回告	发行
CY/T 142.4—2015	图书贸易电子单证格式　第4部分：订单调整及调整回告	发行
CY/T 142.5—2015	图书贸易电子单证格式　第5部分：发货单	发行
CY/T 142.6—2015	图书贸易电子单证格式　第6部分：结算单	发行
CY/T 142.7—2015	图书贸易电子单证格式　第7部分：库存、销售查询及回告	发行
CY/T 142.8—2015	图书贸易电子单证格式　第8部分：退货申请	发行
CY/T 142.9—2015	图书贸易电子单证格式　第9部分：退货申请回告	发行
CY/T 143—2015	数据库出版物质量检测方法	出版
CY/T 144—2015	网版印刷　感光胶使用性能要求及检验方法	印刷

（三）工程项目标准制修订

2015年发布的工程项目标准共33项，其中新闻出版重大科技工程项目——数字版权保护技术研发工程标准25项，专业数字内容知识服务标准8项。

数字版权保护技术研发工程标准是2015年2月3日，由国家新闻出版广电总局新闻出版重大科技工程领导小组办公室发布（标准编号属于2014年），分管理类、基础类、数据类、协议接口类4大类25项分别为：

标准编号	标准名称	类别
GC/BQ 1—2014	标准编制指南	管理类
GC/BQ 2—2014	标准应用指南	管理类
GC/BQ 3—2014	数字版权保护技术研发工程术语	基础类
GC/BQ 4—2014	数字版权管理标识	基础类
GC/BQ 5—2014	数字权利描述语言	基础类
GC/BQ 6—2014	数字版权保护内容格式	基础类
GC/BQ 7—2014	数字版权封装	基础类
GC/BQ 8—2014	数字内容注册规范	数据类
GC/BQ 9—2014	数字权利元数据	数据类

（续前表）

标准编号	标准名称	类别
GC/BQ 10—2014	可信计数数据	数据类
GC/BQ 11—2014	版权保护可信计数技术接口	接口协议类
GC/BQ 12—2014	数字内容分段控制技术接口	接口协议类
GC/BQ 13—2014	多硬件环境版权保护应用支撑技术接口	接口协议类
GC/BQ 14—2014	在线阅览数字版权保护技术接口	接口协议类
GC/BQ 15—2014	数字内容交易与分发版权保护技术接口	接口协议类
GC/BQ 16—2014	富媒体内容保护支撑技术接口	接口协议类
GC/BQ 17—2014	数字内容注册与管理平台对外通信协议	接口协议类
GC/BQ 18—2014	可信交易数据管理平台对外通信协议	接口协议类
GC/BQ 19—2014	版权保护系统间通信协议	接口协议类
GC/BQ 20—2014	版权保护系统服务器端与客户端的授权通信协议	接口协议类
GC/BQ 21—2014	出版机构信息管理系统接口	接口协议类
GC/BQ 22—2014	服务机构信息管理系统接口	接口协议类
GC/BQ 23—2014	注册信息查询与发布数据交换格式	接口协议类
GC/BQ 24—2014	数字版权保护机构的信息管理系统接口	接口协议类
GC/BQ 25—2014	信息安全及电子认证服务技术规范	接口协议类

专业数字内容知识服务标准是2015年国家新闻广电总局推动的"专业数字内容知识服务模式试点"工作成果。试点本着"统一部署、标准先行、分步推进、鼓励创新"的基本原则，28家试点单位结合自身的实践和探索，共同完成了知识服务标准体系的初步设计，以及首批8项通用标准的研制工作。详见下表：

标准号	标准名称
GC/ZX 19—2015	《知识服务标准体系表》
GC/ZX 20—2015	《知识资源建设与服务工作指南》
GC/ZX 21—2015	《知识资源基础术语》
GC/ZX 22—2015	《知识资源通用类型》
GC/ZX 23—2015	《知识元描述通用规范》
GC/ZX 24—2015	《知识应用单元描述通用规范》
GC/ZX 25—2015	《知识关联通用规则》
GC/ZX 26—2015	《主题分类词表描述与建设规范》

二、国际标准化工作

长期以来，我国在新闻出版相关的国际标准化活动中处于被动、跟随的地位。经过近几年的发展，中国在国际标准化舞台上的影响力和作用日渐提高，从被动采标到参与制定、主导制定国际标准，从建立国际标准中国分注册中心到承担国际注册中心。国际标准化工作取得突破，一方面得益于国内新闻出版业在数字化转型升级政策带动下的飞速发展，使标准化工作具备了一定的产业基础；另一方面得益于经济和技术全球化，使国内出版或技术企业激发出的与国际接轨的内在动力来谋求突破。

（一）国际标准关联标识符（ISLI）发布

从20世纪80年代开始，我国就积极采用国际标准，中国一直是国际标准化组织信息与文献标委会ISO/TC46的P成员，也就是积极成员。同时，我国还采标了多项ISO/TC46国际标准，例如《国际标准书号ISBN》《国际标准连续出版物号ISSN》《国际标准录音制品编码ISRC》《科技期刊编排格式》《科技期刊目次表》等，对规范行业管理和提高出版质量都发挥了积极的作用。

2011年3月，中国提案的《国际标准文档关联编码（ISDL）》通过了ISO/TC46/SC9成员国投票正式立项；同年5月，成立了由中国、法国、德国、美国、瑞典、肯尼亚、俄罗斯等7个国家组成的"ISDL国际标准工作组"，并由中国担任项目组长和召集人，成为ISO/TC46/SC9的第11工作组；2012年ISDL通过CD阶段投票；2013年6月，TC46在法国巴黎召开年会，年会通过决议，将《国际标准文档关联编码（ISDL）》改名为《国际标准关联标识符（ISLI）》；2014年5月ISO启动对该标准FDIS投票程序，投票结果显示，21个成员国投票，21票赞同、0票反对，100%通过；2015年5月15日，ISO正式发布ISLI国际标准。

ISLI国际标准是我国新闻出版业首次向ISO提交的国际标识符标准项目，该项目在ISO获得立项并成功制定，打破了英、美、德、法在国际标识符领域的垄断，标志着我国新闻出版标准化在走向国际化的进程中迈出了重要的一步，使我国跻身于世界编码大国的行列，从根本上改变了我国在国际标准化舞台上被动、从属的地位，将极大提升我国在标识符领域的话语权。

（二）ISO 16763《印刷技术—印后加工—装订产品要求》发布

2016年3月9日，首个由我国主导制定的印刷领域国际标准ISO 16763《印刷技术—印后加工—装订产品要求》由国际标准化组织（ISO）正式发布。这是我国于2010年成为ISO/TC 130印后工作组（ISO/TC 130/WG 12）召集人和秘书处承担国后完成的首个国际标准。该标准的发布标志着我国印刷业主导制定国际标准实现了零的突破。

ISO 16763规定了装订产品印后生产过程中的质量要求和允差值，适用于需进行工业装订的产品，如书籍、杂志、目录和手册等。我国专家何晓辉和刘霞担任项目负责人，来自中国、美国等国家的多位专家参与制定工作。这项工作的开展及取得的成果，不仅有利于世界范围内印刷企业印刷产品的印后加工质量和技术水平的提高，也有利于我国印刷企业在国际贸易中占据主动，同时也培养起了一批具有国际标准化工作能力的人才队伍，对于进一步提升我国印刷业在国际上的地位和早日实现我国向印刷强国的转变具有非常重要的意义。

三、面临的问题和发展趋势分析

（一）主要问题

近些年，新闻出版标准化工作高速发展，但问题依然存在。首先，标准还未成为行业和市场准入的门槛，没有成为对质量的"硬约束"。新闻出版领域的标准绝大多数是推荐性标准，企业是否执行，执行得怎么样，无人监督，缺乏实施验证，也不会影响到企业的市场收益，更不会关乎其生存发展。这说明了现有标准化机制的缺陷，没有把标准与新闻出版质量管理体系有效地衔接。第二，政府推动有余，而产业和市场带动不足。无论是学术出版规范，还是知识服务、CNONIX等标准，背后都有政府的大力支持或强力引导，但从另一个角度说明，产业和市场对标准化的内在需求还没有很好地激发出来。第三，标准体系尚不完善，出版、印刷、发行、信息、版权5家标准化技术委员会虽然都制定了各自的标准体系表，但由于没有有效的动态维护机制，无法跟上瞬息万变的技术发展形势，而与实际需求尚有距离。标准体系结构不合理，国家标准、行业标准层级定位不清晰，标准间存在交叉重复的情况。第四，标准化发展缺乏战略考虑和顶层设计，标准化体系尚不健全。新闻出版标准体系、组织体系、政策体系、人才体系、实施体系、实验测试和认证认可体系等构成了新闻出版标准化体系。目前，标准体系和组织体系已基本建立，但其他方面还有有待建立和完善。

（二）趋势分析

纵观新闻出版标准化工作近几年的发展，其轨迹与新闻出版产业发展相伴相生。不难看出新闻出版标准化工作已经基本走出原始积累阶段，未来发展将呈现几个特点。

一是数量上平稳增长。2013年发布国家标准和行业标准24项，2014年为31项，2015年为43项，基本年增长率在30%~40%，2016年将保持这样的增长速度。平稳增长的主要原因一方面是技术与出版的融合不断带来新的标准化需求，另一方面受现有标委会、委员专家等机构、人才限制，数量上不会有太大的突破。

二是在层级上，国家标准数量将明显提升。行业标准数量平稳增长，工程项目标准出现井喷，团体标准渐露头角，企业标准意识增强。"十一五"期间共发布国家标准14项，其中出版标准1项、印刷标准13项。"十二五"期间共发布国家标准25项，其中出版标准5项、印刷标准18项、发行标准2项，同时，非印刷领域的国家标准增长明显。随着2010年之后成立的出版、发行、信息、版权4家标委会日渐成熟，其申报和制定的国家标准数量明显提高。国家新闻出版重大科技工程项目在未来的2~3年内将分别结项，一大批工程项目标准即将被发布，单就复合出版工程而言，预计2016年就将发布38项标准。由于总局在推动产业转型过程中，以项目带动的方式大力推动企业进行技术改革、数字资源加工，企业主导或参与制定了大量标准，标准意识明显提高，制定企业标准成为其实现升级的重要思路和手段，仅对"专业数字内容知识服务模式试点单位"进行摸底统计，拟制定的企业标准总量就达到190余项。根据国务院印发的《深化标准化工作改革方案》，团体标准将成为未来标准化工作体现市场需求的重要形式，新闻出版领域也在积极探索这种模式，未来几年将有所突破。

三是在领域上，数字出版主体地位更加突出。随着新闻出版业数字化转型，数字出版相关标准渐成主体，多项多系列数字出版标准在业内产生了重要的影响和作用。如2014年发布的《新闻出版内容资源加工规范》，包括术语、数据加工与应用模式、数据加工规格、数据加工质量、资料管理、数据管理、数据交付、图书加工、报纸加工和期刊加工10部分，以及《数字内容对象存储、复用与交换规范》，包括对象模型、对象封装、存储与交换以及对象一致性检查方法3部分。再如2015年发布的《电子书系列标准》，包括标识、质量基本要求、版权记录、阅读功能要求、质量检测方法、内容版权保护、平台，以及知识服务相关标准等。2016年数字出版标准的亮点预计将围绕大数据、AR、VR技术在出版中的应用展开，此外，数字教育出版也将成为标准化工作关注的热点。

四、思考与建议

按照《深化标准化工作改革方案》提出的总体目标，新闻出版标准化需要规划未来的发展方向，以适应新闻出版业体制和技术革新，要创新标准化工作机制和方法，使标准化工作更好、更快地发展。

（一）顺应改革要求，尽快形成新闻出版标准化工作新思路

国务院印发的《深化标准化工作改革方案》提出"通过改革，把政府单一供给的现行标准体系，转变为由政府主导制定的标准和市场自主制定的标准共同构成的新型标准体系。政府主导制定的标准由6类整合精简为4类，分别是强制性国家标准和推荐性国家标准、推荐性行业标准、推荐性地方标准；市场自主制定的标准分为团体标准和企业标准。政府主导制定的标准侧重于保基

本，市场自主制定的标准侧重于提高竞争力。同时建立完善与新型标准体系配套的标准化管理体制"。新闻出版标准化工作同样存在着强政府弱市场的问题，因此应该根据改革要求，着力提高市场自主制定标准的意识和积极性，把企业标准、团体标准作为标准化工作的重点，从政策、机制上给予鼓励和扶持，并据此尽快形成新闻出版标准化工作的新思路。

（二）采用综合标准化的思路和方法，以新闻出版行业整体最优为目标

新闻出版标准体系已具雏形，但依然存在结构性问题。新闻出版标准体系从产业链环节划分，可以分为出版、印刷、发行、版权、信息化5个标准体系；从属性划分，可以分为社会管理和公共服务标准体系、市场化标准体系；从层级划分，又分为国家标准体系、行业标准体系、团体标准体系、工程项目标准体系、企业标准体系；从作用划分，可以分为基础标准体系（如标识、元数据、术语体系、标签体系等）、管理标准体系、产品标准体系、方法标准体系、服务标准体系等。分类维度虽然不同，但都属于新闻出版标准体系的组成部分，建议采用综合标准化的思路和方法，以新闻出版行业整体效益最优为原则，全面统筹协调。一方面，应加强国家标准和行业标准的整体规划，理清层级要求；另一方面，通过政策、资金等多种方式鼓励团体标准和企业标准的研制和实施，使出版单位真正成为标准化工作的受益主体。最终，建立新型的新闻出版标准层级结构，形成以企标为基础、以团标为主体、以行标为补充、以国标为核心、以国际标准为突破的金字塔架构。

（三）加强标准化自身建设，完成标准化工作的配套设施

新闻出版标准化工作起步晚，加之又长期处于计划经济环境，发展不全面，基础配套设施薄弱，难以满足新闻出版产业高速发展的要求。首先，应该加强标准化基础建设，建立新闻出版业标准数据库、术语库、代码库、开发元数据注册系统等，为更好地开展标准化工作、更好地为行业服务提供支撑。其次，应建立专门的新闻出版标准化管理服务机构，有效支撑行业标准化管理，提高行业标准化管理服务水平，促进标准的实施应用，加强标准监督检查，实

现标准对产业规范和科技转化引领作用。第三,应该以构建新闻出版质量保障体系为目标,推动新闻出版标准符合性测试、质量检测、认证认可工作,完善标准实施环节。第四,应该加强对国际相关标准化组织的研究和参与,通过国际标准化推动中国新闻出版业"走出去"。

(刘颖丽　中国新闻出版研究院)

第六节 出版业人才队伍建设的现状与思考

随着文化与科技的日益融合,出版业进入了创新发展的新时期。出版人才队伍建设是出版业实现传统出版与新兴出版融合发展、转型升级的重要推动力量。

一、2015年出版人才培养基本情况

(一) 政府行业组织推出版人才队伍建设

近年来,大规模在线开放课程和学习平台在世界范围迅速兴起,教育部审时度势,于2015年4月13日,出台了《关于加强高等学校在线开放课程建设应用与管理的意见》,在开放课程建设的基本原则、指导思想、重点任务、组织管理四个方面提出了意见和要求。此项政策的出台为高校新闻出版教学内容、方法、模式和管理体制的改革发展提供了重要的政策依据和保障。2015年10月26日,教育部先后印发《普通高等学校高等职业教育(专科)专业设置管理办法》和《普通高等学校高等职业教育(专科)专业目录(2015年)》,对新闻出版类的9个专业方向进行了更名、合并处理。《办法》和《目录》的实施,进一步增强了新闻高等职业教育人才培养的针对性和适用性,为出版业改革人才培养模式创造了利好环境,也为行业人才培养政策的出台提供了更为有力的支撑。2015年4月,为贯彻国家《关于推动传统媒体和新兴媒体融合发展的指导意见》,国家新闻出版广电总局与财政部联合出台了《关于推动传统出版和新兴出版融合发展的指导意见》,就制定出版融合发展人才培养规划、"产学研"联合人才培养、建立出版融合发展人才资源库等人才培养建设工作

提出了明确的意见和方向。

在国家顶层设计的指导下，出版行业各组织、各单位统一思想认识，将各项政策措施积极落实完成，对于新闻出版业人才队伍建设起到积极的助推作用。

在行业人才队伍建设方面，2015年10月，由人力资源和社会保障部与国家新闻出版广电总局共同负责的全国专业技术人员职业资格考试如期进行，据统计本年度共有19 603人了参加初级、中级出版专业职业资格考试。出版专业技术人员职业资格考试作为出版行业准入机制，十多年来为行业选拔合格的出版人才发挥了重要作用。同时，在行业人才继续教育方面，国家新闻出版广电总局开展了多层次有针对性的业务培训。2015年总局教育培训项目计划（新闻出版方面）开展了140个各级各类的继续教育培训班，包含了学习习近平总书记系列重要讲话精神、新闻出版岗位培训、专业技术人员知识更新、管理业务、基层人才队伍建设和其他培训共6部分。继续教育的开展为出版专业技术人员提供了更新知识理念、完善知识结构、拓展和提高能力的平台，更好地促进了出版专业人才队伍的建设。

在高校出版专业教育方面，2015年11月，全国出版专业学位研究生教育指导委员会按照国务院学位办要求，对首批获得出版硕士专业学位授权点的安徽大学、北京印刷学院、复旦大学、河北大学、河南大学、湖南师范大学、华中科技大学、吉林师范大学、南京大学、南开大学、四川大学、武汉大学、中国传媒大学等13所高校进行了专项评估。本次专项评估针对出版专业硕士学位授权点研究生培养体系的完备性进行检查，包括培养定位、招生选拔、资源投入、师资队伍、课堂与实践教学、学位论文、质量保障、培养效果等方面，13个出版专业硕士学位授权点均评估合格。本次评估，对我国的出版专业研究生教育进行了全面系统的总结，为下一步继续开展出版专业研究生教育提供了有益的借鉴。

2015年高等学校出版专业教学指导委员会在2014年确定的出版学、编辑实务、传播学、出版营销与管理等8门课程为出版专业核心课程的基础上启动了出版专业教材编写工作，同时按照教育部的要求，拟定了《出版本科专业教学质量国家标准》草案。举办了高校中青年骨干教师高级研修班，来自全国的50多位专家就媒介融合的新形势下，如何提高出版学科教师的教学和科研能力、培养合格的出版传媒人才进行了交流和学习。此外,高校教学指导委员会还主办"全国高校数字编辑大赛"活动,举办出版专业课程研讨会,组织学界专家参加"中日韩雕版印刷国际研讨会"等活动。

(二) 企业搭建高端平台,实现出版科研与人才培养融合发展

人才工作的发展是出版企业关键技术研发与应用的重要推动力。我国出版企业在国家政策的支持下,积极建立协同创新机制,开展科技研发工作。根据中国博士后网站统计,截止到2015年年底,已有中国出版集团公司、江苏凤凰传媒集团有限公司、湖南出版投资控股集团有限公司、江西省出版集团公司、人民教育出版社有限公司、社会科学文献出版社、时代出版传媒股份有限公司、中国社会科学出版社等14家出版单位建立了博士后科研工作站,与相关高校联合培养人才。

表1 建立博士后科研工作站的出版单位一览表①

序号	单位名称	取得博士后工作站时间	主管部门
1	广州日报报业集团	1998年	人力资源部
2	湖南出版投资控股集团有限公司	2008年	产业研究院
3	江苏凤凰出版传媒集团有限公司	2011年	人力资源管理部
4	南方报业出版传媒股份有限公司	2005年	人事处
5	南方出版传媒股份有限公司	2015年	人力资源部
6	宁波日报报业集团	2008年	新闻办公室
7	山东省广播电视总台	2010年	局博士后科研工作站
8	社会科学文献出版社	2013年	皮书研究院
9	深圳报业集团	2008年	集团人力资源中心
10	时代出版传媒股份有限公司	2009年	人力资源部
11	北京华章图文信息有限公司	2010年	人力资源部
12	人民教育出版社有限公司	2013年	人力资源部
13	中国出版集团公司	2010年	人力资源部
14	中国社会科学出版社	2013年	人事处

2015年以来,传统出版单位转型升级路径更加清晰,大型出版集团及上市

---

① 此处数据根据中国博士后网站公布的有关数据整理得出。

公司积极采取打基础、建平台、抓项目、招人才等方式来开展改革行动。在单位内部选拔具有较好能力素质和竞争优势的博士后人才进站开展出版企业战略课题研究，以项目为抓手推进转型升级、融合发展进程；对外，通过建立对外合作机制，为企业发展提供智力支持，与各高校、科研院所开展产学研全面合作，充分利用高校、科研院所的技术、人力资源，将科研成果转化为生产力。时代出版传媒公司于2009年获得博士后科研工作站资质，多年来先后和中国人民大学、中国传媒大学、中国科学技术大学、复旦大学、武汉大学签署了博士后联合培养协议，并深入开展合作。时代出版传媒结合当下文化与科技融合的趋势并根据企业的自身情况，建立了以文化产业、高科技产业与新媒体为主的三大研究方向，博士后在此范围内先后就传媒科技、内容开发、政策法规、产业战略、移动阅读等内容开展研究工作。在博士后工作站的智力支撑下，企业近年来取得了以"时代E博"全媒体数字出版运营服务平台、手机出版内容互动平台、无纸化出版（电子书包）等为代表的一批高端项目和科研成果。2012年，时代出版传媒首次作为全国文化企业以出色的竞争优势、研发实力、基础设施、核心技术、人才队伍等入选国家认定企业技术中心，博士后科研工作站的建立促进了时代出版传媒培养高端复合型人才与开展出版科研创新的结合，增强了传统出版企业转型升级、改革创新的战斗力。

（三）高校出版教育稳步推进，学科发展日渐成熟

在出版业融合发展、内涵和外延不断扩展的新时期，行业和社会对高校出版专业人才培养、出版专业学科建设、出版理论研究等方面有了更加强烈和丰富的需求。经过30多年的发展，中国出版教育已经发展成为包含编辑学、出版学、图书营销学等内容的独立学科体系，形成了一定的办学规模。全国已有80多所院校开设编辑出版本科专业，13所院校获得出版硕士专业学位授予权，5家开设数字出版专业；全国1 080所院校开设了新闻传播学类专业，在校生23万。在办学地域上，出版专业分布广泛，以华东和华中地区为主。在师资力量方面，出版专业教师的职称结构合理，教授及副教授职称人数占到专业教师中的61%。

随着文化产业的快速发展，作为培养出版人才的重要基地，我国高校越来越重视出版学科的发展。2015年出版专业教育把握新形势，围绕新常态，根据

出版行业、出版岗位、出版学科自身的内在逻辑和实际特点开展教学工作,思路更加清晰,步伐更加稳健。各高校审时度势,在传统编辑出版学科发展的基础上纷纷设立与数字出版相关的专业方向和专业课程,并依靠自身的技术背景和学科特色设立了独具特色的课程体系,确立了人才培养方向;积极开展产学研教学,以产学研合作开展科研项目的形式促进学生的实践技能训练;在师资建设方面,通过与出版企业建立"实践基地""实验室"的方式在关键技术研究、产品开发等方面开展合作,培训和锻炼了青年骨干教师。2015年,上海理工大学为更好地适应经济社会发展对出版专业高层次应用型人才的需求,与上海张江数字出版文化创意产业发展有限公司合作,成功申报了上海市市级出版专业学位研究生实践基地。出版硕士专业学位教育更突出人才培养的实践性和应用性,对研究生的多学科知识的应用和实践提出更高的要求。出版专业学位研究生实践基地的成功申报完善了上海理工大学的出版学科体系建设,在人才培养方面进一步缩小了出版理论与出版实践之间的距离。出版印刷与艺术设计学院依托出版专业硕士研究生实践基地的行业资源,加强产学合作,优化师资队伍,建立了以行业专家和专职教师为主的"双导师制";在专业课程设置方面,突出专业硕士的实践性和技能,开设了出版物编辑与制作、数字教育出版实践研究、数字专业出版实践研究、数字大众出版实践研究等课程,让研究生在掌握基础理论和专业知识的同时又能够更趋于实际应用,适应社会发展的需要;在教学方式上,注重课堂教学中理论讲授与实践指导的结合,通过现场教学、参观实践、案例分析、情景教学等多样化的教学手法,培养了学生的动手能力和专业能力。

二、出版人才队伍建设面临的挑战

(一)人才结构尚不完善,"高精尖"出版人才仍旧匮乏

2015年,出版人才队伍不断壮大,但行业出版人才结构仍有待完善,例如行业急需的产业经营人才、内容管理人才、版权管理人才、技术支撑人才的比例仍旧较低,行业内称得上出版大家、出版名家、出版大师的更是屈指可数。

（二）高校出版学科建设教育理念滞后，人才培养模式仍需创新发展

"重知识轻能力、重专业轻全面素质发展、重继承轻创新"的教育思想在高校中仍占据着主导地位，已无法适应信息技术时代出版行业对人才的需求。此外，出版类的应用型学科建设及研究生教育尚处于探索、发展阶段，在课程设置、师资力量、教学方式等方面需改革创新。在"产学研"联合培养方面，目前有33%的高校建有校内实践创新基地或研究中心，高校在利用资源联合培养人才平台的建设方面仍有很大空间。

（三）出版企业人事改革缺乏力度，未形成完整的人才培养链条

当前出版企业人事制度建设存在着单向、静态的聘用模式，从引进、培养再到聘任，三个环节还未形成完整的人才培养链条。同时，也缺乏完备的流动和淘汰机制，缺乏竞争机制，无法规避人才选拔和使用中的风险，影响到人才队伍的建设。

三、出版人才队伍建设的对策与建议

（一）优化顶层设计，进一步完善人才结构

"十三五"将是我国由出版大国向出版强国迈进的关键时期，政府管理部门应制定出版人才队伍建设的总体思路，明确新常态下出版人才需求，结合政府、企业、高校、科研机构、行业协会等各方力量，合力推动出版人才体系的建立健全。首先，应发挥党和政府的主导作用，继续完善出版人才制度建设。在"新闻出版人才测评体系"的基础上进一步修订和建立"中国出版人才发展指标体系"，建立以出版人才队伍规模、出版人才队伍结构、出版人才队伍素质、出版人才队伍投入、出版人才队伍产出、出版人才队伍发展环境的一级指标体系[1]。建立出版融合发展人才资源库，做到人尽其才、才尽其用。其次，

---

[1] 夏晓勤. 国家治理现代化原则下的中国出版人才发展指标体系构建［J］. 中国出版，2015（11）.

应修改《出版专业技术人员职业资格管理规定》，完善出版人才培养、引进、管理、评价、考核、激励、退出等各方面机制。在准入机制方面将数字出版从业人员、民营文化企业从业人员纳入到出版专业职业资格管理的范围内，为出版人才队伍的规模建设、业务水平的提高提供保障。

在继续教育方面，应进一步扩大承办继续教育的主体，在新闻出版行政管理机关直属培训机构、行业协会、学术团体、科研院所外，充分发挥企业在一线实践方面的优势，鼓励有条件和实力的出版集团、出版企业开展教育培训工作。同时，增强培训主体的服务意识，从课程设计、授课方式、授课专家、授课时间等方面进行创新改革，建立以"内容+服务"为核心的教育理念，将出版从业人员的继续教育从之前的短期培训向长期化、终身化培训转变。此外，建立出版从业人员退出机制，强化政府在出版专业技术人员职业资格退出机制方面的监管职责，形成"能进能出、能上能下"、健康的出版人才管理制度。

"十三五"时期出版行业更需要多层次、跨领域的人才，当前解决人才问题仍需要通过以下三个途径：一是学校教育，能够从基础性和稳定性方面培养基本功扎实的行业人才；二是企业培养，能够解决人才的实用性和紧迫性问题；三是通过人才引进，实现交叉性、综合性人才的培养。

政府管理部门应鼓励出版传媒集团设立人才基金，鼓励出版单位加强领军人才和复合型人才队伍建设，着力发现、培养、集聚战略领军人才、企业经理人才、高技能专业技术人才；完善人才流动机制，推进传统出版单位和新兴出版企业的优势互补，优化人才结构；建立健全绩效考核体系，创新项目用人机制，探索出版融合发展条件下吸引人才、留住人才、用好人才的有效途径。

高校方面应推动出版专业学位与出版职业资格紧密衔接，建设一体化的人才培养体系。鼓励高校进行跨学科人才培养，缩小与行业需求差距。利用"互联网+"时代媒介融合发展的大趋势，调动各种有效资源，将行业内信息内容、技术应用、平台终端与高校人才培养机制实现共享融通，为高校培养掌握出版专业技术、熟悉出版市场规律、适合行业发展需要的复合型人才创造条件。

（二）推进高校教育体制创新，实现跨界融合人才培养

产业融合是现代经济在信息技术催生下出版经济发展的新趋势。出版教育

顺应行业发展趋势，应充分吸收政治学、经济学、传播学、法学等学科理论的精华，通过实践与理论的良性互动，政界、业界、学界的协力推动，建立具有行业特色的应用学科，实现跨界融合人才的培养。进行高校教育体制创新，改革出版专业课程设置，根据出版行业改革发展及时修订课程名称及教学内容；在原有成熟稳定的课程内容基础上，与时俱进增补新的知识点，做到传承创新。在进行跨学科专业人才培养的同时，逐步建立从本科生到硕士生再到博士生的三级人才培养体系，以实现跨学科人才培养的连续性和稳定性。

在教学方式上，一是改变传统教学中学生被动学习的局面，建立以"翻转课堂""面对面教学""线上教学"为主的混合式学习方式，充分调动学生学习的积极性和主动性，充分发挥互联网技术在教学中的积极作用。二是注重学校教育与学生入职培训、创业实践、见习实习的衔接转换机制，建立学校与行业单位、产业市场共同协作的一体化平台，努力为行业培养出创新型、组合型、特色型的高级优秀人才。

出版教材是高校开展专业建设的物质基础，高校应结合相关学校的资源优势和教育积累，学习借鉴相关学科的教学理念和教育成果，组织高水平的出版专家、学者修订本学科教材，进一步明确出版专业作为"应用学科"的学科属性。在设置市场营销、编辑策划等课程时加大以案例分析为主、理论学习为辅的教学方式，以体现时代发展的特点、符合出版学科内在逻辑和规律为出发点，努力体现科学性、实用性和前沿性，为人才培养提供科学准确的技术保障。

在专业课程设置上，出版专业学科应根据行业改革发展和学科发展的需要，及时修订课程名称及教学内容，最大程度上缩小出版学界与业界发展不匹配的现状。在保留成熟、稳定课程的基础上，积极调研论证，设置新课程，满足行业发展对各类人才的需求。此外，在课程设置上注意课程的上下贯通，做到专科、本科和研究生教育上的衔接，力求专科生的教学侧重于操作性和基础知识的认知；本科生的教学侧重于知识的普及，做到对出版知识的地域性与实用性的掌握；研究生的教学则侧重研究和学生思维方面的培养。

在开展理论教学的同时，应注重学生对传统文化的学习和熏陶，培养学生的文化价值观与职业追求，让学生在高校就能够树立起"把关人"意识，引导学生自觉致力于文化精品的打造；培养学生重视阅读，喜爱研究的习惯；培养学生的文化自信和追求卓越的理念。出版的文化特点决定了出版类专业人才不仅应具备文字功底、审美素养，更应注重对其人文情怀、知识结构的培养，构建起以文化知识为基础、以编辑技术为能力、以专业素养为特长的人才培养模式。

出版人才的培养离不开既有深厚的编辑出版基础知识又有精湛的数字技术技能的复合型、高素质的师资队伍。高校应通过"引进来"与"走出去"的策略不断提高和壮大出版专业教师队伍的素质。从国内外、行业内外、其他高校聘请技术应用型人才、经营管理型人才、出版业知名专家学者为兼职教师，将他们在经营管理、市场营销、网络技术等方面的经验引入到高校中，培养学生成为既懂市场又掌握现代信息技术的出版人才。同时，提高高校出版类教师队伍素质，壮大教师队伍力量。高校教师自身应树立终身教育的理念，不断更新自身知识结构，学习掌握通信、经济、法律等学科知识。高校也应为教师创造在职进修、企业实践、交流学习及"走出去"的机会和条件，不断挖掘和提高现有师资的潜力和"附加值"，为培养和造就合格的出版专业人才做好必要的知识储备。

（三）推动新型企业智库建设，深化体制机制改革

2015年1月，中央办公厅、国务院办公厅印发了《关于加强中国特色新型智库建设的意见》，《意见》中明确提出："以推进国家智库建设作为战略安排，支持国有及国有控股企业兴办产学研用紧密结合的新型智库，重点面向行业产业，围绕国有企业改革、产业结构调整、产业发展规划、产业技术方向、产业政策制定、重大工程项目等开展决策咨询研究。"当前，面临从新闻出版大国向新闻出版强国过渡的关键时期，出版企业破解改革发展稳定难题和应对转型升级的困难迫在眉睫，急切需要健全出版行业的决策支撑体系，大力加强智库建设，以科学咨询支撑科学决策，以科学决策引领科学发展。

出版企业在体制、机制、模式、观念等方面需要突破和重塑，应在企业的人才培养引进、新技术运用、社会服务功能的定位等方面进行改革创新。在把握企业自身特色和行业特征的基础上进一步加强与科研机构、高校的合作，在推进产学研一体化发展的过程中建立由科研教育等机构专家与知名企业家组成的专家顾问团，负责企业经营层面上的高端咨询与服务，包括宏观经济预测、政府政策匹配、产业链发展趋势把握、企业关键战略制定等。同时，结合出版业高知识性、高增值性、低能耗低污染等产业特征，进一步推动出版业与商

贸、信息、旅游等产业的交互融合。

在出版企业，应大力推动企业的人事管理制度改革，建立以"服务+管理"的人力资源管理制度，在传统媒体与新媒体融合的背景下重新设计人员评价考核体系，根据不同的岗位性质和岗位需求制定标准，在考核内容、考核标准、考核方式上注重与数字化、新媒体相结合，以解决考核内容与实际工作需要脱节的问题。建立多样化的员工培训制度，制定以数字化、新媒体为主题内容的系列学习培训计划，创造学习数字变革先进经验的条件，营造争先学习新媒体的企业氛围。此外，培养员工的责任感和进取心，在数字变革、媒体转型的大潮中，作为时代风向标的引领者要敢于挑战，积极实现自身的"转型"，为打造具有中国特色、中国气派的新闻出版企业创造条件。

（四）创新教育理念，推进在线教育与出版教育深度融合

随着教育技术的发展，许多教育教学的新方式、新方法相继涌现。一是以大规模开放在线课程为代表的网络已经遍地开花，国内知名大学也都纷纷推出了自己的网络公开课；二是各种网络教育平台层出不穷；三是各类在线教育产品推陈出新迎合教育市场。出版作为意识形态属性强、文化内涵丰富、实践应用特点鲜明的行业，应紧跟时代发展与时俱进更新教育理念。

相关主管部门应鼓励高校开展多种形式教学，并对互联网时代高校开展的在线学习、平台建设、教学应用、学分认定等新情况、新趋势作出进一步的指示、规定，为高校教学模式的创新和教学质量的提高提供依据和保障。

高校相关出版专业教育应根据行业自身传统和岗位特征，建立以"学生为主"的个性化教学方式，从学习目标的确立到学习方法的选择，从学习计划的制定到学习内容的选取，都要充分考虑到不同学生的差异性。基于互联网时代以"个性化学习、终身学习、按需学习、碎片化学习"为主导的学习方式，高校应建立数字化资源学习平台，创建多种形式的自主学习环境。高校与行业单位、科研院所进行产学研合作，为学生提供更有实效的创业实践、实操训练，通过借力发展方式，推动高校人才培养模式的内涵式发展。

（递　薇　中国新闻出版研究院）

第七节 2015年出版科研热点综述

"新常态"是统领2015年经济工作的主题词,它不仅可以用于描述经济领域,政治及社会领域亦是如此。与此同时,技术变革对出版行业的影响仍在继续。在此背景下,2015年,出版科研除了延续以往的主题外,也出现了新的热点。"互联网+出版"、融合创新、全民阅读立法、出版业"十三五"规划、"一带一路"等成为年度科研热点问题。

一、"互联网+出版"

国内"互联网+"理念的提出,最早可以追溯到2012年11月的移动互联网博览会,易观国际集团董事长于扬首次提出"互联网+"理念。2015年3月李克强总理在政府工作报告中首次提出"互联网+"行动计划。2015年4月,国家新闻出版广电总局联合财政部出台了《关于推动传统出版和新兴出版融合发展的指导意见》,引发了出版业对"互联网+出版"深入探索的热潮。

学界对"互联网+出版"的讨论,一般是从传统出版面临的困境出发,从而提出解决问题的方案。而中国农业大学人文与发展学院陆昱则从新事物所面临的挑战角度,提出了发展"互联网+出版"的所面临的问题,观点虽然不算新颖,但是梳理较为系统,涵盖了目前大部分学者的观点:第一,消费者习惯了免费午餐之后,往往抵触有偿阅读和有偿下载;第二,现行严格冗杂的审批程序往往耽误互联网出版机构抢占市场宝贵的时间;第三,读者对纸质出版物的习惯依赖加重了互联网出版作品的推广难度;第四,出版机构不能在内容上尽快适应;第五,互联网版权侵犯行为从根本上制约了我国互联网出版业的健康发展;第六,具有敏锐的政治敏感性、过硬的互联网技术和扎实的出版业从业经验的复合型人才比较缺乏,不能适应互联网出版业对人才的需求;第七,互联网出版物出现的"阅读器江湖混战"局面造成行业标准的混乱，浪费了研发资源，而且让用户出现选择性头痛，常常由于阅读器下载或使用不便放弃钟爱的阅读内容。①

就"互联网+出版"的发展对策而言，福建人民出版社李建周提出："互联网+"时代，出版编辑要以读者为中心。出版编辑在研发数字出版产品时必须以读者的体验至上为指导原则，专注于读者的需求，跟随读者的脚步，在全渠道、全媒体为读者提供好的体验。用户体验的打造，要贯穿数字出版产品的整个生产过程，特别是在用户使用数字出版产品的各个环节，都要自始至终地考虑用户的感受，以"用户体验至上"为指导原则。出版编辑在数字产品研发过程中应以市场需求为导向，产品上线后还需要收集用读者反馈信息来进行产品的升级或改版。②

中国人民大学匡文波、童文杰提出："互联网+"是出版行业的互联网化创新，首要解决的问题是行业发展理念的创新，理念创新才能带动商业模式和价值观的创新，出版产业必须适应时代特性，用互联网思维指导出版产业的服务理念，实现内容、渠道、平台、经营模式与管理等方面全面创新，实现出版产业组织结构、传播体系和管理机制的一体化。理念创新主要包括用户思维、产品思维、数据思维、整合思维、草根思维等。"互联网+出版"能够成功，关键在于能否找到合适的赢利模式。③

山东大学谢誉元、冯炜提出：互联网已全面渗透到产业链初始的作品创作者→出版商（传统/数字）→内容集成商→通信运营商→电子阅读器生产商的各环节，对于出版来说，其不再是单纯的技术工具，而是变革发展模式和推进全面升级转型的结构性力量。"互联网+"战略依仗的大数据、物联网、云计算促进整个出版产业链转型升级，为出版业现阶段融合发展注入新的活力，为出版业重新起航注入一针强心剂，出版业要利用优质内容资源和政策优势，不断延伸产业链，进行跨地区、跨媒介、跨行业多元经营，利用全媒体开展多渠道营销。④

---

① 陆昱. 互联网+出版：挑战、对策与前景［J］. 陕西行政学院学报，2015（11）.
② 李建周. "互联网+"时代出版编辑能力素养［J］. 传播与版权，2015（11）.
③ 匡文波，童文杰. 论"互联网+出版"的发展策略［J］. 出版发行研究，2015（6）.
④ 谢誉元，冯炜. "互联网+"对出版行业发展的影响及对策［J］. 编辑之友，2015（10）.

中国农业大学人文与发展学院陆昱提出了理顺互联网管理体制、制定互联网出版业统一的行业标准、推进互联网出版业技术创新、加大对互联网出版业的扶持力度、采取更加有力的版权保护措施、重视互联网出版立法工作、加强互联网出版人才培养等建议。①

二、媒体融合

2014年被称为我国的"媒体融合元年","互联网+出版"的提出,进一步推动了业界对媒体融合的探索。媒体融合的理念可以说是全媒体出版概念的提升和延伸。媒体融合与"互联网+出版",既有区别也有联系:从本质上来讲,媒体融合与"互联网+出版"都是在新技术给出版带来的机遇和挑战;从形式上来讲,媒体融合要实现一个内容多种创意、一个创意多次开发、一次开发多种产品、一种产品多个形态、一次销售多条渠道、一次投入多次产出、一次产出多次增值的"七个一"裂变式发展,而"互联网+出版"则是运用互联网技术与平台,把互联网与传统出版相结合,实现出版产业的信息化、数据化、在线化,由此带来传统行业的换代升级。

北京师范大学新闻传播学院秦艳华提出:要推动传统媒体与新兴媒体融合发展,在现实情况下需要解决的问题有很多,其中有的问题颇为关键,譬如内容与技术的关系问题、国家政策支持条件下的企业内生动力问题、新旧媒体"一体化发展"与体制机制创新问题等。这些问题直接关系到媒体融合能否朝着正确的方向发展,甚至关系到媒体融合的成败。正确看待和处理这些关键问题,需要注意的问题有:尊重传统媒体和新兴媒体的差异,形成内容生产和技术利用的互动,实现内容质量与技术水平的共同提高等。作者同时提出了关于内生动力问题和一体化发展的问题。②

人民卫生出版社的郝阳提出:在数字化出版转型过程中,要做好大众健康科普出版,要正确认识并利用好产品与平台、传统与数字、免费与收费的关

---

① 陆昱. 互联网+出版:挑战、对策与前景 [J]. 陕西行政学院学报,2015 (11).
② 秦艳华,路英勇. 媒体融合发展的几个关键问题 [J]. 中国出版,2015 (7).

系,做到互相融合、有效结合。在"互联网+"与"出版+"的时代,秉持的是"产品+"与"平台+"的思维。坚持"传统+"或"数字+"的思路,只要彼此应用得当、适度融合,二者都将成为出版社赢得市场的重要法宝。应该以免费服务作为无形资产,培育品牌与效应,以收费服务作为发展的源泉,不断丰富内容与服务功能。收费与免费,都是在实施数字化战略中不同阶段、不同产品、不同目标的收益实现手段,收费与免费、社会效益与经济效益,将在这一进程中不断转换、相互促进。①

中央财经大学出版经济发展研究中心莫林虎提出:我国传统出版和新兴出版融合中的几个问题——融合理念不清、融合成效有限、未来发展方向有待明晰。针对这些问题,作者提出:需要在总结经验的基础上提高资金的使用效率,提高财政支持手段的使用效率,设立新兴产业投资引导基金,学习与参考邻国的有效经验、财政支持手段与其他支持手段的相互配合等对策建议。②

三、出版业"十三五"规划

2015年是"十二五"规划的收官年,也是"十三五"规划制定的关键年。2015年10月召开的党的十八届五中全会审议通过了《中共中央关于制定国民经济和社会发展第十三个五年规划的建议》,为中国经济社会未来的发展指明了方向,也引发了关于出版业"十三五"规划的讨论。

中南出版传媒集团龚曙光对出版业"十三五"规划,从宏观形势判断和目标任务两个方面对进行了研究:从宏观形势看,"十三五"时期新闻出版业有基础、有机遇、有变局,将是传统新闻出版的盛衰分水岭。"十三五"时期新闻出版业发展所处的阶段,总体上依然是转型升级阶段、融合发展阶段、深度调整阶段。"十三五"时期新闻出版业面临的挑战主要包括:数字技术彻底改变了人类生活方式,导致以青少年为受众主体的阅读方式发生革命性变化,接下来的五年这种改变将更加彻底和更加整体;BAT类的大平台和三大移动运营

---

① 郝阳.浅谈大众健康科普出版数字化转型中的"融合观"[J].中国出版,2015(9).
② 莫林虎.善用财政支持手段促进出版融合发展[J].中国出版,2015(10).

平台对传统出版业的挤压将更加强烈；传统出版业在新技术运用、融合发展、并购重组、走出去等方面的探索尚未形成成功模式，高层次复合性出版人才依然缺乏。"十三五"时期的总体目标是"一个主旨、五个更加"。"一个主旨"即致力建设文化强国、出版强国；"五个更加"指到"十三五"末，新闻出版阵地更加巩固，新闻出版创造活力更加旺盛，满足人民群众精神文化需求的新闻出版产品更加丰富，新闻出版促进经济发展的作用更加凸显，弘扬中华文化的成效更加显著。[1]

国家新闻出版广电总局数字出版司冯宏声将新闻出版业的科技体系建设分解为"四大体系、七项任务"，期待形成面向行业的"三大支撑"，建设为行业提供技术服务的"六大机构"。"四大体系"建设包括：科技人力资源体系建设、基础科技环境体系建设、前沿技术跟踪研发体系建设、科技应用体系建设。"七项任务"可以分解为：行业科技支撑状况跟踪与发展趋势研究，科技需求调研与提炼，科技发展规划，科技发展适配政策与适配法律法规的研究，行业科技服务机构建设，科技工程项目设计、策划与实施，科技成果管理与推广。科技应用体系建设应形成的"三个支撑"是：生产支撑，即生产营销的工具支撑体系；服务支撑，即知识资源管理与服务技术支撑体系；数据支撑，及数据管理与增值服务技术支撑体系。从完整的行业科技体系建设的顶层设计出发，可以考虑六个行业科技服务机构的建设：新闻出版云中心、新闻出版科技研发孵化中心、新闻出版科技人力资源中心、生产技术服务中心、知识资源服务中心、行业数据服务中心等。[2]

中国传媒大学蔡翔、刘大年总结了新闻出版体制改革以来，大学出版社在"十二五"期间所取得的成绩：市场主体地位初步确立；保持了较高的经济总量与品种数量；数字出版渐入佳境；"走出去"步伐不断加快。在此基础上，对"十三五"期间大学出版社的发展进行了展望：大学出版社应根植大学，增强服务教学科研的能力；积极探索"后改制时代"的体制改革路径；进一步推动产业升级与结构转型；从自身实际出发，探索特色化发展之路。[3]

吴江文提出：传统出版数字化转型已经临近尾声，媒体融合将是强势动

---

[1] 龚曙光.关于新闻出版业十三五规划的思考[J].出版发行研究，2015（10）.
[2] 冯宏声.关于"十三五"新闻出版业科技体系建设的思考[J].科技与出版，2015（6）.
[3] 蔡翔，刘大年.学术理想与市场理念[J].科技与出版，2015（6）.

力,以此推动产业融合、技术创新、市场重构。这要求我国数字出版产业"十三五"发展规划必须在尊重这一现实的基础上,实现顶层设计和基层方案的有效契合。在顶层设计方面要注重对地方数字出版产业发展的整合,放大地方数字出版产业发展的优势,实现产业整体的系统高效发展。地方数字出版产业发展规划必须尊重产业发展的规律,认清当前数字出版产业发展形势,在合理定位的基础上兼顾发挥内容对数字技术的引导作用,在体制机制的创新、人才队伍的建设培育方面做好文章。①

四、全民阅读

继2014年倡导全民阅读写入政府工作报告以后,2015年"全民阅读"再次写入政府工作报告,李克强总理在政府工作报告中提出"倡导全民阅读,建设书香社会"。2015年10月,党的十八届五中全会审议通过的《关于制定国民经济和社会发展第十三个五年规划的建议》再一次提出"倡导全民阅读"。

早在2013年,就有学者提出了阅读立法的问题,如席锋宇发表了《通过立法提升全民阅读重要性》(《法制日报》2013年8月20日),中央财经大学张世兰发表了《要为儿童阅读立法》(《出版发行研究》2013年6月)。2015年,全民阅读中最大的亮点是《全民阅读促进条例》起草完成。以此为契机,出版科研界对全民阅读的探讨,达到了新的高度,从法律层面思索阅读活动。

江苏省新闻出版广电局徐同亮介绍了国外阅读领域相关立法,为我国阅读领域立法提供了参考。作者主要介绍了俄罗斯《国家支持与发展阅读纲要》、韩国《读书文化振兴法》、美国《阅读卓越法》、日本《关于推进儿童读书运动的法律》、加拿大《国家图书档案馆法》、丹麦《图书馆服务法》、英国《法定缴存图书馆法》、法国《雅克朗法》等八部关于阅读的法律,并在此基础上提出了这些法律对我国阅读立法的启示:立法推动全民阅读事业有序发展,立

---

① 吴文江.融合·创新·重构[J].科技与出版,2015(9).

法确定促进全民阅读的关键性条款,注重阅读立法顺应形势发展,走符合国情的阅读立法之路。①徐同亮从国家、地方政府、行业系统、社会力量四个层面,综述我国全民阅读活动的发展历程,在国际比较中分析现阶段我国深化全民阅读活动面临的问题,进而从实施全民阅读国家战略、健全全民阅读工作体制、完善公共阅读服务体系、构建全民阅读引导机制四个方面提出建议。②

2015年,关于全民阅读的研究文章还有《全民阅读工程亟需"独立书评人"》(朱莉、胡永强,《图书情报工作》2015,5)、《我国公共图书馆全民阅读服务模式观察》(张红军,《出版广角》2015,15)、《全民阅读视域下中老年阅读及其推广探析》(朱捷英,《图书馆工作与研究》,2015,12)、《论公共图书馆在全民阅读中服务空间的拓展》(聂晶,《兰台世界》,2015,12)等。

五、社会效益考评

2015年3月,习近平总书记在博鳌亚洲论坛2015年年会开幕式上做主旨演讲时指出,中国经济正在"从规模速度型粗放增长转向质量效率型集约增长"。2015年9月中共中央办公厅、国务院办公厅印发的《关于推动国有文化企业把社会效益放在首位、实现社会效益和经济效益相统一的指导意见》,明确提出社会效益指标考核权重应占50%以上。为提高出版物质量,2015年初国家新闻出版广电总局发布了《关于开展2015年出版物质量提升年活动的通知》,并开展了多次出版物质量检查。

2015年,出版科研对社会效益关注的重点在于建立社会效益考核评价体系。中国新闻出版研究院魏玉山提出:出版企业社会效益考核评估需要全面、科学、可行。一是出版单位及出版物都有社会效益与经济效益两个方面,两个效益虽然有联系,但是不能相互代替。对两个效益可以分别考核,但是不能只考核其中一个。两个效益的考核也不能一个软一个硬、一个虚一个实。出版单位社会效益的考核应当主要从做好宣传思想工作、传承与传播文化知识的角度

---

① 徐同亮. 国外阅读领域立法分类探究 [J]. 出版发行研究, 2015 (11).
② 徐同亮. 我国全民阅读活动发展现状及改进路径探析 [J]. 出版发行研究, 2015 (4).

来把握，其出版物的内容、品种、数量、质量、结构等是社会效益的主要体现。二是社会效益反映的是一个出版单位服务社会思想文化建设的综合能力，需要通过多种类型的指标才能全面评估。只有少数类型的指标不能全面反映社会效益的整体情况，但是把涉及社会效益的所有指标都纳入考核的范围也是不切实际的。三是指标的设计既要防止简单化，又要避免复杂化。各项指标的数据应可以采集或便于采集。四是出版单位社会效益评估需要社会化、常态化。①

魏玉山在《关于开展出版单位社会效益考核评估的思考》中同时提出了出版单位社会效益评价体系的具体指标：面对出版单位重视经济效益忽视社会效益现象的抬头，加强对出版单位社会效益的引导与考核势在必行。作者在总结业界对社会效益考核存在的认识误区的基础上，提出了出版单位社会效益评估的具体指标：第一级指标2个：正效益指标、负效益指标。第二级指标8个：正效益指标5个，即核心价值观（或舆论导向）指标、学术性（或文化性）指标、市场性指标、国际性指标、单位社会形象指标；负效益指标3个，即负面形象指标、法规指标、标准指标。第三级指标15个：其中，核心价值观（或舆论导向）指标2个，即基数指标和奖励指标。基数指标是指一个考核单位年度出版物比较平稳，其内容既没有受到管理机构、媒体的批评，也没有得到表扬。奖励指标则是其图书内容受到管理机构、媒体的好评。学术性（或文化性）指标2个，即获奖数量与获得基金资助数量；市场性指标2个，即出版物平均印数与畅销数量；国际性指标3个，即版权输出品种、出版物出口册数、海外投资金额；社会形象指标3个，即出版物编校质量、社会捐赠金额、社会公益活动；负面形象指标1个，主要是考核单位或其出版物受到管理部门、大众媒体点名批评的次数；法规指标1个，主要是考核对象年度违反著作权法、出版规章及其他法规的次数，包括出版物的违法违规与出版单位的违法违规；标准指标1个，主要指考核单位的出版物执行国家、行业标准情况。②

武汉大学信息管理学院方卿、许洁从价值角度阐述了出版社会效益的重要性，作者在文章中从行业、企业和从业者三个层面论述出版的价值引导功能如何实现，对出版行业如何发挥意识形态引领功能、出版企业如何以社会效益为

---

① 魏玉山.把社会效益放在首位需要建立考核评估体系[J].出版发行研究，2015（9）.
② 魏玉山.关于开展出版单位社会效益考核评估的思考[J].现代出版，2015（3）.

重实现社会效益和经济效益双丰收、出版从业者如何更好地履行把关人职责提出具体建议。①

童兵提出以《指导意见》提出的对国有文化企业及其文化产品的要求为目标和动力，积极推进国有文化企业的体制机制改革，就新闻传媒产业而言，当前要下决心在下面三个方面力争有所突破：其一，在传媒管理制度上有所突破，把加强党的领导与完善公司治理统一起来；其二，在传媒运作机制上有所突破，在坚持传媒事业与企业分开、采编与经营分开、采编播人员与经营人员不混岗的前提下，确保不同岗位的不同人员职责明确、分配合理；其三，在国有传媒资产监管运营上有所突破，充分发挥文化经济政策的引导、激励和保障作用。②

六、出版企业资本运营

2015年世纪天鸿、蓝狮子、童石网络等多家民营图书策划公司及网络出版公司先后在全国中小企业股份交易系统挂牌，标志着其已经成为了规范运营的公众公司，并且为其日后的资本运营奠定了坚实的基础。国有出版企业中信出版集团登陆新三板，拟引入阅文集团作为战略投资方，表明其希望引进新媒体战略投资者，全面转型为传播创意内容的互联网公司的愿望。2015年，出版类上市公司的数量从11家增加到了14家，中文在线、青岛城市传媒、读者传媒先后实现上市目标，并受到资本市场追捧。出版类上市公司的阵容进一步扩大，引发了业界对出版企业上市和企业资本运营的新一轮讨论。

李洁、王文姬对中南出版传媒集团资本运营的方式和效果进行分析，指出其资本运营的方式有：IPO实现与资本市场对接；并购、合作经营实现跨越式发展、多元化发展创造业绩新增长。资本运营的主要效果是扩大了品牌效应，深化了社会影响力；公司治理结构继续优化，各项经济指标屡创新高；完善了新媒体布局，拓展了市场。中南传媒以资本运作为杠杆，以资源整合为基础，

---

① 方卿，许洁．论出版的价值引导功能［J］．出版科学，2015（4）．
② 童兵．中国新闻传媒改革的重大课题［J］．当代传播，2015（6）．

其"跨区域、跨行业"的合作经营和并购初具成效。以此为基础,作者建议出版企业在进行资本运营时,要提前布局,找准定位,抓住合适的资本运营时机;资本运营应当服从公司战略布局,有的放矢;加强创新,合理控制风险。①

北京印刷学院杨荣提出,在资本运营策略选择中,出版上市公司应抓住出版产业的发展趋势,以构建企业核心竞争力为原则,进行周密的评估,大胆而又谨慎地布局,并对具体的运营策略进行不断地调整,从而更好地实现建立可参与同际竞争的大出版集团的战略。实现这一战略具体的策略有:在转型式策略中,拥有数字出版潜在优势的出版上市公司应积极布局数字出版;在产业链延伸策略中,文化地产、基于原有发行网络升级的物流配送和图书电子商务方面的运营将是未来的主要方向;在转型式策略方面,可行的选择是广告业务和影视制作业务,完全的多元化运营则慎之又慎。②

孙海燕、林睿首先指出了出版企业金融资本管理的特征与困境。出版企业的金融资本更容易受到非经济性因素的影响,比如文化政策的调整和社会流行风尚的变化,这些都有可能成为企业资本管理中不可忽视的重要因素。此外,出版企业要进行资本管理,不可避免会受到非国有资本和境外资本的渗入,这在客观上给出版企业的金融资本管理增加了难度。针对现阶段我国出版企业金融资本管理存在的主要问题,作者提出了建议对策:一是构建科学系统的资本管理体系,二是建立高素质、高能力的金融资本管理队伍,三是加快完善信息化系统的建设。③

七、"一带一路"与出版走出去

国家"一带一路"战略实施以来,我国的高铁、核电、铁路基建企业在走出去方面取得了不少新成果,这为出版企业走出去提供了很好的借鉴。2015年国家对出版走出去的扶持力度进一步加大,"丝路书香工程"正式

---

① 李洁,王文姬. 传媒企业如何与资本共舞[J]. 出版广角,2015(11).
② 杨荣. 试论出版上市公司资本运营策略的选择[J]. 北京印刷学院学报,2015(2).
③ 孙海燕,林睿. 我国出版企业金融资本管理现状与对策[J]. 出版广角,2015(8).

实施,出版传媒企业服务国家"一带一路"战略和整体外交战略,通过各种方式、各种途径,通过市场化与本土化运营模式促进了中国价值的海外传播。

北京语言大学出版社王壮系统介绍了北京语言大学出版社根据"一带一路"制定的"双品牌"战略:北语社依托以对外汉语教育为主要方向和特色的北京语言大学建立,具有丰富的汉语教学及出版资源,是中国乃至全球唯一一家汉语教学与研究的专业出版社,以出版汉语教材及文化产品为主要特色。北语社"一带一路"立体化品牌产品建设战略:让出版社产品迅速进入目标国家的源动力是满足市场需求。因此,北语社立足打造原有产品品牌,快速推出适应目标国家语言和文化特点的产品群;针对重点目标国家,研发新的产品,打造针对不同国家的多语种本土化新品牌汉语教学产品。北语社"一带一路"立体化品牌渠道建设战略:随着国家新闻出版"走出去"战略的提出,北语社根据产品特色,制定了海外拓展战略,通过版权输出、广布实体经销网点、与经销商合作、以"互联网+"的形式营销推广、提供线上教学服务资源和个性化教学解决方案、设立国外分支机构、面向教师的教学培训和产品推广等形式,建立起现代化、国际化、专业化的营销推广模式。[1]

徐幼军指出,充分利用国际书展平台,特别是对"一带一路"沿线国家的国际书展予以充分关注,关注这些国际书展的地域特性、文化特性和语言特性,配合我国"一带一路"建设,积极参与文化传播和图书版权贸易,已成为我国出版业走出去发展的一大热点。[2]

湖南大众传媒学院姚宝权提出,"一带一路"的倡议与实践,不仅为中国出版走出去提供了宏观层面的战略视野,同时也提供了突破现有发展瓶颈的创新路径。中国出版企业应加速资源整合,依托"一带一路"大范围、长时间的经济合作特点,通过长远规划与短期赢利相结合的方式,助推走出去效果的提升。在"一带一路"的战略布局与实践下,出版走出去具有较好的政策和市场优势。文章在分析走出去存在的问题与优势的基础上认为:面对"一带一路"区域内各国之间经济、文化发展不平衡以及该区域内许多国家政治不稳定、各

---

[1] 王壮."双品牌"出版战略与"一带一路"国际汉语推广[J].出版参考,2015(8).
[2] 徐幼军.我国与"一带一路"沿线国家图书出版合作项目的三大特色[J].全国新书目,2015(5).

类风险相对较高的现实,出版"走出去"应该在宏观、中观与微观上作出恰当的路径选择。宏观层面,长远规划赢得市场;中观层面,采取现代化出版集团的运营方式;微观层面,出版物走出去的形式、内容要创新。[①]

(于秀丽 中国新闻出版研究院)

[①] 姚宝权. "一带一路"视域下出版走出去的问题、优势与路径选择[J]. 中国出版,2015(9).

第八节 "一带一路"战略背景下出版走出去的情况分析

党的十八大以来,以习近平同志为总书记的党中央根据全球形势深刻变化,统筹国内国际两个大局,提出了以政策沟通、设施联通、贸易畅通、资金融通、民心相通为主要内容的"一带一路"战略构想,作出了推进"一带一路"建设的重大战略决策。国之交在于民相亲,民相亲在于心相通。习近平总书记特别强调民心相通是"一带一路"建设的重要内容,也是"一带一路"建设的人文基础。真正要建成"一带一路",必须在沿线国家民众中形成一个相互欣赏、相互理解、相互尊重的人文格局。党和国家关于建设"一带一路"的战略构想和对人文交流的高度重视,为我国出版向沿线国家走出去提供了重要契机和强大动力,同时也对新时期的出版走出去工作提出了新的挑战。

一、出版走向沿线国家的必要性

(一)出版走出去的产业国际布局重新划定

丝绸之路是各国人文交流的舞台,也是多样文明交融交锋的平台。传承历史文化,通过出版走出去,能够潜移默化地传播和塑造国家良好形象,增加中华文化的认同感和亲和力,增进中国与"一带一路"沿线国家的理解和信任,夯实"一带一路"建设的人文基础和社会基础。向沿线国家提供内容丰富的出版产品和服务,既是出版企业抓住历史新机遇的必由之路,也是应有的社会担当。为贯彻落实"一带一路"战略构想,国家新闻出版广电总局于2014年底启动、2015年全面实施了"丝路书香工程",面向"一带一路"沿线64个国家,对出版企业走出去提供扶持。在历史机遇、社会责任和重点工程的驱动和引领下，出版走出去的市场逐步从欧美等传统版权输出市场向"一带一路"国家拓展，出版走出去的产业国际布局已经发生了战略性改变。

(二) 版权输出区域和语种结构不断优化

当前，我国的版权输出对象国主要以英语国家为主，翻译成阿拉伯语、西语等语种的出版物数量相对较少。"一带一路"沿线64个国家中，有22个阿拉伯国家，约3.89亿人使用阿拉伯语。据统计，近十年我国出版的阿拉伯文图书仅不到三百种，中国图书的覆盖范围还有很大的提升空间。在"一带一路"的合作过程中，沿线国家了解认知我国的愿望十分强烈，针对这种需求深挖对沿线国家的输出潜力，必将拓宽我国版权输出的区域范围。

"一带一路"沿线64个国家共有官方语言55种，通用语言57种。随着国家"一带一路"战略的推进，越来越多的出版企业加大了对沿线国家小语种项目的开发。如北京语言大学出版社2015年出版了针对东欧、东南亚、南亚部分区域的小语种图书41种，其中，希伯来语、土耳其语、罗马尼亚语、捷克语、印地语、乌兹别克语、泰米尔语、匈牙利语均已构成套系产品，填补了原有市场的空白。可以想见，我国对沿线国家版权输出的增多，必将带动图书的小语种翻译出版，实现图书的多语种对外推广。

(三) 出版企业走出去的针对性更加明确

当前，我国的版权制度与国际逐步接轨，出版企业在跨区域出版、并购重组、海外拓展等领域逐步试水，保持了良好发展势头。但同时，我们在国际业界还比较年轻，在资本、渠道、人才、人脉、国际视野、国际经验等方面储备不够。[1]"一带一路"战略在文化领域的实施，标志着我国出版企业走出去进入了新一轮国际化经营的阶段，有利于企业充分利用国际市场和国际资源，拓展新空间；有利于企业明确主攻方向、确定重点国家和地区，发挥比较优势；有利于企业推进更广范围、更深层次、更宽领域的合作，加快实现产业转型升级。"一带一路"战略为我国出版企业与沿线国家企业间的合作创造了难得的

---

[1] 刘亚. 七大亮点接轨国际促升级 [N]. 中国出版传媒商报，2016 – 06 – 14.

战略机遇，出版企业要紧紧抓住这一机遇，积极调整和完善企业的对外战略布局，在政府的引导下充分发挥走出去的主体作用，加强走出去的针对性和有效性。

二、2015年出版走向沿线国家的基本情况

（一）版权输出稳步增长，语种结构相对集中

在输出内容方面，解读中国梦、传播当代中国核心价值观、发出中国声音、讲述中国故事的主题图书、文学图书、少儿图书、历史类图书、对外汉语教材等类型占据了重要位置。明斯克国际书展上设立中国主题图书展区，俄文版《习近平谈治国理政》《当代中国系列丛书》《中国创造系列》《中国文化系列》等图书受到读者青睐；第28届莫斯科国际书展重点展示了俄文版反映中国道路的主题图书；第60届贝尔格莱德国际书展上，英、法、德、俄、阿拉伯文版的《习近平谈治国理政》尤其引人关注。

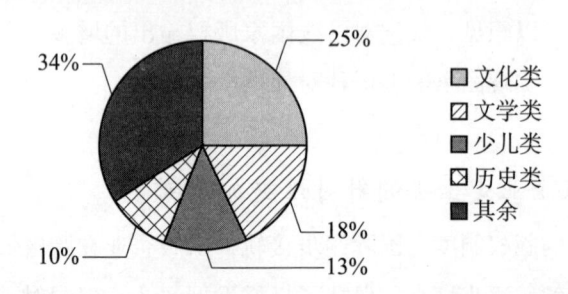

图1　2015年"丝路书香工程"翻译资助入选项目内容类别分析

在输出语种方面，沿线国家共有官方语言55种，通用语言57种，除使用较多的英语、俄语和阿拉伯语外，相当一部分语言仅覆盖零星国家。由于这些语种受众小、翻译难度较大、翻译成本高昂，如果没有政府资助，国内出版企业一般不会涉足，从而造成国内对"一带一路"国家的输出语种过于集中的现象。如下图所示，2015年"丝路书香工程"翻译资助入选项目共涉及语种29个，输出语种排名前五位的分别是阿拉伯语、英语、俄语、越南语、土耳其语，其项目总和占比高达62%。

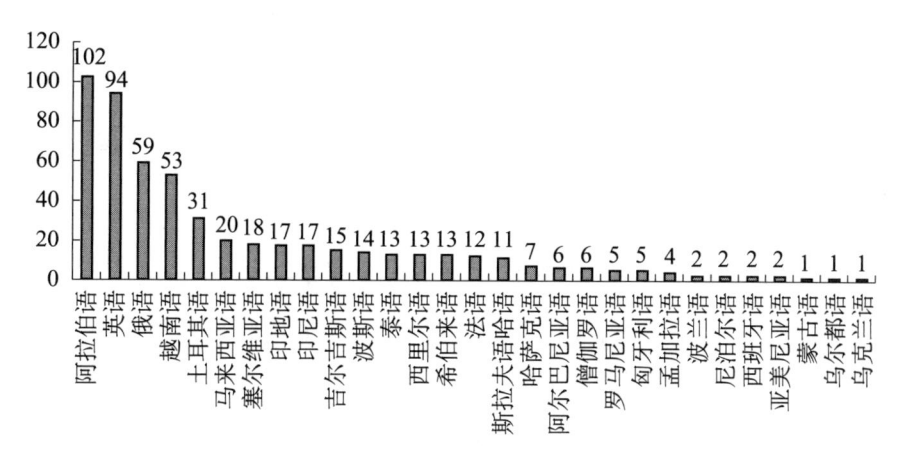

图2　2015年"丝路书香工程"翻译资助项目语种分析

（二）重点工程扎实推进，政府推动效果显著

2015年，为贯彻落实"一带一路"战略构想，国家新闻出版广电总局全面启动了"丝路书香工程"。这是新闻出版业唯一进入国家"一带一路"战略的重大项目，是继经典中国国际出版工程、中国图书对外推广计划等之后又一个走出去重点工程。该工程规划设计到2020年，面向中亚、东南亚、南亚、中东欧、独联体以及西亚、北非地区64个沿线国家，具体包括重点翻译资助项目、丝路国家图书互译项目、汉语教材推广项目、境外参展项目、出版物数据库推广项目、北京国际图书博览会"一带一路"沿线国家参展计划、国际营销渠道项目、出版本土化项目、人才培养项目等重点项目，从内容生产、翻译出版、发行推广、资本运营、平台建设、人才培养等方面，对出版企业向沿线国家走出去提供全流程、全领域的扶持。2015年，"丝路书香"重点翻译资助项目共资助546种图书，资助金额达到6 400万，对加快中国精品图书在沿线国家的出版发行起到了极大的推动作用。

在实施重点工程的同时，我国与沿线国家的互译项目也顺利开展且取得了丰硕成果。2015年初，国家新闻出版广电总局与白俄罗斯新闻部签署了《"中白经典图书互译出版项目"备忘录》，双方计划在2015至2020年间，每年至少各自翻译和出版对方国家3至5部优秀文学作品。6月，国家新闻出版广电总局与俄罗斯出版与大众传媒署在圣彼得堡签署了新的备忘录——《"中俄经典和现代作品互译出版项目"合作备忘录》,"中俄互译出版项目"在100种基础上增加一倍,总数达200种。8月,在中阿出版交流座谈会上,国家新闻出版广电总局公布了"中阿典籍互译出版工程"10种互译项目。9月,在第28届莫斯科国际书展上,中俄互译出版项目再结硕果,12种新书发布。

(三)国际国内平台不断丰富,出版交流合作逐步加强

2015年,我国出版企业对"一带一路"国家的国际书展予以充分关注,积极参与文化传播和图书版权贸易。2月,在东欧和独联体地区极具影响的明斯克国际书展上,中国首次并作为主宾国参展,43家出版单位带去了5 017种优秀参展图书;9月,由48家出版单位组成的中国出版代表团携700余种、1 000多册图书亮相第28届莫斯科国际书展;10月,由人民出版社等十几家出版机构组成的中国出版代表团参加第60届贝尔格莱德国际书展,展出图书600余册。此外,在第46届开罗国际书展、第21届卡萨布兰卡国际图书沙龙、第25届阿布扎比国际书展、第35届沙迦国际书展等"一带一路"国家的重点书展上,也活跃着中国出版企业的身影。

除了积极参加国际书展"走出去",政府和出版企业还非常重视在国内打造面向沿线国家的文化出版交流平台。2015年,我国的两项文化和出版盛会——中国(深圳)国际文化产业博览交易会和北京国际图书博览会,均首次设立丝绸之路专馆和"一带一路"特殊出版人展厅,为沿线国家展出本国的图书、书画作品、艺术品提供了良好平台。国际文化产业博览交易会以"一带一路"为主题,举办了丝绸之路文化贸易论坛和数十项配套活动;2015年北京国际图书博览会则以阿联酋为主宾国,从2013年起已连续三届邀请沿线国家担当主宾国。此外,以"一带一路"为主题的行业高端论坛,如国家新闻出版广电总局和宁夏回族自治区政府主办的"2015中国—阿拉伯国家出版合作论坛"、中国出版集团主办的"第二届中外出版翻译恳谈会暨'一带一路'出版论坛"、时代出版主办的"首届'一带一路'出版合作和产业发展论坛"等,也为沿线国家的出版商、学者与我国业内人士的交流合作提供了有利平台。

(四)企业战略谋篇布局,本土化发展逐步推进

随着"一带一路"的推进,出版企业的"走出去"规划纷纷围绕"一带

一路"战略积极谋划。北京语言大学出版社制定了"双品牌"出版战略，进一步为"一带一路"国家提供优质的汉语教学出版资源及汉语教学服务资源；外语教学与研究出版社启动了"丝路国家工程"，以中东欧16国为拓展合作的重要对象，出版"一带一路"国家语言学习产品；时代出版传媒公司启动了"丝路书香"国际合作项目，与30多个沿线国家在出版领域进行合作；中国出版集团和阿拉伯出版协会签署战略合作协议，涵盖22个阿拉伯国家的近900家出版机构，面向阿拉伯语地区展开出版合作；五洲传播出版社将"一带一路"地区作为"十三五"时期走出去工作的重点区域，并计划在未来两三年内出版200到300种中国主题图书。

当前，我国已经涌现出一批在"一带一路"国家积极进行海外布局的出版和发行企业，这些单位围绕出版"走出去"的关键环节，抓住重点出版项目的签约落地，逐步推进本土化发展。2015年，接力出版社和埃及智慧宫文化投资出版公司正式签约，双方合资成立接力出版社埃及分社；北京师范大学出版社与约旦阿克拉姆出版社合资成立约旦分社；安徽少年儿童出版社与黎巴嫩数字未来有限公司合资成立中黎第一家合资文化公司——时代未来有限责任公司；中国人民大学出版社以色列分社也在筹建之中；五洲传播出版社的"中国书架"项目正式入选"丝路书香工程"，将会在"一带一路"国家逐步落地；新知集团印度尼西亚雅加达华文书局开业，这是继柬埔寨金边、老挝万象、马来西亚吉隆坡、缅甸曼德勒、斯里兰卡科伦坡、泰国清迈、尼泊尔加德满都、南非约翰内斯堡之后，开设的第九个国际连锁华文书局。

三、出版走向沿线国家面临的问题

尽管我国对"一带一路"沿线国家出版走出去取得了一定成绩，积累了丰富经验，但还应该认识到当前"走出去"依然存在着一些问题，面临着许多困难。

（一）对"走出去"的外部环境要有充分的认识

一是对"一带一路"沿线国别域情认识不够。"一带一路"沿线途经六十多个国家，中国企业对这些国家的经济发展、政治制度、法律法规、相关社会组织和行业协会的了解不够深入，对当地外商投资企业的法律限制和优惠政策了解程度普遍不高。二是对投资和经营的不确定因素认识不够。"一带一路"几乎经过或辐射了世界上政治形势最为复杂的几个地区，据有关方面统计，从现在起到2020年的五年间"一带一路"沿线国家中有45个国家面临选举，面临政权更迭和政策转变的风险。沿线国家存在6种宗教，国际恐怖主义、宗教极端主义、民族分裂主义在一些国家和地区猖獗。三是对沿线国家不同受众的文化传统、价值取向和阅读心理研究不足。沿线各国风土人情、民族习惯、文化渊源、审美趣味和时尚潮流各不相同，出版企业应在选题内容、语言表达、装帧设计等方面充分考虑各种文化背景下的民俗信仰、消费习惯和接受心理，有针对性地开展适销对路的文化产品和服务，最大限度减少"文化折扣"现象。

（二）对跨文化"走出去"人才短缺要有充分的认识

我国出版企业"走出去"的时间较短，相关的外向型版权贸易、经营管理、图书翻译等人才队伍建设滞后，现有人才资源和人才储备严重不足。特别是"一带一路"地区多样化的法律体系和文化背景，对出版"走出去"人才提出了更高的要求，但实际情况却不容乐观。一方面，具有国际化管理创新和跨文化经营能力的企业管理人才、熟悉当地出版市场和国际出版规则的版权贸易人才，依然是当前出版企业人才培养中的短板。另一方面，由于"一带一路"沿线各国的小语种受重视程度不足、小语种翻译人才培养周期较长，国内高素质、专业化的小语种翻译人才严重匮乏；此外，我国作品在海外的翻译传播主要是依托于海外汉学家的本土化解读，"一带一路"地区熟悉中国文化的汉学家和翻译家为数不多，这极大程度地制约着我国出版向"一带一路"国家走出去的效果。

（三）对沿线国家接受中国文化的程度要有充分的认识

"一带一路"辐射范围涵盖东南亚、南亚、西亚、中亚、北非和欧洲，这些国家的发展程度不同，宗教、民俗、信仰、语言差异较大，对中国文化的认知和接受程度也各有其不同的特性。如，东南亚等深受中华文化影响的地区，对我国有充分的了解，在出版领域与我国已有较好合作；西亚、南亚部分地区受发展水平的限制，对中国文化的认知不全面，对中国的理解还停留在中国改革开放前的历史阶段；南亚、西亚以及中亚大陆内部的一些国家民族语言数量多，使用人口基数大，基本没有翻译出版中国图书，对中国文化知之甚少。[①] 与欧美发达国家相比，"一带一路"国家对中国文化的接受具有自己的特殊性，这就要求出版企业要对沿线国家的目标市场进行细分，加大对沿线国家出版市场前期研究的力度和投入，准确把握不同国家、地区出版市场的特点和需求。

四、对策与建议

我国出版业向"一带一路"沿线国家"走出去"是一项政策性非常强的系统工程。在这一过程中，企业是主体，发挥市场在资源配置中决定性的作用，政府则起着战略引领和服务保障的作用，二者应形成合力，共同推进。

（一）政府层面

1. 加强顶层设计，合理布局引导

在宏观层面要制定具有系统性、长期性和前瞻性的出版业"一带一路"中长期发展战略规划，按照市场导向、政府支持、企业自愿的原则，组织实施企业"走出去"战略。一方面，加强政府对"走出去"企业的支持力度和统筹协调，支持和鼓励企业探索"走出去"的多种发展模式，采取有针对性的措施引导企业结合各自发展特点与资源优势错位发展、良性竞争；另一方面，强化企业的市场主体地位，认真总结和推广"走出去"的成功经验，鼓励并重点扶持一批外向型出版骨干企业。通过政策和项目引导，优化版权输出结构，丰富版权输出品种。

---

① 何明星．"一带一路"国家、地区中国图书翻译出版的现状与应对［J］．出版广角，2015（10下）．

2. 营造良好氛围，强化"走出去"服务

要把企业的对外投资上升到国家间合作的层面，签订投资保护协议，建立行业主管部门交流合作机制，为双边或多边合作营造良好的氛围，提供有利的环境。要强化"走出去"的服务和保障性的工作，首先，要建设"走出去"信息服务平台，为企业提供国别地区合作信息和指南、市场供求、版权贸易、政策咨询、法律服务、翻译信息等全方位信息服务；其次，要建立境外投资风险预警和信息通报制度，进一步完善相关的风险评估与保障体系，增强企业的社会责任意识，帮助企业更好地融入当地社会，顺利实现本土化生存发展；再次，要加强对沿线国家的文化市场、出版产业政策、重点出版企业等信息的采集、分析、整理和综合研究，扩大对信息成果的共享和运用；最后，着力打造系列面向"一带一路"国家的高端出版交流平台，组织出版企业参加沿线国家举办的国际书展，推动有实力的重点企业单独组团参展、办展。

3. 进行项目布局，强化项目管理

要站在高屋建瓴的位置为"走出去"项目布局，选择有基础、有条件、有优势的项目为突破口先行启动。据了解，国家新闻出版广电总局正在建立向周边和沿线国家新闻出版"走出去"项目库，制定重点项目清单，做到启动一批、储备一批、谋划一批，远近结合，滚动实施。要鼓励主管单位、地方政府对项目的实施单位给予相应的资金支持、税收优惠和财政补贴。要做好项目评审工作，严把评审标准，提升评审质量，在源头上评选出既能展示中国良好形象又具有国际推广潜质的项目。要加强已立项项目的管理，组织专家及时跟进项目进展情况，尤其是对图书翻译进展进行全程跟踪，确保翻译质量。

4. 整合人才资源，加强人才培养

要加快向沿线国家"走出去"步伐，亟须做好人才培养、储备工作。一方面，要整合人才资源，充分利用好已有的国际人才，短期内解决人才缺乏问题。政府应创造引才、用才的有利环境，吸引海外汉学家、出版企业国际化过程中本土化人才、我国在沿线国家的留学生资源和沿线国家在华留学的优秀人才。另一方面，应制定出版人才队伍建设的总体思路，制定沿线国家新闻出版行业人才的培养计划，整合国内教学资源和科研平台，构建支撑出版"走出去"的人才培养培训体系，搭建持续推进出版"走出去"的人才"蓄水池"。依托重点出版企业，培育和发展国外译者、作者、出版人参与中国图书翻译出

版和创作。同时，结合高校、科研机构、行业协会等各方力量，利用各种合作形式，为沿线国家培养专业技术人才和管理人才，打下长期合作的人脉基础和人才基础。

（二）企业层面

1. 分国别策略

出版企业要从实际出发，对沿线不同国家采取不同的策略。一要考虑到沿线国家对中国文化的不同接受程度。针对那些与我国已有较好合作关系的沿线国家，要在文化产品与传播形式上加大创新力度，做出细致安排，形成特色；针对那些对我国文化认知不全面的沿线国家，重点要肃清西方不公开舆论的影响，增强我国文化的感染力；针对那些对我国文化了解较少的沿线国家，重点要填补文化交流空白。二要考虑到沿线国家的购买力。对那些经济发达、购买力强的国家，应采取市场化运作的方式；对那些经济相对落后、购买力低的国家，应侧重非贸易方式。三要考虑到沿线国家对内容产品的不同需求。中东欧国家如波兰、捷克是世界文学重镇，对中国文学有很大兴趣，出版企业要相对侧重于体现国家意志、展现国家形象的文学作品；越南每年引进上千种的中国图书，主要以流行小说为主，在图书产品走出去的同时也要加强影视产品的出口。

2. 提升本土化水平

在出版物选题策划、编辑、印刷、发行、物流等环节，要与国外出版企业开展全方位合作。以资本为纽带，通过合资、合作、参股、控股等方式，实施本土化战略。鼓励有实力的企业在沿线国家建设本土化企业，提高出版运营能力，提升海外发展整体实力。一方面，要实现人员本土化，在确保内容主导权的基础上，大胆使用当地人才，建立本土化运营团队，发挥人才优势。另一方面，要加强出版和销售本土化，深入研究所在国不同受众的文化传统、价值取向和阅读心理，差异化、精准化地定位内容产品，以赢得更多的读者，占有更大的市场。

3. 加强交流合作，培育翻译力量

要充分利用沿线各国书展这一有效平台，在展出图书、洽谈出版的同时，更要以国家文化为主题进行集中展示活动，树立良好国际形象，加强国际交流。与沿线各国的出版界人士、版权代理机构保持密切联系，与学术团体、社会组织、汉学家建立长期合作关系。要积极搭建翻译论坛等交流平台，把国外优秀的汉学家请过来，再通过他们把优秀的作品介绍出去。建立出版企业内部的海外汉学家和翻译家资源库，与他们保持密切联系。

4. 推动融合发展"走出去"

当今社会的很多文化变革、文化创新往往是技术发展和突破所带来的。推动融合发展"走出去"，能够提高文化的传播力、表现力，使文化产品更有力地影响世界、造福人类。出版企业要整合内容资源，生产外向型数字出版产品，积极开拓海外市场；要把握自身的技术优势，坚持"平台为王"和"内容为王"并举，积极抢占战略制高点，综合运用文字、图像、动漫、音视频等多种形式，实现内容产品从可读到可视、从静态到动态的升级融合，实现传播的便捷化、多元化、立体化；要创新海外运营模式，加强与国外技术服务商合作，重视利用技术资源，优化用户体验，实现按需服务、精准推送产品。

（息慧娇　中国出版网）

第四章　港澳特区、台湾地区出版业发展报告

第一节 2015年香港特别行政区出版业发展报告

2015年，香港特区出版业表现持续低迷。这种"新常态"反映在：出版量大致与前几年持平，新书印量越来越少、重印更少，没有超级畅销书，整体销售下跌等。"新常态"虽令业界，无论是出版、发行或零售都感到无奈，处于被动，但业界仍是勉力而行、坚守岗位、力求突破。

一、大众图书出版

2015年前三季度大众图书情况一般，从第四季度开始，市场状况明显转弱。全年欠缺畅销品种，即使偶见数种，销售寿命也短。整体零售市场状况非常严峻，使业界更注重稳固长销品种，扩大推广范围。

（一）着色图书一度热销

2015年图书市场最受瞩目的可算是着色图书。随着韩剧及各种潮流的影响，着色图书不论是出版量还是销售额，皆占相当大比重。其中《秘密花园》（*Secret Garden*）、《魔法森林》（*Enchanted Forest*）等一直高居榜首。着色图书既是艺术类别，也是一种用于心灵解压的图书品种。在英美等国，出版商也不甘落后，大力推广；在亚洲地区，出版商有的引入版权，也有不少在本地组织原创。这类图书连同各种颜色用品，数度被抢购一空。不过，正当其在世界各地量畅销时，香港特区的热潮却来去匆匆，销售高峰期仅维持了数月。

（二）童书动销品种增多

在电影及玩具产品的强势带动下，迪士尼故事题材成为2015年童书出版的焦点，占据童书销售的一定份额。近年来，家长对孩子阅读及选书要求大大提高，愿意为子女寻找主流以外的图书，这使得这类童书，尤其是中英文绘本动销品种均有明显增长。此外，家长在社交媒体群组也十分活跃，不时交流图书资讯及阅后心得并迅速流传，这也成为刺激消费的另一种渠道。

（三）时政类以及相关图书顺势而为

时政类图书持续受欢迎，这也与全球时事进程有关。例如新加坡前总理李光耀逝世，相关著作随即引起关注；针对伊斯兰国组织与世界局势的紧张关系类图书、国际关系类图书及文化研究类图书也吸引不少读者。香港本地近年来经历多件社会大事，也催生不少本土及社会题材作品。

值得留意的是，除了贴近时事、简明化和图解类图书在2015年有不俗销售业绩外，深入讨论相关议题的历史、政治、学术理论等类图书，动销品种皆有上升，为书商及整个阅读群体带来很大鼓舞。

（四）港版文学类图书持受关注

具有规模的出版单位，对香港特区的文学仍然相当关心。如香港商务印书馆策划出版的《香港文学大系》12卷广受关注，汇智出版、天地图书、文化工房、MCCM Creations等出版社，由文学和艺术作品到学术著作，从没停止推出本地作家的图书的脚步，其中不乏受瞩目的新晋作家。出版者希望以此来尽力支持本地的创作。

（五）本土题材，何去何从？

20世纪90年代，自香港三联书店锐意开拓香港题材的出版物，以回应本地社会需求开始，本土题材已成为香港不少出版社的重点选题。例如香港联合出版集团属下的香港三联书店、香港中华书局、香港商务印书馆等都集中一定的资源开发本土题材。明报出版社、花千树出版有限公司等也出版了不少本土题材的出版物。2015年，本土题材出版物仍然受到读者追捧，每年的香港书展都成为本土题材出版物的晴雨表。

从2015年香港书展看，本土题材仍然是各大出版社的重点项目。例如香港三联书店的《足球王国：战后初期的香港足球》、香港中华书局的《砌出香港》《黑暗之城：九龙城寨的日与夜》、香港商务印书馆的《这代人的街角：香港民生影像（1950~1970）》等。值得注意的是，2015年是第二次世界大战结束75周年的重大日子，不少出版社纷纷策划出版相关题材的图书，例如香港三联书店的《坐困愁城：日占香港的大众生活》《日落香江：香港对日作战纪实（修订版）》《日占时期的香港（增订版）》《三毛流浪记》及《三毛从军记》等，香港中华书局的《日军在港战争罪行》，明报出版社的《香港绝不能忘记的三年零八个月》等。

虽然2015年本土题材的出版物如雨后春笋，场面热闹非常，但在背后仍然有不少值得出版业同仁深思的地方。

首先，必须面对本土题材如何"创新"的挑战。因为只有"创新"，出版业才能够"异军突起"，否则仍然会继续在传统题材上打转，无法寻找到出路。"创新"，包括从选题上和从形式上两个层面。在选题方面，必须发掘一些过去为人们所忽略而其实社会大众深感兴趣的题材，例如香港三联书店在2016年年初出版的《止戈为武：中华武术在香江》就选择了这样一个不为人所注意的题材。本书发掘出"二战"后香港在传承中国武术方面的重要轨迹。在形式方面，除了传统的文字和图像形式外，是否还应有其他新颖的表达形式？这可以从编写手法入手，发掘一些可用的"载体"去包装不同的题材，例如香港中华书局的《砌出香港》就利用了"乐高"这种载体去包装本土内涵，以唤起读者的集体回忆。这方面需要注意的是要尽量避免"内容"与"形式"的主客易位，变成"内容"为"形式"服务，甚至是"内容"要迁就于"形式"，被"形式"牵着鼻子走，以致失去出版的价值和意义。读者购买此书是因为其"内容"而不是其"形式"，毕竟一本书的核心仍然是其内容。

其次，香港特区的出版业并不能孤立地存在，必须与周边地区的同行紧密联系起来，特别是当出版物越来越本土化的时候，更要留意与周边地区同行的交流与沟通，否则会容易因失去了与同行"对话"的可能而变得封闭，无法跳出自己的小圈子，从而难以走向亚洲以至全球，毕竟香港特区只是一个拥有

700多万人口的城市而已。从事本土题材出版，可以在选题上进一步拓展，将眼界开阔，不只立足于香港，而是以香港为起点，向四周辐射，将范围不断扩大。譬如，可以策划一些比较性的题材，例如香港特区与台湾地区同样曾受日本的殖民统治，只是殖民统治时间长短不一而已。可以对两地的日占时期做一些比较性的研究及阐述。又如，将香港特区与其他亚洲城市做一些比较性的分析，同样饶有意义。

二、教育图书出版

2015年香港特区教育及考试制度有不少变化，教育出版发生了一些重要事件，有些会有长期的影响。

（一）TSA的存废争议对出版业的影响

鉴于2015年社会对全港性系统评估（TSA）有存废争议，尤其对小学三年级学生而言，学校为了回避风头，纷纷减少或取消订购与TSA相关的三年级补充和应试练习，延及所有年级的TSA教参市场的销售也有大幅度的下跌。出版商为了应对这一状况，也调低TSA的补充练习的出版量，也有的修订出版内容，剔除TSA元素，以挽救下跌的销售行情。

（二）中小学生员减少对出版业的影响

估计2018~2019学年，小学生入学人数将会骤降。中学方面，2016年升中学人数进入新低，比2015年减少约600人。这必然都会影响教育出版商的未来的出版计划、种类及数量。

（三）电子教科书市场开拓对出版业的影响

从2012年起，特区政府教育局积极引入电子课本，旨在平衡连年增加的纸本课本的价格。但基于制作成本、版权，以及学校的设施等因素影响，推出电子课本三年后，教育局资料显示的学校采用比率仍然偏低，小学及中学分别只有10%及18%的学校采用个别科目的电子课本。有评论认为,香港特区电子教学发展进程中,仍有很多前期工作,如受众使用心态、学校基建设施、电子教材质量等还没有发展完备,还有问题待彻底解决。教育局早前宣布无意继续开展新一轮"电子教科书市场开拓计划"(EMADS),也令教科书全面电子化变得遥遥无期,从而会影响电子书开发商对电子课本的投资愿望。

(四)新高中课程和考试的修订对出版业的影响

2015年7月,特区政府教育局公布新高中学制中期检讨,对多个学科提出优化措施,包括减少课程总课时、鼓励能力高的学生修读四个选修科目。这次的检讨同时提出优化17科的公开试,包括调整比重及考试时间、增加题目类型和合并考卷等。这些课程和考试的修订,预计将影响新高中的教科书及教参书的出版。

三、电子书出版

(一)电子书风生水起

根据由新鸿基地产发展有限公司连续四年进行的"新地喜'阅'指数"调查,有阅读习惯的受访者中,表示只阅读纸本书的占60.5%,2014年为90.6%。另外,纸本书数目占阅读书本总数的80.9%,2014年为91.7%;而电子书则占19.1%,2014年为8.3%。

这个调查表明:第一,只阅读纸本书的比例较上一年下降了不少,是一些纸本书读者的阅读习惯发生了变化,还是部分阅读品种改为电子书,还需要观察及判断;第二,电子书占阅读图书总数的比例有一定的增长,反映出电子书有持续扩大的可能性。

我们再从2015第26届香港书展电子书的销售情况加以分析。根据香港《文汇报》报道,数年前开始参与香港书展的电子书平台负责人透露,其销售业绩每年持续增长。值得注意的是,不少读者是在试用后特意前往摊位购买电子书的,反映出不少读者并不抗拒阅读电子书。另一方面,出售电子书阅读器的参展商也表示,2015年销售理想,生意比2014年增加20%~30%。

由此可见,香港特区电子书的情况值得留意和追踪,特别是应更加关注纸本书是否会受到越来越大的冲击,甚至被边缘化的可能。

(二) 纸电书会共存

诚如一些参与2015年香港书展的电子书及电子书阅读器销售商所分析,电子书是不会完全取代纸本书的。因为它们代表着两种"买书"的心态:购买纸本书的读者是一种"储存"的心态,而购买电子书的读者则是一种"阅读"的心态。前者较多从"欣赏"角度出发,后者则较多侧重"实用"角度,两者功能完全不同,甚至两者有可能同时存在,即同一本书,读者既购买纸本书,也购买电子书,两者并存。

(三) 纸本书需提高竞争力

如果上述分析成立的话,纸本书出版商除了发展电子书出版业务外,更加需要思考的应是如何提升纸本书的"欣赏"指数。这包括开本、设计、用纸及编辑形式等方面,以满足从"欣赏"角度出发的读者需求。这个方向或许就是纸本书出版商未来可以探索的出路。

四、书刊零售业

(一) 实体书店市场的变化

2015年,香港特区整体的零售市场进入艰难时期,又处在租金的巨大压力下,书业也未能幸免。2015年,不少书店改变经营策略,或另觅位置重开,或减少店堂面积。有经营已久的英文书店陆续关门,有个别具有特色的独立书店无奈停业,可见在这样的市场环境下经营并不容易。与此同时,也有倾向商场化、结合图书与高档非书产品推销的外来文化企业,在本港的重要消费地点开店,注重整体生活品位,其模式有别于传统书店。这些新改变,为书业带来不少新元素。

（二）书刊零售业的前景

进入 2016 年首季，香港特区的消费状况并未见太多好转，书业也同样举步维艰。对于书业来说，唯有专注业务核心，如在扩大图书品种、加强推广及与读者的交流等方面更加努力，才可维持经营，巩固业绩。

[李家驹　香港联合出版（集团）有限公司；梁伟基　香港三联书店；潘浩霖　香港教育图书公司；刘美儿　香港商务印书馆]

第二节 2015年澳门特别行政区出版业发展报告

2015年，因受赌收下降及周边地区经济不景气的影响，澳门特区政府采取紧缩政策，节省各部门的开支。虽然出版业界在短期间未受到波及，但出版量已由2014年的最高峰期开始渐渐下降。

本文的主要统计数据是来自澳门特区公共图书馆、澳门大学图书馆及几家主要出版机构的网上目录。截至2016年3月15日，暂收录具有国际书号、国际期刊号与内容较重要的出版物，共计739种。

由于近年来澳门特区政府大力推动文化创意产业的发展，艺术类书刊的出版成为澳门特区图书市场的热点，其所出版的展览目录、个人作品集等大多设计精美、内容充实，在出版业界中获得了良好的口碑。虽然几家出版内地著作的出版社在近两年减产，可是本地文学作家得到澳门特区政府的协助出版个人作品，致使文学作品数量大增。

一、主题书刊

2015年，按主题分类，各主题书刊的出版量与2014年相比没有较大的差异，艺术主题书刊仍然稳居第一位，共107种；第二位为文学类，共101种；第三位为法律类，共83种；第四位为公共行政类，共75种；第五位为历史类，共60种；第七位为社会类，共50种；第八位为经济类，共46种；第九位为教育类，共37种；第十位为宗教类，共35种（参见表1）。

表1 2014~2015出版书刊统计（按主题分类，种）

主题	2014年	2015年
艺术	156	107
文学	132	101
法律	44	83
公共行政	67	75
历史	74	60
社会	49	50
经济	50	46
教育	48	37
宗教	34	35
科学	26	25
语文	12	15
综合	21	13
音乐	4	13
交通	8	13
旅游	17	10
博彩	12	9
医学	11	8
饮食	14	6
哲学	7	6
体育	9	5
心理	10	5
戏剧	3	4
统计	4	4
地理	3	3
出版	0	2
人口	1	2
传播	1	1
博物馆	2	1
图书馆	4	0
书目	1	0
总计	824	739

二、出版语种

在出版语种方面，2015年有中文452种、中葡文85种、葡文56种、中葡英文53种、中英文52种、英文38种，等等。虽然澳门特区定位为国际休闲中心，外资博彩业也有一定的影响力，加上其为葡语地区交流的平台，但图书出版仍以中文书为主，英文作品则集中在社会及旅游方面，葡语作品主要为艺术、法律及公共行政作品。特区政府的不少出版品以中葡或中葡英三语出版，其多语种出版依然成为华文地区中出版的特色（参见表2）。

表2 2014~2015各出版语种数量（种）

语种	2014年	2015年
中	519	452
中英葡	87	53
中英	83	52
中葡	47	85
葡	42	56
英	34	38
葡英其他	4	0
葡英	2	0
英法	1	1
中英韩	1	0
中英法	1	0
中英其他	1	0
中葡英法	1	0
中葡英德	1	0
英西	0	1
英瑞波斯尼亚	0	1
总计	824	739

三、出版机构数量

2015年，澳门特区共有55个新出版单位，其中31个社团、12个私人公司、10个作者自费出版机构、政府部门及学校出版机构各1个。这充分反映出澳门特区的社团文化较重视出版书刊。澳门特区全年有262个出版单位出版书刊。以不同类型的出版单位来计算，政府部门50个单位出版书刊共321种，为最多；其次为社团组织，共127个单位，出版224种书刊；第三为私人出版单位，共58个，出版书刊159种；第四为学校出版机构，有14个单位，出版21种书刊；最后为作者自费出版单位13个，出版14种书刊（参见表3）。

表3 2014~2015各类型出版单位数量及出版书刊数量

出版单位类别	2014年 出版数量（种）	2015年	
		出版数量（种）	单位数量（个）
政府部门	346	321	50
社团	246	224	127
私人出版社	197	159	58
学校	19	21	14
作者自费出版	16	14	13
总计	824	739	262

四、出版单位出版数量排行

2015年，出版单位出版数量排行榜前10位的情况是：第一为立法会，出版46种；第二为澳门基金会，出版39种；第三为民政总署，出版36种；第四为文化局，出版29种；第五为新创办的人民科学出版社有限公司，出版27种；第六为统计暨普查局，出版16种；第七为一家私人出版社——读图时代出版社有限公司，出版15种；第八为教育暨青年局，出版14种；第九为澳门理工学院、澳门工会联合总会、澳门故事协会及中国艺术出版社（澳门），各出版 13 种；第十为澳门大学，出版 12 种（参见表 4）。

表 4　2015 年出版单位出版数量排名

排名	出版单位名称	出版数量（种）
1	立法会	46
2	澳门基金会	39
3	民政总署	36
4	文化局	29
5	人民科学出版社有限公司	27
6	统计暨普查局	16
7	读图时代出版社有限公司	15
8	教育暨青年局	14
9	澳门理工学院	13
9	澳门工会联合总会	13
9	澳门故事协会	13
9	中国艺术出版社（澳门）	13
10	澳门大学	12

五、报刊出版

2015 年，澳门特区出版报纸及期刊约有 200 种，大部分以机构的通讯为主，较重要的报纸有 10 种，期刊有 30 种，题材以澳门特区的旅游、时事为主；学术期刊有 60 多种，内容以文史研究、法律、经济、教育等为主。澳门大学图书馆挑选其中 40 种期刊纳入澳门特区期刊索引库，现已有篇名索引 12 000 条，台湾地区的引文索引也收录了 8 种，使用率相当高。2015 年，澳门特区创刊的期刊有 22 种，其中有 20 种为通讯类，只有 1 种学术性期刊名为《城市经纬》及 2 种文学期刊名为《缅华文学作品选》和《上弦月》（参见表 5）。

表 5　2015 年新创刊的期刊

期刊名称	出版单位名称
城市经纬	民政总署
动感教菁季度通讯	教育暨青年局、教育电视

(续前表)

期刊名称	出版单位名称
澳大联课活动焦点	澳门大学
齐喜乐	救世军喜乐家庭综合服务中心
新濠博亚娱乐	新濠博亚娱乐
群力智库	群力智库中心
打工仔	澳门工会联合总会
澳门中华学生联合总会会讯	澳门中华学生联合总会
商业雇员通讯	澳门商业雇员总会
清泉	澳门天主教区
广野	澳门广州地区联谊会
聋协活动快讯	澳门聋人协会
上弦月	澳门大学学生会文学创作社
Jump HR：免费求职杂志	Jump HR
Queen	Queen Magazine Macau
好时光	好时光聚贤社
华侨永亨银行信用卡服务	华侨永亨银行
柠檬周报	黄伟天
星悦刊	椰城杂志社
缅华文学作品选	许均铨、缅华笔友协会
优越名品	银河优越会（Galaxy Privilege Club）
优越名厨	银河优越会（Galaxy Privilege Club）

六、出版界的交流

　　澳门特区每年举办三次大型书展，时间分别在4月、7月及11月，由澳门出版协会及一书斋举办，每次均展出逾万种图书。书展平均每次入场人数约有2万人，主要客源为图书馆及个人读者。在2015年11月举行的书展由澳门出版协会主办、台湾图书出版事业协会联办，书展展出台湾地区出版及教育用品逾千种。

　　由澳门基金会及澳门文化局联办、澳门出版协会承办，澳门特区出版业参加了2015香港书展及台北国际书展,销售情况一般。澳门大学出版中心每年均参加在美国举办的亚洲研究学会年会书展,向与会者介绍澳门出版物,并联系各地书商及图书馆工作人员,推广效果甚佳。该中心也参加了2015年的葡萄牙里斯本书展,推广澳门大学出版的葡文书籍。

在研讨会方面,澳门出版协会、澳门大学出版中心联办了"第20届两岸四地华文出版年会",为两岸出版业提供交流的平台。澳门图书馆暨资讯管理协会赴厦门出席了"第20届两岸出版会议",赴河南出席了"2015海峡两岸暨港澳图书馆学情报学期刊发展论坛",向业界介绍了澳门特区期刊出版的概况;澳门理工学院、全国高等学校文科学报研究会联办"华文学术期刊发展趋势国际研讨会";澳门基金会在其虚拟图书馆网页加入一项新的澳门特区出版品检索服务,读者可在此库搜寻1999年至今约11 000条由澳门特区出版的书目。这项服务有利于各图书馆及代理商查找及了解澳门特区的出版概况。

在出版合作方面,澳门特区先后有近60种书刊为本地出版单位委托区外单位出版,较上一年增加了一倍,分别有:世界科技出版社(新加坡)、香港大学出版社(香港)、三联书店(香港)有限公司以及中国社会科学出版社、社会科学文献出版社、科学出版社、人民教育出版社、人民出版社、广东人民出版社、作家出版社、法律出版社、南京大学出版社和上海古籍出版社等。近年来,澳门特区对外大部分合作伙伴是内地的出版单位,澳门特区参与合作的出版单位为澳门基金会、文化局、澳门大学、澳门科技大学、澳门中华教育会等(参见表6)。

表6 近年来澳门特区出版单位合作出版大型丛书的情况

丛书名称	澳门特区出版单位	合作单位
《澳门文化丛书》	文化局	社会科学文献出版社
《澳门研究丛书》	澳门基金会	社会科学文献出版社
《澳门文学丛书》	澳门基金会	作家出版社
《澳门教育丛书》	澳门中华教育会	中国社会科学出版社
《澳门知识丛书》	澳门基金会	三联书店(香港)有限公司
《澳门研究丛书》	澳门基金会	社会科学文献出版社
《澳门教育史研究丛书》	澳门大学	中国社会科学出版社
《澳门科技大学人文社会科学研究丛书》	澳门科技大学	社会科学文献出版社
《葡萄牙法律经典译丛》	澳门大学	法律出版社

附录：

2015 年澳门特区新出版图书机构

名称	数量	性质
Wynn Resorts（Macau）S. A.	1	私人公司
自由新澳门	1	社团
戒烟保健会	1	社团
亚太博彩研究学会	1	社团
海外国际（澳门）有限公司	1	私人公司
讯艺有限公司	1	私人公司
超越行动	1	社团
黄绮雯	1	个人
精瓷艺术中心	1	社团
澳门大学研究生会书法协会	1	社团
澳门化验师公会	1	社团
澳门幸运博彩业职工总会	1	社团
澳门法律反思研究及传播中心	2	社团
澳门原创小说协会	1	社团
澳门桃李艺术协会	1	社团
澳门创意产业协会	1	社团
澳门汇才慈善会	1	社团
澳门剧场文化学会	1	社团
澳门乐活产业协会	1	社团
澳门龙禧拍卖有限公司	1	私人公司
澳门临水宫值理会	1	社团
胡家兆	1	个人

（王国强　澳门大学、澳门出版协会）

第三节 2015年台湾地区出版业发展报告

一、出版物出版概况

(一) 出版数量

近年来,台湾地区出版量连续出现衰退,近三年出版量累计减少了707种,衰退率为1.6%,创下十年来新低。目前台湾地区新书出版类别仍以"文学及小说(含轻小说)"类居多。2015年2月由远流出版社发起的着色书出版热潮则持续到年底,总计有68家出版社推出207种着色书。这也使得艺术类图书出版呈现罕见的微幅增长,并有不错的销售业绩。从每年出版4万多种新书的出版机构来分析,一般出版社所出版的比例为87.60%;其次为"行政机构",占比为10.10%;个人出版则为2.30%。此外,申请ISBN的电子书占全年所有新书出版总数的2.80%。其中,又以"儿童读物""文学及小说(含轻小说)"以及"商业与管理"等类别的电子书申请ISBN最多。另外,随着移动阅读终端的兴起,电子书出版增长放缓,2015年的出版总数增加507种,为新书出版种数的5.41%,并多为PDF格式。

"文化部"的调查报告显示,台湾地区每年新书出版仍以"文学及小说(含轻小说)"图书最多,占全部新书总种数的20.40%。其次分别为"社会科学(含统计、教育、礼俗、社会、财经、法政、军事等)"占7.60%,"人文史地(含哲学、宗教、史地、传记、考古等)"占7.30%,"艺术(含音乐、建筑、雕塑、书画、摄影、美工、技艺、戏剧等)"占7.20%,"漫画"占7.20%,"儿童读物(含绘本、故事书等)"占6.80%。其他类型的新书占比分别为："考试用书（含升学、'国家'考试、就业、自修等参考用书）"占6.16%，"科学与技术（含自然科学、电脑通讯、农业、工程、制造等）"占5.96%，"文学（含文学史、文学评论、散文、诗、剧本等）"占5.86%，"教科书（含各学程、领域教科用书）"占5.67%，"医学家政（含医学、保健、家事、食品营养、食谱等）"占4.82%，"心理励志"占4.37%，"商业与管理（含工商企管、会计、广告等相关用书）"占3.60%，"休闲旅游"占3.50%，"语言（含语言学及世界各国语言学习读本）"占3.48%，"字典工具书（字典等参考工具书）"占0.68%，"'政府'出版物"占0.24%，"其他"占5.28%。

目前，台湾地区每年出版的4万多种新书中，有21.90%为翻译图书。进一步分析，翻译图书的来源国主要是日本，占所有翻译图书的56.60%。其次分别为美国（占23.10%）、英国（占5.56%）以及韩国（占6.80%）。近年来，翻译自日本、美国、韩国的图书均有微幅增长，唯一下跌的是英国。

少子化与高龄化是台湾地区未来人口结构的重要特征。根据"内政部户政司"发布的户口统计资料，全台湾依年龄分三段组观察，0~4岁幼儿人口数占总人口数比例为14.32%，15~64岁人口数占总人口数比例为74.15%，65岁以上人口数占总人口数比例为11.53%，老年人口数比例逐年升高。对比出版界自行填写新书的"适读对象"分类，属于"成人（一般）"图书的最多，占全部新书总数的62.70%。其次为"成人（学术）"图书，占16.70%；"青少年"图书，占12.10%。而属于"高龄"族（60岁以上年龄段）的专属图书最少，仅占全部新书总数的0.10%。由于台湾地区已经进入老龄化社会，65岁以上人口总数占全台人口数达到11.53%，但是在图书出版方面，标示符合"高龄"的新书仅占0.10%。这个市场缺口是台湾地区图书出版产业应该注意的。

（二）畅销书

根据诚品书店公布的2015年度台湾销售排行榜，冠军由2015年夏季掀起一阵着色本风潮的《秘密花园》夺下。该书自3月起连续40周登上诚品书店休闲趣味类书籍畅销榜，蝉联冠军超过10周，成绩惊人。综观年度TOP10畅销书榜单，多达8本畅销书主题与心理励志内容有关。从强调心灵理疗的着色本到热卖一整年的心理学家阿德勒的相关理论著作等，这些图书也带动了2015

年中外文、儿童图书及期刊销售额增长约8%。

进入2015年度10大畅销榜的图书,无论是中文创作还是翻译文学,主题上多数与个人内在省思、心灵励志、自我追求等内容有关,包括第二名《爱:即使世界不断让你失望,也要继续相信爱》、第三名《只要好好过日子》、第五名《请问侯文咏:一场与内在对话的旅程》、第六名《生命清单》、第七名《接受不完美的勇气:阿德勒100句人生革命》、第十名《小王子》等。

博客来网络书店是台湾地区最重要的线上销售渠道。根据博客来公布的2015年销售书排行榜可以进一步了解2015年台湾地区的图书销售轮廓。表1与表2为博客来网络书店2015年TOP10书单(包括繁体书与简体书)。

由表1可以看出,畅销书前十名有一半是翻译书。其中以英文翻译书最多。在价格方面,前十名的畅销书平均价格为350元新台币。

在简体书的畅销书排行TOP10方面,台湾地区销售的简体中文书有70%为中文著作,仅有30%为翻译书。翻译书中以日文为主,韩文次之。这些现象说明了国际版权贸易在中文图书市场的部分现状,如有些韩文书或日文书或许已有大陆出版社取得中文版权,或因为台湾地区出版社评估后并未争取该书的繁体中文版,因此该书在台湾地区仅有简体中文书可以销售。在简体书畅销排行TOP10的统计中,湖南文艺出版社与湖南美术出版社均有两本图书上榜,其占比相比其他出版社要高。简体书的畅销书排行TOP10中平均价格约为250元新台币(参见表1、表2)。

表1 博客来网络书店2015年TOP10书单(繁体书)

书名	作者	出版社	价格(新台币)	原文
《秘密花园》	乔汉娜·贝斯福	远流	280	英文
《被讨厌的勇气:自我启发之父"阿德勒"的教导》	岸见一郎、古贺史健	究竟	300	日文
《请问侯文咏:一场与内在对话的旅程》	侯文咏	皇冠	280	中文
《即使世界不断让你失望,也要继续相信爱》	Peter Su	三采	320	中文
《也追忆似水年华:永不中断的追寻 从台大到台湾》	洪三雄、陈玲玉	圆神	320	中文

(续前表)

书名	作者	出版社	价格（新台币）	原文
《一休陪你一起爱瘦身：5个燃脂动作，甩肉25公斤，线条再升级！》	李一休	如何	380	中文
《列车上的女孩》	珀拉·霍金斯	寂寞	350	英文
《阿德勒心理学讲义》	阿德勒	经济新潮社	340	英文
《正是时候读庄子：庄子的姿势、意识与感情》	蔡璧名	天下杂志	480	中文
《跟TED学表达，让世界记住你：用更有说服力的方式行销你和你的构想》	卡曼·盖洛	先觉	330	英文

表2　博客来网络书店2015年TOP10书单（简体书）

书名	作者	出版社	价格（新台币）	原文
《old 先》	old 先	湖南美术出版社	252	中文
《花千骨》	果果	湖南文艺出版社	372	中文
《日本语句型辞典》	徐一平等	外语教学与研究出版社	288	中文
《小时代3.0 刺金时代》	郭敬明	长江文艺出版社	215	中文
《SQ从你的名字开始》	坛九	浙江人民美术出版社	312	日文
《我们仨》	杨绛	生活·读书·新知三联书店	138	中文
《男人脸书：男士护肤必修课》	宋仲基	广西师范大学出版社	288	韩文
《三生三世十里桃花》	唐七	湖南文艺出版社	210	中文
《京都手艺人》	樱花编辑事务所	湖南美术出版社	528	日文
《十天突破IELTS写作完整真题库》	慎小嶷	机械工业出版社	437	中文

（三）各类图书出版情况

根据博客来网络书店公布的2015年各类图书销售排行榜的数据，可以描述台湾地区各类型图书的主要或重要出版社。各类型图书均列出五家主要或重要的出版社。从中可以看出，除大型出版社出版图书种类较为丰富外，各家出版社皆走专一的出版领域（参见表3）。

表3 台湾地区各类型图书主要或重要出版社

综合型	远流、天下文化、大块文化、读书共和国、圆神
生活风格	三友、雅书堂、瑞升、枫叶社文化、麦浩斯/布克文化
亲子童书	幼福/汉湘文化、风车、世一、天卫文化/小鲁、阁林
文学小说	联合文学、台湾商务、新雨、皇冠、二鱼文化
语言电脑	博博硕、EZ丛书馆/日月文化、PCuSER电脑人文化、山田社、捷径文化
艺术设计	积木/流行风、书林、联邦文化、远流、原点
心理励志	张老师文化、赛斯文化、心灵工坊、好的文化、好优文化
商业理财	商周出版、美商麦格罗·希尔、今周刊/财信/原富传媒、聚财资讯、久石文化
医疗保健	元气斋、采实文化、人类智库、晨星、台湾广厦/苹果屋/大树林
人文科普	联经出版、五南、前卫、立绪、允晨文化
考试用书	考用、鼎文、千华数字文化、布克文化、三民辅考

（四）书刊出版机构数及销售额

表4说明台湾地区2015年期刊与图书出版机构数及销售额，资料来源于"财政部"的发票统计资料库。从中可以看出，每个月出版图书的出版社1700多家，而出版数字图书的出版社不到30家。

表4 2015年台湾地区期刊与图书出版机构数及销售额

类型	期刊				图书			
	纸本		数字		纸本		数字	
月份	机构数（家）	销售额（新台币）	机构数（家）	销售额（新台币）	机构数（家）	销售额（新台币）	机构数（家）	销售额（新台币）
1月	1 224	8 531	13	—	1 728	14 872	27	17
2月	1 226	2 463 588	12	193 615	1 734	2 768 536	27	19 414
3月	1 228	14 641	12	—	1 742	11 816	28	—
4月	1 231	2 717 765	13	279 041	1 733	3 210 211	28	45 316
5月	1 233	8 424	14	—	1 744	11 897	28	—
6月	1 240	2 657 527	14	21 913	1 739	2 757 245	28	39 913
7月	1 237	8 569	14	—	1 733	13 982	28	—
8月	1 232	2 626 514	15	20 970	1 740	2 840 842	28	37 796
9月	1 221	7 550	21	—	1 740	11 186	26	22
10月	1 219	2 745 146	22	29 416	1 746	3 388 151	27	34 890
11月	1 215	6 390	22	—	1 748	13 813	29	19
12月	1 216	3 154 835	22	41 498	1 741	4 005 857	27	24 371

二、出版物发行状况

台湾地区出版产业的产业链包括上游的创作端（包含支持创作服务的版权经纪公司）；中游的生产端，如负责编务与发行的出版社以及负责制版、印刷、装订的印刷厂；中下游的图书经销公司，台湾地区重要的图书经销公司包括商业周刊、皇冠、高见、日翊文化（原来的如翊行销）等；下游的销售端，如连锁书店、网络书店、独立书店、小说（包括漫画及杂志）出租店、Google 图书等。

（一）连锁书店

在图书实体渠道方面，目前台湾地区书店仍以连锁书店为主，其中诚品与金石堂是最重要的两家连锁书店。其他如何嘉仁、垫脚石、三民书局等也是常见的连锁书店。诚品书店在台湾地区共有42家，其中北部26家、中部5家、南部11家；另有3家开在香港特区，分别是太古、尖沙咀与铜锣湾，其中太古、尖沙咀是新开设的。诚品书店在大陆的首家分店——苏州诚品于2015年11月29日在苏州开业。金石堂书店则有45家，其中北部28家、中部5家、南部12家。国外书店在台设点则依附在百货公司的卖场，如纪伊国屋与微风广场合作、淳久堂书店与SOGO合作、PAGE ONE与台北101大厦合作。

近年来，除了金石堂早期在美国开设海外门市外，台湾地区的书店扩展据点属诚品最为积极。台湾地区的博客来网络书店、金石堂网络书店以及三民网络书店，则是通过与香港特区的便利商店合作，让香港特区读者可以在台湾地区的网络书店购书，然后到香港7-11或OK便利商店取货。诚品的愿景是要成为"全球华人社会最具影响力且独具一格的文创生活平台"。诚品苏州店约有15万种书、50万册，假日和平日人潮是台湾地区一般商场的二至三倍。诚品2015年营收为38.24亿元新台币，税后纯收益4.12亿元新台币。诚品上海店预计于2016下半年开业，大陆第三家深圳南山华润城"万象天地"店则预计于2018年开业。诚品未来将挑战日本与欧美市场，从华人市场跨足国际市场。

(二) 独立书店

独立书店是近年来"文化部"相当关注的议题之一。目前独立书店市场占比约下滑到整体图书市场的25%。台湾地区最大规模的网络书店博客来,也与母公司统一超商在台北市打造了一家尝试性质的独立书店——"未来书店"。这家位于台大学区的7-11长星门市,是博客来网络书店与统一超商结合O2O线上线下整合的概念,让消费者可以在该书店阅读实体书,但购书时是以手机扫描书上的条码进行线上订购。该家概念型独立书店的"智慧书店员",将会运用博客来700万会员的销售资料,结合人脸辨识,根据消费者的年龄、性别等资料来给读者推荐书单。此外,博客来在这家概念型独立书店也首次以感应器结合互动装置,提供大型投影纸书的线上阅读体验。大型投影纸书是一个仿照书本设计的80×55厘米装置,当读者接近投影纸书时,手指碰触投影纸书就会触动投影并将博客来的线上书评、影片、试读内容等投影在纸书上。

(三) 网络书店

台湾地区网络书店以博客来网络书店独大,金石堂网络书店居次,其他还有灰熊爱读书与三民网络书局等。读册生活(TAAZE)是台湾地区最大的二手书买卖交易平台。由便利商店来提供的"线上购物、超商取货付款"服务平台是台湾地区网络书店最重要的金物流服务机制。台湾地区所有网络书店有超过95%以上的订单都是通过便利商店所提供的金物流服务平台完成的。目前台湾地区通过网络书店平台大约每天可以销售超过28 000本图书。在客单价部分,以博客来网络书店最高,每笔订单平均客单价约为新台币700元;诚品网络书店次之,每笔订单平均客单价约为新台币400元;金石堂网络书店以及三民书局的平均客单价约为新台币360元;其他网络书店的客单价则多为新台币300元。目前博客来网络书店在台湾地区占有超过65%的绝对市场优势,位于网络书店市场第二名的金石堂与第三名的读册生活两个网路书店营业额的总和也约为博客来的1/3。

(四)数字出版物

咨询智库机构资策会 MIC 的研究报告——《2015 上半年数位阅读付费行为分析》中指出,台湾地区有 31.9%的消费者有意愿转移纸本出版物的购买预算至数字出版物,由此可知消费者对于数字出版物接受度未来将向正向发展。此外,根据统计,2015 年有 2 147 种电子书申请出版,占全年新书总数的 5.41%,比上一年增加 507 种。目前,除了 Google 图书[①]外,台湾地区在数字出版流通方面,其他数字阅读渠道还包含中华电信的 Hami 书城、台湾大哥大的 mybook 书城、远传 e 书城、随身 e 册、POPO 原创、PUBU、UDN、Readmoo 等。2015 年,台湾地区的电子书出版增长超过 30%。2015 年 9 月 15 日,由"国立中央图书馆"开发的"电子书 ATM 系统"上线启用。此系统应用行动条码(QRcode)技术,可在电脑、手机及平板电脑上阅读。此外,为降低台湾地区出版产业转换成电子书的成本,台湾数位出版联盟于 2015 年开始提供一套符合国际数位出版联盟(International Digital Publishing Forum,IDPF)所提出的 EPUB3 标准的电子书制作平台 Publisher,希望使出版业更有效率地制作出符合国际 EPUB3 标准的电子书。

三、电子书经营模式

(一)电子书概况

电子书市场发展,应具有四个重要的基本元素,分别是硬件设施、软件内容、阅读习惯与商务模式,这四个要素缺一不可。目前台湾地区数字阅读的发展并未像美国和日本那么发达,并不是说台湾地区的硬件设施不够,或许真的是阅读习惯的问题,而让台湾地区电子书市场一直无法顺利展开的原因,其中很重要的就是软件内容与商务模式。

台湾地区畅销书几乎有一半都是翻译书,而目前翻译书的电子书版权几乎

---

① 在 Googel 的付款方面,从 2015 年 10 月开始,Google 图书将在每个月的 15 日(或下一个工作日)将每月款项支付给符合条件的合作伙伴(作者或出版社)。

没有台湾地区出版社愿意引进，尤其在纸本图书市场普遍下滑后。一方面出版社不能确保每本电子书在支付预付版税后，其营收是否能回收其预付版税。除了台湾地区出版社在引进电子书上有相当高的风险意识外，供给方也未必会将繁体中文电子书版权售予台湾地区。因为在数字出版的商务架构下，读者可以利用amazon、Apple与Google等平台在全世界范围内看到多国语系版本的电子书。因此，在电子书的版权交易方面，掌握电子书版权的出版社也未必会愿意进行与其他国家或地区的电子书版权交易。

（二）台湾云端书库个案

上面的分析说明了台湾地区数字图书内容存在翻译书源头上的困难。因此，台湾地区作家在与出版社签约时，应该同时签订数字版权。但由于台湾地区目前并没有较为有效率的数字图书销售渠道。如Google图书虽是单书销售的方式，类似amazon，但台湾地区的图书内容、品种，很难有爆发性的成长。像中华电信的书城，是月付制度，即支出一定的固定金额，可以看书库所有的书，但对出版社而言，此类商务模式本来就有争议，且收入也少，因此该类书城也只以一些轻小说类型的内容为主。也就是说，软件内容与商务模式是阻碍台湾地区电子书市场发展最重要的因素。由于电子书问题未必可以由台湾地区出版社单方面来解决，由此需要提出一个更有效的商务模式。在这方面，远流出版公司开发的台湾云端书库便是一个相对成功的案例。

台湾云端书库是参考"公共借阅权"（Public Lending Right）的方式，采用"市民努力借书看书，官方按次代付费用"的B2B2C电子书服务模式，进而打造阅读产业的健全生态系统。市民的借阅费由官方支付，借阅费则回馈给作者和出版社。目前的方式是市民每借阅一本电子书，官方需支付12元台币给台湾云端书库，而台湾云端书库收取25%，3元新台币的管理费，其他75%的收入则支付给作者和出版社，一般来说出版社与作者对分此收入，也就是作者与出版社各有4.5元新台币的收入。台湾云端书库的方案解决了出版社需要先预付版税的问题，也使得出版社与作者愿意加入。目前台湾云端书库提供超过可供借阅的图书21 000本，读者每次借阅可以有14天的时间来阅读优质好书。

台湾云端书库所提出的B2B2C电子书服务模式，可说是城市进行数字阅读推广的有效商务模式，而"高雄市文化局"及"高雄市立图书馆"是最早与台湾云端书库合作的单位。目前台湾云端书库与各城市的公共图书馆合作的"县市"包括基隆、台北、新北、桃园、苗栗、嘉义市、嘉义县、台南、高雄、屏东、澎湖等。读者只要办理该"县市公共图书馆"借阅证，数万本电子书或杂志均可免费借阅。

从总体上看，台湾云端书库在营运上的运作与商务架构应该讲是可行的，其公开透明是台湾云端书库的另一核心价值。读者每次的借阅行为都可以让图书馆、出版社、作家来稽核。因此该平台接下来就是要有更多的出版社与作者，以及更多的公共图书馆来支持。而经营这个平台要收支平衡，借阅人数需要400万人次。目前台湾云端书库2015年的总借阅人数大约是50万人次，离收支平衡仍有一段不小的距离。

四、挥之不去的困境

从"国家图书馆"公布的"2015年台湾图书出版现状及趋势分析"可以看出，台湾地区近年来新书出版量持续下滑，2015年首度跌破4万种，创下10年来新低。根据"国图"的调查，2015年台湾地区总计有5 030家出版社，出版39 717种新书，较2014年减少57家、1 881种。新书下滑原因除了经济不好影响购书意愿外，也与年轻人因喜爱线上阅读挤压纸本阅读的时间，电子书出版又找不到适合的商务模式有关。这也是台湾地区出版产业的发展困境。

具体分析如下：

第一是少子化可能造成阅读人口长期减少，数字技术也让以往的纸本阅读部分转换到数字阅读。这些情况造成了新书种类推出趋缓，以及退书率增高的现象。以台北故宫博物院为例，根据统计，有72万多件、价值1亿元新台币的出版物躺在其仓库里。在这些出版物中，仅是定价200元的《故宫文物》月刊就多达26万本。若以一本月刊厚度0.8厘米来计算，这些库存加起来将达到2 080米，也就是有4.1栋台北101大厦高，印制成本高达5 200万元新台币。

第二是数字出版的问题。数字出版虽然方兴未艾，但大部分是由科技厂商在运作，并非由出版业者在经营；电子书虽然是趋势，但目前所有出版社投入成本仍高过收益，因为没有可获利的商业模式能够使得从业者可以像纸本书一样预付一笔版税给作者，并确保电子书版权的获得，这个是需要解决的问题。正因如此，远流建立了"台湾云端书库"的平台，将公共部门纳入数字出版产业链来共同营造正向循环的数字阅读与出版环境。

台湾地区出版产业正面临"出书多而买书少"的窘境。为了解决台湾地区出版的困境，"文化部"表示，未来将通过"文化教育计划""高龄人口文化近用计划"等来带动学生和"银发族群"阅读；"文化部"希望在提升文化内涵以提振文化经济的概念下，重点投资振兴影视、ACG、出版等以故事为核心的产业群，逐步建构产业生态系统。

（黄昱凯　台湾南华大学）

第五章 出版业大事记

第五章　出版业大革新

第一节 2015年中国出版业大事记

1月

1日 《江苏省人民代表大会常务委员会关于促进全民阅读的决定》正式实施。

5日~6日 全国新闻出版广播影视工作会议在北京举行。中宣部副部长、国家新闻出版广电总局党组书记、局长蔡赴朝出席会议并作工作报告。

6日 由社会科学文献出版社联合业内媒体及研究机构共同举办的第五届中国学术出版年会在北京举行。本届年会以"大数据时代的学术出版与学术评价"为主题。

7日 国家新闻出版广电总局在北京发布《2014中国出版物发行业年度报告》。报告显示，截至2013年年底，全国共有各类出版物发行单位120 483家，全国出版物发行单位共有各类发行网点210 019个，从业人员94.3万人，实现出版物销售总额3 191.4亿元。

同日 2015年农家书屋出版物推荐工作通气会在北京召开。国家新闻出版广电总局就2015年农家书屋重点出版物推荐工作进行通报。

8日 "中国教图按需印刷国际联盟"在北京成立。该联盟由中国教育图书进出口有限公司发起，首批签约企业由在国际上有广泛渠道运营能力的按需印刷发行企业、在国内有重要影响力的出版集团和出版社等60余家单位组成。

8日~10日 由中国出版协会、中国书刊发行业协会主办的第28届北京图书订货会在中国国际展览中心举行。本届订货会展览面积5万平方米，展台2 317个，参展单位864家，展示图书50万种，举办各类文化交流活动150余场，现场馆配采购码洋1.85亿，参观人数8.8万人次。

9日 《书香中国万里行——全民阅读"红沙发"访谈录》在北京首发。全国人大教科文卫委员会主任委员、中国出版协会理事长、中国全民阅读媒体联盟名誉理事长柳斌杰出席活动并发表讲话。该书收集了全民阅读"红沙发"系列访谈在 2012~2014 年期间，共 10 期 40 多个场次的报道内容。

同日 "2014 年度中国影响力图书"揭晓仪式在北京举办，《习近平谈治国理政》等 50 种图书获"2014 年度中国影响力图书"殊荣。此次评选活动以"阅读，重构时代的精神空间"为主题，由新华网与中国出版传媒商报社联合主办。

同日 由百道网主办的"2014 凤凰传媒·中国好编辑颁奖典礼暨第二届中国好编辑论坛"在北京举行。人文、社科、小说、文艺、新知、财经、少儿、生活等 8 个类别各 10 名编辑胜出，成功入选"2014 凤凰传媒·中国好编辑"。

11 日~14 日 由北京市新闻出版广电局、北京出版发行业协会主办的"2015 北京地区出版物订货会"在京举行。本届订货会参展单位共计 900 余家，带来了近十余万种图书、教辅、期刊产品和电子出版物。

14 日 中共中央办公厅、国务院办公厅印发《关于加快构建现代公共文化服务体系的意见》。《意见》明确规定，深入开展全民阅读活动，推动全民阅读进家庭、进社区、进校园、进农村、进企业、进机关。

同日 国家版权局、国家互联网信息办公室、工业和信息化部、公安部在北京联合召开"剑网 2014"专项行动总结会。专项行动开展期间，各地版权行政执法部门共查处案件 440 起，移送司法机关 66 起，行政罚款 352 万余元，关闭网站 750 家。会上还通报了"剑网 2014"专项行动十大案件。

15 日~16 日 由中国期刊协会、中国新闻文化促进会、中国新闻出版研究院联合主办的第九届中国期刊创新年会在北京举行。本届年会以"创新·融合·发展——媒体融合背景下的期刊数字化转型"为主题，国家新闻出版广电总局副局长吴尚之出席会议并讲话。

19 日 第 28 次全国"扫黄打非"工作电视电话会议在北京召开。中共中央政治局委员、中央书记处书记、中宣部部长、全国"扫黄打非"工作小组组长刘奇葆出席会议并讲话，中宣部副部长、国家新闻出版广电总局局长、全国"扫黄打非"工作小组副组长蔡赴朝对各地新闻出版广电部门的"扫黄打非"工作提出要求。

21 日 北京中文在线数字出版股份有限公司登陆深交所创业板，正式挂牌上市，成为中国内地数字出版第一股。中文在线首次公开发行 3 000 万股，发行价格为 6.81 元/股，发行市盈率 22.87 倍。

27 日　国家新闻出版广电总局在北京公布了 13 家出版社的 13 种编校质量不合格教辅读物，并依据相关规定对相关出版单位做出行政处罚。这是 2014 年"出版物质量专项年"活动开展以来，总局公布的第三批编校质量不合格图书。

27 日~28 日　以"融合发展　互补互荣"为主题的第八届全国新闻出版业网站年会暨新闻出版业互联网发展大会在北京召开。本届年会由中国出版协会主办、中国新闻出版研究院承办，年会上发布了《2014 全国新闻出版业网站年度报告》。

28 日　全国"扫黄打非"办公室通报了福建厦门"3·31"网络传播淫秽物品案等 5 起制售传播淫秽色情出版物及网络信息重点案件。

29 日　上海博林文化股份有限公司在上海股权托管交易中心 E 板挂牌，成为国内第一家在 E 板挂牌的民营实体书店，也是全国专业图书馆配服务商中，第一家在 E 版挂牌的企业。

2 月

2 日　由中国出版协会举办的第五届中华优秀出版物奖在北京揭晓。本次评选共有 338 种优秀作品获奖。其中，获奖图书 100 种，获奖音像电子游戏出版物 30 种，全国优秀出版科研论文 30 篇。

3 日　全国"扫黄打非"办公室通报了湖北仙桃"3·05"制售盗版光盘案等 3 起制售侵权盗版出版物典型案件。

4 日　国家数字复合出版系统工程研发工作推进会在北京举行。会议对国家数字复合出版系统工程研发工作做出整体部署，标志着该工程已从启动阶段正式进入全面研发建设阶段。

同日　国家新闻出版广电总局组织召开新闻出版项目工作座谈会，回顾总结新闻出版业项目工作经验，部署 2015 年乃至"十三五"时期实施"项目带动战略"。总局党组成员、副局长阎晓宏出席会议并讲话。

6 日　中国音像与数字出版协会专业数字出版工作委员会成立大会在北京召开。国家新闻出版广电总局副局长、中国音像与数字出版协会理事长孙寿山出席会议并讲话。

10日　由国家新闻出版广电总局组织开展的 2014 年度"大众喜爱的 50 种图书"推荐活动揭晓。《习近平谈治国理政》《邓小平传》《守住中国人的底线》等 50 种图书榜上有名。

11日～15日　第 22 届明斯克国际书展在白俄罗斯明斯克市国家展览中心召开，中国首次并作为主宾国参展。由 43 家出版集团和出版社组成的中国展团，带来了 5 017 种优秀参展图书，签订了 5 项版权和图书销售合同以及 107 份合作意向书。展会期间，中国国家新闻出版广电总局与白俄罗斯新闻部签署了《中白经典图书互译出版项目备忘录》。

12日　由中国出版协会主办的中国出版年会在北京举行。年会发布了《2014 年度中国出版业发展报告》，公布了 2014 年度出版业十件大事、十大人物和 30 本好书。全国人大教科文卫委员会主任委员、中国出版协会理事长柳斌杰出席年会并讲话。

同日　全国"扫黄打非"办公室主任办公会议在北京召开。会议通报了 2015 年以来"扫黄打非"工作的开展情况及近期工作安排，并讨论建立"全国'扫黄打非'办公室主任办公会议制度"。全国"扫黄打非"工作小组副组长兼办公室主任、国家新闻出版广电总局副局长吴尚之主持会议并讲话。

13日　国家新闻出版广电总局下发《关于开展 2015 年向全国青少年推荐百种优秀图书活动的通知》，在倡导和组织前 11 次向全国青少年推荐百种优秀图书活动的基础上，决定在 2015 年继续开展向全国青少年推荐百种优秀图书活动。

同日　中文天地出版传媒股份有限公司以发行股份加支付现金的方式，作价 26.6 亿元购买了北京智明星通科技有限公司 100% 股权。

16日　国家新闻出版广电总局下发《关于开展 2015 年向全国青少年推荐百种优秀音像电子出版物活动的通知》，在连续两年开展向全国青少年推荐 50 种优秀音像电子出版物活动的基础上，决定在 2015 年继续开展向全国青少年推荐优秀音像电子出版物活动，推荐数量也上升到 100 种。

25日　国家新闻出版广电总局下发《关于开展 2015 年全民阅读工作的通知》，在多年倡导并组织开展全民阅读工作、建设"书香中国"的基础上，继续在 2015 年组织开展全民阅读工作，并从 11 个方面对 2015 年全民阅读工作提出明确要求。

28日 由国家新闻出版广电总局（国家版权局）牵头，推进使用正版软件工作部际联席会议第四次全体会议在北京召开。会议对2014年推进使用正版软件工作进展情况进行了总结，并审议了2015年工作计划。会议由国家新闻出版广电总局（国家版权局）副局长阎晓宏主持。

本月 《国际出版业发展报告（2012版）》（国际出版蓝皮书）由中国书籍出版社出版发行。该书由中国新闻出版研究院副院长范军主编，国际出版研究室撰写。

本月 中国音像与数字出版协会发布《关于公布2014年中央转型示范单位的通知》，农民日报社等10家中央报刊单位、20家中央图书（音像电子）出版单位入选2014年中央转型示范单位。

3月

1日 《湖北省全民阅读促进办法》正式实施。该《办法》共32条，是我国首部关于全民阅读的地方政府规章。

2日~3日 由中国版权保护中心主办的以"尊重原创"为主题的2015CPCC中国版权服务年会在北京举行。会上揭晓了2014CPCC十大中国著作权人年度评选结果，并发布了2014年中国版权十件大事。国家新闻出版广电总局副局长、国家版权局副局长阎晓宏出席会议并讲话。

3日 全国版权标准化技术委员会首届年会在北京召开。年会由全国版权标准化技术委员会主办、中国版权保护中心承办，国家新闻出版广电总局副局长、国家版权局副局长、版权标委会主任委员阎晓宏出席年会并致开幕词。

4日 国家出版基金规划管理办公室在其官网发布公告，决定对已公示的"推进国家治理体系和治理能力现代化丛书"等346个项目给予资助。国家出版基金规模已从2014年的4.5亿元增加到2015年的5.5亿元。

同日 国家新闻出版广电总局发出通知，对各地举办2015年全民数字阅读专题活动提出要求。通知说总局将对各地申报的全民数字阅读活动项目进行评选，形成"2015年全民数字阅读活动"重点活动方案并给予支持和重点指导。

5日 第十二届全国人民代表大会第三次会议在人民大会堂开幕。国务院总理李克强向大会做政府工作报告时指出，要让人民群众享有更多文化发展成果，倡导全民阅读，建设书香社会。这是继2014年政府工作报告中提出"倡导全民阅读"后，第二次将"全民阅读"写入政府工作报告，并在报告中首次提出建设书香社会。

10日　腾讯文学与美国数字发行公司Trajectory签署协议，将面向美国北部和南部市场发行腾讯旗下20多万种中文电子书，Trajectory公司也将通过腾讯的内容平台向中国市场发行英文电子书。

15日　国务院总理李克强会见采访十二届全国人大三次会议的中外记者并回答记者提问。在谈到把全民阅读连续两年写入政府工作报告时，李克强表示，书籍和阅读是人类文明传承的主要载体，希望全民阅读能够形成一种氛围，无处不在。

16日　国家新闻出版广电总局在北京举办2015年"出版3·15"监督抽查工作座谈会，国家新闻出版广电总局副局长阎晓宏出席会议并讲话。会上曝光了2014年抽查中发现的7种印刷品质量不合格的图书和7种复制质量不合格的音像电子产品。2015年"出版3·15"监督抽查工作从即日启动。

同日　由腾讯文学和盛大文学合并成立的"阅文集团"正式挂牌。新公司将统一管理和运营原本属于盛大文学和腾讯文学旗下的起点中文网、创世中文网、潇湘书院、红袖添香、小说阅读网、云起书院、QQ阅读、中智博文、华文天下等网文品牌。

17日　人民日报印刷厂就引进喷墨数字印刷生产线与方正电子正式签署协议，成为国内首家打造喷墨数字印刷生产线的报业印刷机构。

19日~20日　2015年数字出版管理工作暨经验交流现场会在上海召开。会议对2014年数字出版工作进行了总结，同时分析形势、安排部署2015年的工作重点。国家新闻出版广电总局副局长孙寿山出席会议并作主旨讲话。

24日　国家新闻出版广电总局公布了国家数字复合出版系统工程应用试点单位名单，人民交通出版社股份有限公司等59家新闻出版单位入选。

同日　时代出版传媒股份有限公司旗下的安徽美术出版社与澳大利亚ATF出版社在澳大利亚驻华大使馆举行签约仪式，共同投资成立时代亚澳公司，同时组织成立"时代—澳大利亚国际出版商合作联盟"。

25日　教育部、国家新闻出版广电总局在北京联合召开全国高校出版工作视频会议。教育部副部长李卫红、国家新闻出版广电总局副局长吴尚之、中宣部出版局局长郭义强出席会议并讲话。

同日 中国科学院上海硅酸盐研究所与自然出版集团正式签署协议,双方将合作出版《npj Computational Materials》(简称《npj－计算材料学》)。这将是中国首个"自然合作期刊"。

26日 中宣部、文化部、国家新闻出版广电总局共同召开贯彻落实中办、国办《关于加快构建现代公共文化服务体系的意见》电视电话会议,对贯彻落实《意见》作出部署。

同日 中宣部和国家新闻出版广电总局下发《关于做好2015年主题出版工作的通知》。《通知》要求,2015年主题出版工作要把握五方面选题重点,抓好四个重点门类。

27日 中国音像与数字出版协会大众数字出版工作委员会在北京成立。国家新闻出版广电总局副局长、中国音像与数字出版协会理事长孙寿山出席会议并讲话。

28日 2015"书香中国万里行"首站活动在江苏苏州正式启动。国家新闻出版广电总局党组成员宋明昌出席启动仪式并讲话。活动由国家新闻出版广电总局指导,中国新闻出版传媒集团、中国全民阅读媒体联盟、苏州阅读节组委会共同主办。

3月30日~4月2日 第52届博洛尼亚国际童书展在意大利博洛尼亚会展中心开展。由37家出版单位组成的中国展团以320平方米超大展位亮相,展出图书3 418册。书展开幕首日公布了第三届博洛尼亚书展年度最佳童书出版社获奖名单,二十一世纪出版社获评"亚洲地区年度最佳出版社",实现了中国大陆出版社在该奖项上零的突破。

31日 国家新闻出版广电总局在北京公布2014"出版物质量专项年"第四批编校质量不合格图书,18家出版单位的21种图书进入"黑名单"。

本月 《2015年度全国图书选题分析报告》出炉。《报告》显示,截至2015年1月31日,全国500多家图书出版社共报送选题229 968种,比2014年同期减少498种,同比下降0.2%。

4月

1日 由国家新闻出版广电总局新修订的《内部资料性出版物管理办法》

正式施行。1997年12月30日由原新闻出版总署发布施行的《内部资料性出版物管理办法》同时废止。

2日 由中国图书评论学会、中国书刊发行协会城市新华书店委员会主办的"2014中国好书"实体书店发行工作座谈会在北京召开。会议通过了《"2014中国好书"全国联展活动实施方案》，并发起成立"中国好书微信联盟"。

7日 由中国印刷及设备器材工业协会、香港印刷业商会、台湾区印刷暨机器材料工业同业公会、澳门印刷业商会联合主办的第五届中华印制大奖颁奖典礼广东省东莞市举行。本届中华印制大奖共评出获奖企业家16人，金奖20件、银奖53件、铜奖85件。

7日~12日 第三届中国（广东）国际印刷技术展览会在广东省东莞市举办。本届展会面积14万平方米，来自23个国家和地区的1 300家厂商参展。

8日 国家新闻出版广电总局公示2015年度国家古籍整理出版专项经费拟资助项目。由天津古籍出版社申报的《白鹤梁题刻文献汇集校注》等97个项目入选2015年度国家古籍整理出版专项经费拟资助项目。

9日 国家数字复合出版系统工程启动大会在北京召开。这标志着国家数字复合出版系统工程进入全面建设与实施阶段。国家新闻出版广电总局副局长、新闻出版重大科技工程项目领导小组副组长孙寿山出席会议并讲话。

10日 国家新闻出版广电总局、财政部联合印发《关于推动传统出版和新兴出版融合发展的指导意见》。《意见》包括总体要求、重点任务、政策措施、组织实施共4部分16条内容。《意见》提出，力争用3~5年的时间，建设若干家具有强大实力和传播力、公信力、影响力的新型出版传媒集团。

同日 全国新闻出版信息标准化技术委员会在北京召开成立大会。这标志着该委员会实现了由行业级标委会向国家级标委会的升格。国家新闻出版广电总局副局长、出版信标委主任委员孙寿山出席并讲话。

同日 经国家新闻出版广电总局批准，《绿色印刷术语》《绿色印刷通用技术要求与评价方法第1部分：平版印刷》《绿色印刷产品抽样方法及测试部位确定原则》《绿色印刷产品合格判定准则第1部分：阅读类印刷品》等4项行业标准正式发布。这标志着我国绿色印刷自我声明认证工作进入实质性阶段。

同日 《中国印刷产业技术发展路线图》在第三届中国（广东）国际印刷

技术展览会上首次发布。路线图总体分为印刷传媒、包装印刷、数字印刷、印刷制造、印刷装备及器材和绿色印刷等6个部分，从近期、中期、远期3个阶段分析2015~2025年印刷技术发展路径。

11日~12日　由传媒杂志社主办的第十届中国传媒年会在武汉举办。本届年会以"转型之机与融合之道"为主题，会议期间发布了《2014中国传媒创新报告》《中国广电产业发展报告》《互联网+，传媒转型与融合》三大主题报告。

12日　第12届中国民营书业发展高峰论坛在上海举行。本届论坛以"民营书业：新常态、新举措、新发展"为主题，由中国新闻出版研究院和上海市新闻出版局主办。

14日~16日　2015年伦敦书展在伦敦西区奥林匹亚中心举行，共有来自64个国家和地区的1 000多家参展商参展。书展首日晚，"第二届国际出版业卓越奖"颁奖典礼举行，中国出版集团公司荣获国际出版卓越奖主席大奖。

17日　安徽新华传媒股份有限公司发布公告称，公司已完成对杭州蓝狮子文化创意有限公司45%股权的收购，交易金额1.575亿元，成为该公司第一大股东。

20日　除广西因特殊原因提前举行之外，其他省市统一举行了2015年侵权盗版及非法出版物集中销毁活动。据统计，全国共销毁侵权盗版音像制品、盗版图书、盗版电子出版物及非法报刊等共计1 644.69万件。全国"扫黄打非"工作小组副组长兼办公室主任、国家新闻出版广电总局副局长吴尚之在北京主会场宣布销毁活动开始并启动销毁机。

同日　由中国新闻出版研究院组织实施的第12次全国国民阅读调查数据在北京发布。结果显示：2014年我国成年国民图书阅读率为58.0%，较2013年上升0.2%，数字化阅读方式的接触率为58.1%，较2013年上升8.0%，各媒介综合阅读率为78.6%，较2013年上升1.9%。

21日　首届中国数字阅读大会在浙江杭州举行。此次大会以"融合·创新·梦想"为主题，发布了2015数字阅读白皮书，启动了"2015数字阅读+"计划。国家新闻出版广电总局党组成员、副局长、中国音像与数字出版协会理事长孙寿山出席会议并致辞。

22日　国家版权局在北京召开新闻通气会，通报了2014年度查处侵权盗版案件有功单位、个人的评选工作情况，发布了2014年度打击侵权盗版十大案件，介绍了2014年开展网站版权重点监管的工作情况。

同日 国家版权局在北京召开规范网络转载版权秩序座谈会暨传统媒体与新媒体版权合作签约仪式。会上，国家版权局发布《关于规范网络转载版权秩序的通知》，就规范网络转载行为出台了9条新规。

23日 阿里巴巴宣布推出阿里巴巴文学。阿里巴巴文学将与书旗小说、UC书城组成阿里移动事业群移动阅读业务的主要部分。

25日 《辞海》第七版编纂出版工作启动大会在上海举行。中共中央政治局委员、上海市委书记韩正，全国人大常委会原副委员长、《辞海》主编陈至立，国家新闻出版广电总局副局长吴尚之等出席会议并讲话。

27日 我国首部高端版权演讲录——《版权的力量》出版座谈会在北京举行。该书以相关论坛和培训为基础，汇集了国内近30位版权管理者和业界精英有关版权话题的演讲。

28日 国家新闻出版广电总局联合中国移动、中国联通、中国电信三大运营商共同开展的"书香中国e阅读"推广工程在北京启动。

29日 全国版权示范城市联盟成立大会在山东青岛举行。杭州、成都、青岛、苏州、昆山、广州、厦门、张家港等全国版权示范城市代表共同签署了《全国版权示范城市联盟合作协议》。国家新闻出版广电总局副局长、国家版权局副局长阎晓宏和山东省副省长季缃绮共同为全国版权示范城市联盟揭牌。

30日 北京、天津、河北三地出版集团共同签署了战略合作协议。根据协议，三地将在建立出版合作机制、数字出版交流、市场营销、"走出去"工作以及印刷、物流等方面加强协调与合作，共同推进京津冀新闻出版事业协同发展。

4月30日~5月3日 第二届中国青岛·东北亚版权创意精品展示交易会暨正版优秀图书展在山东青岛国际会展中心举行。本届版交会与书展以"版权创造财富，创意成就梦想"为主题，由中国版权协会、山东省新闻出版广电局（省版权局）和青岛市人民政府共同主办。

本月 国家新闻出版广电总局正式批准江西省建立国家数字出版基地。这是总局重启国家数字出版基地审批工作后获批的第一家基地，也是《国家新闻出版产业基地（园区）管理办法》出台后，严格按照该办法批准建设的第一家基地。

5月

4日　国家新闻出版广电总局下发通知，决定2015年继续实施"原动力"中国原创动漫出版扶持计划，继续从扶持作品创作入手，推动动漫作品转化为出版产品。

5日　国家新闻出版广电总局（国家版权局）印发《2015年全国新闻出版（版权）打击侵权假冒工作要点》，就进一步开展打击侵权假冒工作进行了具体部署。

7日~13日　第25届阿布扎比国际书展在阿拉伯联合酋长国首都阿布扎比举办。作为唯一一家参加书展的中国出版社，五洲传播出版社展出了140余种中国主题图书，达成版权贸易协议10余项，版贸意向20余项，签约图书超过500项。

8日~18日　由北京市新闻出版广电局主办、北京发行集团承办的"2015年北京书市"在北京朝阳公园举行。中国出版集团等百余家国内大型出版文化单位，集中展销了30余万种中外文图书、音像制品、电子出版物。

9日　国家新闻出版广电总局公布2015年向全国青少年推荐百种优秀音像电子出版物目录。中国国际电视总公司的《国魂》等100种优秀音像电子出版物入选。其中，音像制品84种，电子出版物及有声读物16种，共涉及59家音像电子出版单位。

13日　《2016年度国家出版基金申报指南》正式对外发布。《指南》在延续以往总体框架的基础上，根据党的十八届三中、四中全会精神和习近平总书记系列重要讲话精神，充实和修订了相关内容，并结合当前新形势新要求以及理论建设和学术研究的新进展，对资助重点的内容进行了适当修改。

14日　由国家新闻出版广电总局主办的2015数字出版高端论坛在深圳举办。本届论坛以"融合发展，合作共赢"为主题，国家新闻出版广电总局副局长孙寿山出席论坛并作主旨发言。

同日　由江苏凤凰新华印务有限公司投资建设的"CCPP中国云出版印刷平台"正式上线运营。CCPP平台是凤凰新华印务公司历时两年打造的大型全媒体出版印刷智能服务平台。

14日~18日　以"一带一路"为主题的第11届中国（深圳）国际文化产业博览交易会在深圳举行。本届交易会有2 286个政府组团、企业和机构参展，展出面积10.5万平方米，总参观人数达523.79万人次，实现交易额2 648.18亿元。

17日　由教育部主管、北京师范大学主办的《社会治理》杂志举行创刊号发行仪式。《社会治理》是我国第一本全面关注社会治理领域理论研究与实践探索的专业期刊。

19日　中国音像与数字出版协会电子出版工作委员会成立大会在北京召开。该协会是中国音数协组建的第六个二级协会。

20日　教育部、文化部、国家新闻出版广电总局联合印发《关于加强新时期中小学图书馆建设与应用工作的意见》，以指导中小学校全面贯彻教育方针、实施素质教育、形成书香校园，从而带动全民阅读。

同日　国家新闻出版广电总局新闻报刊司在北京举行2015年中央报刊主管单位工作会议。国家新闻出版广电总局副局长吴尚之出席会议并讲话。

24日~25日　由湖北省新闻出版广电局指导、湖北省出版物发行业协会主办的第14届华中图书交易会在武汉举行。来自全国30个省市自治区的近500家出版发行单位携10万余种图书参展，2万多家订货单位参会，订货码洋超过30亿元。

25日　全国"扫黄打非"办公室开展为期两个月的"微领域"集中整治，进一步遏制"微领域"淫秽色情信息传播蔓延的势头。

27日　国家新闻出版广电总局公布2015年全国优秀少儿报刊推荐名单。《中国少年报》等9种报纸、《中学生天地》等51种期刊脱颖而出，获得推荐。

同日　由中国国家版权局和韩国文化体育观光部主办的第11届中韩著作权研讨会在山东济南举行。本届研讨会以"新形势下的作品保护以及应用"为主题，来自中韩两国的著作权管理部门、企业、运营商、媒体等共100多位嘉宾代表出席会议。

27日~31日　2015美国书展在纽约雅各布贾维茨展览会展中心举办，中国作为主宾国参展。本次中国主宾国活动以"感知中国，共创未来"为主题，展台面积为2 342平方米，由近150家出版单位组成的中国出版代表团携1万余种精品图书参展。此次主宾国活动首次实现中国图书进入美国主渠道。

28日　凤凰美国控股公司揭牌仪式在美国芝加哥市举行。凤凰美国控股公司成立于2015年4月14日，总部位于美国纽约，是凤凰传媒继2014年收购美国童书龙头企业PIL成立凤凰美国出版公司之后，在美国注册成立的又一家实体公司。

29日　国家新闻出版广电总局在北京发布2015年向全国青少年推荐百种优秀图书活动入选书目，人民出版社、中国少年儿童新闻出版总社、二十一世纪出版社等70余家出版单位的100种图书入选。

5月28日～6月1日　由中国书刊发行业协会、北京出版发行业协会、北京市西城区委区政府、中国儿童中心主办的首届中国童书博览会在中国儿童中心（北京）举办。此次中国童书博览会设置六大主题展馆，百余家业内儿童图书出版社、阅读推广机构参展。

31日　全国"扫黄打非"办公室公布"净网2015"专项行动第三批案件查处情况。这批案件共5起，全部涉及"微领域"。

6月

1日　2015年国家出版基金管理工作座谈会在北京召开。国家新闻出版广电总局党组成员宋明昌出席并讲话，在京219家出版单位的相关负责人参加会议。会议的主要内容是落实和解读《2016年度国家出版基金申报指南》，加强国家出版基金管理工作。

5日　国家新闻出版广电总局在北京举行贯彻落实《关于加快构建现代公共文化服务体系的意见》新闻通气会。会议通报了总局下发的《关于贯彻落实〈加快构建现代公共文化服务体系的意见〉的实施方案》，重点是进一步加强新闻出版广播影视基础设施标准化建设，着力提高新闻出版广播影视公共产品供给能力和服务水平。

同日　由中国印刷技术协会、中国印刷杂志社、富士胶片（中国）投资有限公司主办的第三次中国绿色印刷企业调查暨行业共建"绿色印刷林"媒体见面会在北京举行。会议宣布，第三次调查活动于6月15日启动。

10日　全国版权执法监管工作座谈会在福建厦门召开。国家版权局、国家网信办、工信部、公安部在会上联合下发了《关于开展打击网络侵权盗版"剑网2015"专项行动的通知》，全面启动"剑网2015"专项行动。

11 日　第四届"世界知识产权版权金奖（中国）"在福建厦门颁发。莫言的《红高粱》（文字作品）等 6 部作品获得作品奖，北京爱奇艺科技有限公司等 4 家单位获得推广运用奖，张抗抗等 4 个个人或单位获得保护奖。

15 日　国家新闻出版广电总局下发《关于开展 2015 年"百社千校"阅读活动的通知》，决定 2015 年继续组织开展"百社千校"阅读活动。活动从 7 月中旬开始至 10 月下旬结束。

16 日~17 日　2015 年中文数字出版与数字图书馆国际研讨会在陕西省西安市举行。中国出版协会常务副理事长邬书林出席会议并作主题学术报告。

同日　辽宁报业传媒集团旗下新媒体公司——辽宁北国传媒网络科技股份有限公司（简称"北国传媒"），在全国中小企业股份转让系统正式挂牌。北国传媒总股本为 5 000 万股，注册资金 5 000 万元。

17 日　京东宣布收购社交阅读应用"拇指阅读"。同日，京东阅读社区版 APP 正式登陆苹果 App　Store 和各大安卓市场。由此，京东完成了电子图书前期试读、中期购买、后期评论互动的全程布局。

18 日　中宣部和国家新闻出版广电总局在北京召开纪念抗战胜利 70 周年出版专题工作会。会上发布了纪念中国人民抗日战争暨世界反法西斯战争胜利 70 周年重点选题 120 种，同时启动"百种经典抗战图书"重印再版计划。

19 日　国家新闻出版广电总局印发《关于开展中华优秀传统文化普及图书推荐活动的通知》，提出为深入贯彻落实党的十八大、十八届三中四中全会精神和习近平总书记系列重要讲话精神，传承和弘扬中华优秀传统文化，培育社会主义核心价值观，决定组织开展中华优秀传统文化普及图书推荐活动。

同日　宁夏黄河出版传媒集团下属的宁夏人民教育出版社与南京扫扫看数字科技有限公司以各占 50% 股权的形式，合资成立宁夏益邦数字科技有限公司。

同日　由凤凰出版传媒集团联合中江集团建设的中非（纳米比亚）印务基地在纳米比亚首都温得和克揭牌成立，落户基地的"符号江苏国际（纳米比亚）文化交流中心""凤凰千年兰印务有限公司"也一同揭牌。

同日　中国国际出版集团（中国外文局）拉美区域中心成立揭牌仪式在墨西哥首都墨西哥城举行。该区域中心将协调组织中国国际出版集团在拉美的书刊、网业务及翻译工作，规划集团业务在拉美的整体发展。

23日　中宣部出版局、国家新闻出版广电总局新闻报刊司在北京召开全国优秀少儿报刊座谈会。国家新闻出版广电总局副局长吴尚之、中国作家协会副主席高洪波出席会议并讲话。

24日　中国印刷技术协会第八次全国会员代表大会暨换届大会在北京召开。国家新闻出版广电总局印刷发行司司长王岩镔当选为第八届理事会理事长。

26日　全国"扫黄打非"办公室在北京召开"扫黄打非·固边2015"专项行动座谈会。全国"扫黄打非"工作小组专职副组长李长江，全国"扫黄打非"工作小组副组长兼办公室主任、国家新闻出版广电总局副局长吴尚之出席会议并讲话。

同日　奥地利威辛巴特书业咨询公司发布了"2015版全球出版业排行"报告。在前50榜单中，凤凰出版传媒集团、中南出版传媒集团、中国出版集团、中国教育出版传媒集团4家中国出版企业榜上有名。

30日　中国音像与数字出版协会游戏出版工作委员会成立大会在北京召开。国家新闻出版广电总局副局长、中国音像与数字出版协会理事长孙寿山委托代表宣读了书面讲话。

本月　国家新闻出版广电总局发布《2014年内地7家上市出版企业年度经营情况分析报告》。《报告》从市值和股本结构、公司规模和成长性、公司经营效益、公司资金运营和偿债能力、公司经营特点等5个方面做出详细分析。

7月

1日~4日　第22届东京国际书展在日本东京国际展示场举办。由中国科学出版集团、人民出版社等20家出版单位组成的中国出版展团参展，实现版权输出61项、引进76项。

6日　全国"扫黄打非"办公室通报了"护苗2015"专项行动第一批8起案件查处情况。其中，5起为网站登载淫秽色情漫画案，3起为侵权及非法少儿出版物案。

7日　国家新闻出版广电总局第二批转型示范单位名单公示。10家报业集团、30家报纸单位、29家期刊单位、5家出版集团、26家图书（含音像电子）出版单位共计100家单位入选。

9日~10日　中央宣传部、中国作协在北京召开全国儿童文学创作出版座谈会。中国作家协会主席铁凝、中宣部副部长庹震、国家新闻出版广电总局副局长吴尚之出席会议并讲话。

13日　国家新闻出版广电总局和国家民族事务委员会联合发出通知，决定开展第三届向全国推荐百种优秀民族图书活动，以进一步繁荣发展少数民族文化事业，促进全民阅读活动深入开展。

14日~16日　由中国新闻出版研究院主办的第六届中国数字出版博览会在北京举办。本届年会以"融合·创新·发展"为主题，会上发布了《2014~2015中国数字出版产业年度报告》。国家新闻出版广电总局副局长孙寿山出席并作主旨讲话。

15日　国家新闻出版广电总局就组织开展《"十三五"国家重点图书、音像、电子出版物出版规划》编制工作下发通知，提出了《规划》编制的10个方面的重点。

同日　国家新闻出版广电总局发布了《2014年新闻出版产业分析报告》。《报告》显示，2014年全国出版、印刷和发行服务实现营业收入19 967.1亿元，同比增长9.4%；利润总额1 563.7亿元，同比增长8.6%。

15日~17日　由中国出版协会古籍出版工作委员会（古工委）主办的第30届全国古籍出版社社长年会暨2014年度优秀古籍图书评奖会在吉林长春举行。由中华书局出版的《商周金文辞类纂》等30种图书荣获优秀古籍图书一等奖，53种图书获二等奖，10种图书获普及读物奖。

15日~21日　由香港贸易发展局主办的第26届香港书展在香港会议展览中心举行。本届书展以"从香港阅读世界·一读钟情"为主题，来自全球33个国家和地区的580多家参展商参展，百万人次进场参观。

17日　由学习出版社出版的《中国编辑思想史》出版研讨会在北京召开。该书分上、中、下三卷，是对中国编辑思想史进行全面总结和系统研究的首次尝试之作。

18日~19日　2015年中国出版协会少年儿童读物工作委员会年会暨第30届全国少年儿童出版社社长年会在安徽合肥举行。国家新闻出版广电总局副局长吴尚之出席会议并讲话，安徽省委常委、宣传部长曹征海致辞。

21日　国家新闻出版广电总局下发《关于公布中国文艺原创精品出版工程

项目名单的通知》，人民文学出版社的《抗日战争》等77个项目入选中国文艺原创精品出版工程。

22日　我国首个印刷文化保护基地——中国印刷博物馆福建印刷文化保护基地授牌仪式在福建建阳举行。国家新闻出版广电总局党组成员宋明昌，福建省委常委、宣传部长李书磊出席授牌仪式并讲话。

23日　由中国新闻出版研究院副院长范军主编，中国书籍出版社出版的《国际出版业发展报告（2014版）》（国际出版蓝皮书）在北京举行新书首发式。报告分析了世界多国2013年出版业的出版、发行及各细分领域的发展状况，对国际上主要发达国家的出版情况进行了阐述。

8月

3日　国家新闻出版广电总局、教育部、国家发改委联合发布《中小学教辅材料管理办法》。《办法》共14条，内容涉及中小学教辅材料的编写出版、印刷复制、发行、质量、评议、选用、价格、监督等方面，自2015年10月1日起施行。

4日　美国有线电视新闻网选出17家"全球最酷书店"，中国3家书店上榜，分别是台北诚品书店、南京先锋书店和广州1200bookshop。

13日　纪念中国人民抗日战争暨世界反法西斯战争胜利70周年优秀出版物百家书城联合展示展销活动在北京图书大厦启动。国家新闻出版广电总局副局长吴尚之出席活动并讲话。

14日~20日　以"阅读无处不在"为主题的2015南国书香节暨羊城书展在广州广交会展馆举行，同时在珠海、中山、阳江、惠州、江门设立分会场。本届南国书香节参展图书达35万种，广东全省主、分会场进场140多万人次，图书销售码洋约3 000万元。

17日　国家新闻出版广电总局"经典中国国际出版工程"办公室公布2015年资助出版项目公示名单。荷兰莱顿大学出版社的《红楼梦》等52家出版机构的102个品种入围，公示结束后有望获得资助。

19日　由上海交通大学、上海市新闻出版局、中国大学出版社协会联合主办的第三届中国学术出版走出去高端论坛在上海举行。国家新闻出版广电总局副局长阎晓宏出席论坛，中国出版协会常务副理事长邬书林发表主旨演讲。

19日~25日　由国家新闻出版广电总局、上海市人民政府主办的2015上海书展暨"书香中国"上海周在上海举办。本届书展以"我爱读书,我爱生活"为主题,500余家出版机构带来超过15万种参展图书,举办各类阅读文化活动近800场。

20日~24日　由国家新闻出版广电总局(国家版权局)、广东省人民政府共同主办的第七届中国国际影视动漫版权保护和贸易博览会在广东东莞举行。本届漫博会参展企业458家,参赛作品1 126件,参与活动人数超过60万人次。

21日　国家新闻出版广电总局"丝路书香工程"重点翻译资助项目秘书处公布2015年资助项目公示名单。民族出版社的《习近平谈治国理政》等56家申报单位的304个品种入围,公示结束后有望获得资助。

23日　在美国华盛顿州斯波坎市举行的第73届世界科幻小说大会宣布,中国作家刘慈欣凭借科幻小说《三体》获得科幻文坛最高荣誉雨果奖。

25日　第九届中华图书特殊贡献奖颁奖仪式在北京人民大会堂举行,中共中央政治局委员、国务院副总理刘延东出席。15位作家、翻译家和出版家荣获特殊贡献奖,5位青年学者荣获青年成就奖。

26日　中国出版集团总裁谭跃与阿拉伯出版商协会主席阿西姆·沙勒比分别代表中国出版集团和阿拉伯出版商协会签署战略合作协议。这是业内第一次与阿拉伯语国家开展大规模的合作,涵盖22个阿拉伯国家的近900家出版机构。

26日~30日　第22届北京国际图书博览会(BIBF)和第13届北京国际图书节在中国国际展览中心(顺义新馆)同期举办,82个国家和地区的2 302家出版相关机构参展。本届图博会展览面积6.6万平方米,展出中外出版物约27万种,共达成中外版权贸易协议4 721项。

27日　浙江少年儿童出版社收购澳大利亚新前沿出版社(New Frontier Publishing)的签约仪式在北京国际图书博览会上举行。收购完成后,该社将作为浙少社的一个海外全资子公司,仍保持其品牌的独立性和运行的国际化。

28日　接力出版社埃及分社创办签约仪式在北京国际图书博览会上举行。接力出版社埃及分社由接力出版社、埃及大学出版社、埃及智慧宫文化投资(出版)公司合作成立。

本月　由中宣部、国家新闻出版广电总局组织开展的第六届优秀通俗理论读物推荐活动入选图书揭晓。《法治热点面对面——理论热点面对面·2015》等8种图书入选。

9月

1日　2015年"原动力"中国原创动漫出版扶持计划入选项目开始公示，39个项目入选。其中，漫画图书类项目20个，多媒体动画类项目10个，期刊连载类项目4个，动漫游戏类项目5个。

2日~6日　第28届莫斯科国际书展在莫斯科全俄国际展览中心举办。由中国出版集团公司、高等教育出版社等48家出版单位组成的中国出版代表团携700余种、1 000多册图书参展。

3日　安徽少年儿童出版社与黎巴嫩数字未来公司合资打造的"时代未来有限责任公司"在黎巴嫩首都贝鲁特注册。安少社成为国内首家在中东成立合资公司的出版社。

8日　国家版权局公布《著作权行政处罚实施办法（修订征求意见稿）》，向社会公开征求意见。《著作权行政处罚实施办法（修订征求意见稿）》主要就行政处罚程序、网络服务提供者的行政责任以及网络环境下的版权执法等内容进行了修改。

12日　青岛出版集团与澳大利亚威尔顿国际出版集团在悉尼举行签约仪式，就双方合资建立澳大利亚实体公司签署合作协议。

12日~14日　第11届海峡两岸图书交易会在厦门举办。本届交易会参展图书共20万种、70万册，450余家两岸出版机构参展，现场订购、销售图书总码洋4 160万元，达成两岸图书版权贸易314项。

15日　中央党校出版社大有书局在中央党校校园揭牌。中央党校常务副校长何毅亭、副校长赵长茂，国家新闻出版广电总局副局长孙寿山及中宣部出版局局长郭义强共同为大有书局揭牌。

17日　青岛碱业正式更名为"城市传媒"。这标志着青岛出版集团旗下青岛城市传媒股份公司借壳青岛碱业上市正式收官，成为全国首家定位于城市出版社的文化传媒类上市公司。

18日　国家新闻出版广电总局公布了2015年中国"百强报刊"推荐名单，

《人民日报》等99家报纸入选百强报纸，《读者》等100种社科期刊入选百强社科期刊，《细胞研究（英文）》等100种科技期刊入选百强科技期刊。

同日　由中国（武汉）期刊交易博览会组委会、中国期刊协会主办，《中国期刊年鉴》承办的2015"中国最美期刊"遴选活动评选结果揭晓，《半月谈》《博物》等99种期刊入选。

18日~19日　以"倡导全民阅读，共建书香社会"为主题的出版界图书馆界全民阅读年会（2015）在江苏苏州举行。本届年会由中国图书馆学会、韬奋基金会、中国出版集团公司、中国新华书店协会主办，全国政协常委、副秘书长、民进中央副主席朱永新等出席会议。

18日~20日　以"新常态、新融合、新发展"为主题的2015中国（武汉）期刊交易博览会在武汉国际会展中心举办，并在宜昌、襄阳设立分会场。本届展会吸引了45个国家和地区参展，共展出3.3万多种期刊和数字化期刊产品，现场销售和订货码洋达4.1亿元，共签订、达成交易协议和意向180多项。

21日　由中国出版协会教育图书工作委员会主办的全国教育出版社社长总编辑年会在山东烟台举办。中国出版协会常务副理事长邬书林出席并作专题报告。

同日　由3 000余人历时4年编撰的《中国地理标志产品大典》中文版在北京举行首发式。《大典》收录了国家质检总局实施地理标志保护的1 000多个地理标志产品及1万余幅产品图片，是一部中国地理标志产品的总集成。

21日~22日　2015年全国印刷经理人年会在西安召开。会议公布了2014年年度核验统计结果：2014年，全国共有印刷企业10.5万家，从业人员339.4万人，实现印刷总产值10 857.5亿元。

24日~25日　由中国科学技术协会和国家新闻出版广电总局联合主办的第11届中国科技期刊发展论坛在青海省西宁市举办。本届论坛主题为"融合发展：新常态下科技期刊的发展之路"。

25日　由全国25家人民出版社共同出版的25卷《中国抗日战争全景录》正式宣布出齐。该书全景式再现了中国人民奋起抵抗日本侵略者的艰难历史。

25日~27日　由国家新闻出版广电总局、山西省人民政府共同主办的第25届全国图书交易博览会在太原举办，同时在大同市、长治市、运城市设立分会场。本届书博会以"文华三晋·书香九州"为主题，全国1 000余家出版单位展出各类图书 25.63 万种。

29 日　第 8 届中国国际漫画节开幕式暨 2015 年"原动力"中国原创动漫出版扶持计划入选项目发布仪式、第 12 届金龙奖颁奖典礼在广州市星海音乐厅举行。国家新闻出版广电总局副局长、国家版权局副局长阎晓宏出席并致辞。

10 月

8 日　由中国书籍出版社出版的《2014~2015 中国出版业发展报告（中国出版蓝皮书）》在北京举行新书首发式。蓝皮书由中国新闻出版研究院组织编写，内容包括图书出版、期刊出版、报纸出版、数字出版、印刷业、出版物发行业等 6 部分。

9 日　湖北省首家少儿类出版集团——长江少年儿童出版社（集团）有限公司正式挂牌，开始公司化运作。其旗下有海豚传媒、爱立方、上海安柏、北京智慧树等数家公司。

13 日　国家新闻出版广电总局在其官网公示 2015 年国家印刷复制示范企业名单。北京新华印刷有限公司等 15 家印刷企业被认定为 2015 年最新一批国家印刷示范企业。

14 日~18 日　第 67 届法兰克福国际书展在德国法兰克福举办。来自北京、山东、河南等 17 个省区市的 90 家单位组成的中国展团，携带出版物 1 000 余种参展。

14 日　由中国国际图书贸易集团有限公司开发的面向全球读者销售华文书刊的跨境电商平台——华文联盟电子商务平台 READONE，在第 67 届法兰克福国际书展上上线试运营。

15 日~18 日　中国大学出版社协会 2015 年年会暨第 28 届全国大学出版社图书订货会在贵阳举行，114 家大学出版社携近 10 万种图书及音像电子数字出版物亮相。

16 日~18 日　首届孔学堂·国学图书博览会在贵阳孔学堂举办。此次博览会汇集了全国 220 余家出版社，共计 2 万余种国学类图书参展，销售码洋 500 万元左右。中宣部副部长、国家新闻出版广电总局局长蔡赴朝，湖北省委副书记、代省长孙志刚出席。

19 日　国家新闻出版广电总局和全国老龄工作委员会办公室共同发出《关于公布 2015 年向全国老年人推荐优秀出版物的通知》《习近平谈治国理政》等 90 种图书和《伟大的抗美援朝》等 10 种音像电子出版物入选。

19 日~28 日　由中国国务院新闻办公室和国家新闻出版广电总局联合主办的 2015 伦敦中国图书节在英国伦敦举办。图书节展销图书以中国近年出版的最具影响力的英文版图书为主,其中大多数图书是第一次与英国读者见面。

21 日　中国共产党优秀党员、忠诚的共产主义战士,中国共产党第十三、十四次全国代表大会代表,第八届、第九届全国人大代表、全国人大教育科学文化卫生委员会委员,文化部原副部长、原国家新闻出版署署长、国家版权局原局长,著名出版家宋木文同志因病医治无效,在北京协和医院逝世,享年 86 岁。

22 日~23 日　由北京市图书进出口有限公司主办的 2015 年北京台湖国际教育图书展在北京台湖出版物会展贸易中心园区举行。图书展汇集了 48 家国际出版集团、380 余家国外出版社的 5 万余种外文原版图书,吸引了全国 30 余个省(区、市)的 200 余家国际学校、教育培训集团、公立学校到现场采购订货。

10 月 25 日~11 月 1 日　第 60 届贝尔格莱德国际书展在塞尔维亚首都贝尔格莱德展览中心举办。由人民出版社、上海世纪出版集团等十几家出版机构组成的中国出版代表团参展,展出图书 600 余册。

28 日　国家新闻出版广电总局印发《关于开展报刊发行秩序专项整治的通知》,自即日起至 2016 年年初在全国开展报刊发行秩序专项整治,严查报刊搭车摊派、违规发行。

同日　12 家经国家版权局批准的国家版权交易中心(国家版权贸易基地、国际版权交易中心)宣布成立"国家版权交易中心联盟",旨在加强版权保护和运营,发挥各自特点,整合优势资源,共同推动版权产业发展。

29 日　中宣部和国家新闻出版广电总局下发通知,公布 2015 年主题出版重点出版物选题。《习近平谈治国理政(盲文版)》等 100 种图书选题和《大方略——"四个全面"一周年回眸》等 25 种音像电子出版物选题入选 2015 年主题出版重点出版物选题。

同日　国家新闻出版广电总局、全国古籍整理出版规划领导小组下发通知，对申报2016年度国家古籍整理出版资助项目情况做出说明。

10月29日~11月1日　由文化部、国家新闻出版广电总局和北京市人民政府共同主办的第十届中国北京国际文化创意产业博览会在北京举办。本届文博会吸引了来自俄罗斯、匈牙利、伊朗、埃及、阿根廷、澳大利亚、韩国、印度等40个国家和地区的45个代表团组参会，中外参展机构和企业近1 800家。

30日　由中国藏学出版社出版的《西藏通史》在北京首发。该书共8卷13册900余万字，是国内首部完整、全面、系统介绍西藏地方历史的通史著作。

同日　《2014~2015年度北京市全民阅读指数综合报告》在北京发布。数据显示，北京市综合阅读率为91.16%，其中纸质阅读率为81.7%，数字阅读率为78.18%。

本月　国家新闻出版广电总局发布《2015年内地上市的出版发行印刷企业上半年经营情况分析报告》。《报告》显示，2015年上半年，26家出版发行印刷上市公司总市值高速增长，整体规模不断壮大，发展能力有所增强，保持了较高的赢利水平和较强的偿债能力。

11月

3日　中华全国新闻工作者协会、中国出版协会、韬奋基金会联合在北京举行座谈会，纪念邹韬奋诞辰120周年。中共中央政治局委员、国务院副总理刘延东出席座谈会并讲话。

同日　由国家新闻出版广电总局和环保部主办的2015年绿色印刷推进会在北京举办。推进会发布了《2015年实施绿色印刷成果报告》和《2015年绿色印刷调查报告》。

5日　第四届韬奋出版人才高端论坛在北京举行。本届论坛以"'互联网+'时代的出版人才"为主题，由韬奋基金会主办，中国新闻出版研究院、中国新闻出版广电报社联办，百道网协办。

6日　国家新闻出版广电总局在北京召开重点网络文学网站座谈会。会上，29家知名网络文学网站的主要负责人围绕坚持以人民为中心的创作导向、提高网络文学作品质量、践行社会主义核心价值观等议题谈体会、讲心得。

9日　2015年度"中国最美的书"评选揭晓。上海人民美术出版社的《上海字记——百年汉字设计档案》、广西美术出版社的《订单——方圆故事》等20种图书榜上有名。

同日　中国印刷技术协会发布公告，正式公布第13届毕昇印刷技术奖评选结果。上海出版高等专科技术学校常务副校长滕跃民等6人获毕昇印刷杰出成就奖，北京华联印刷有限公司总经理朱敏等11人获毕昇印刷优秀新人奖。

10日~11日　"十三五"国家重点出版物出版规划项目论证会在北京召开。会议明确了"十三五"出版规划十个方面的重点内容。国家新闻出版广电总局副局长吴尚之出席会议并讲话。

11日　由人民文学出版社与中国红楼梦学会联合举办的《红楼梦大辞典》修订启动仪式暨人民文学出版社与红学出版座谈会在北京举行。

13日　国家新闻出版广电总局在北京举行出版传媒集团主要负责人座谈会。中宣部副部长、国家新闻出版广电总局党组书记、局长蔡赴朝发表书面讲话。

13日~14日　全国新闻出版统计工作会议在北京召开。国家新闻出版广电总局副局长阎晓宏出席会议并讲话。他要求进一步加强和改进新闻出版统计工作，努力提高新闻出版统计工作服务改革发展大局的能力。

13日~15日　由上海市新闻出版局、中国教育出版传媒集团有限公司、环球新闻出版发展有限公司共同主办的第三届中国上海国际童书展在上海举办。30多个国家和地区的300余家知名童书出版商与相关机构携5万余种中外童书新品参展。

18日~19日　以"年轻的移动阅读群体与出版业的变革"为主题的第二届国际数字出版大会在北京举行。本届大会由中国新闻出版研究院指导，中国知网主办，北京希普思文化咨询有限责任公司承办。

21日~22日　中国编辑学会第16届年会在江苏省镇江市召开。本届年会以"培养编辑名家　打造出版精品"为主题，国家新闻出版广电总局副局长吴尚之出席会议并讲话。

24日　国家新闻出版广电总局在北京公布了2015年"出版物质量提升年"少儿类和文艺类编校质量不合格图书，并依据相关规定，给予中国文联出版社等23家出版单位警告的行政处罚，《山村梦魂》等24种图书被责令30日内全部收回。

25日　全国全民阅读工作会议在北京召开。会议总结了近10年来全民阅读取得的成效和经验，研究部署未来一个时期的全民阅读工作。国家新闻出版广电总局副局长吴尚之、中宣部出版局局长郭义强出席会议并讲话。

27日　由中国版权协会主办的第八届中国版权年会主题论坛在北京举办。本届年会论坛的主题为"'互联网+'时代的音乐——价值挖掘与实现途径"。全国政协副主席齐续春、世界知识产权组织（WIPO）副总干事王彬颖、国家新闻出版广电总局（国家版权局）副局长、中国版权协会理事长阎晓宏出席论坛并致辞。

同日　纪念中国新闻出版研究院成立30周年座谈会在北京举行。国家新闻出版广电总局副局长吴尚之出席会议并讲话。

28日　时代出版旗下子公司时代少儿文化发展有限公司在安徽合肥揭牌成立。公司是在安徽少年儿童出版社和安徽时代漫游文化传媒股份有限公司基础上组建而成，定位于少儿文化产业投资管理运营。

本月　由国家新闻出版广电总局出版产品质检中心承担研制的"出版物鉴定技术标准与规范研究项目"全部28项标准规范，通过国家质检总局验收。28项成果包括11项国家标准、3项行业标准、14项部门规范性文件，内容涵盖对假冒伪劣、侵权盗版的图书、报纸、期刊、音像制品的鉴定，以及对印刷复制产品和电子出版物质量检测的标准与规范。

12月

3日　国家新闻出版广电总局、国家民族事务委员会发出通知，公布第三届向全国推荐百种优秀民族图书。由民族出版社、四川民族出版社、广西民族出版社出版的《习近平总书记系列重要讲话读本》（7种民族文字版）等百种出版物入选。

同日　国家新闻出版广电总局"丝路书香工程"重点翻译资助项目秘书处公布了2015年增补翻译资助项目公示名单。50家申报单位的242个品种入围，公示结束后有望获得资助。

5日　第14届输出版引进版优秀图书推介活动颁奖典礼暨"一带一路"下的版权贸易研讨会在北京举行。活动评选出100种2014年度输出版优秀图书、50种引进版社科类优秀图书、30种引进版科技类优秀图书，10人获2014年度全国"优秀版权经理人"称号，6人获"推动版权输出和引进典型人物"称号。

同日　由中国出版协会少年儿童读物工作委员会与出版商务周报社联合主办的"2015桂冠童书颁奖典礼暨童书创新出版论坛"在北京举行。《诗流双汇集》等10类50种童书获得"年度桂冠童书"称号。

10日　读者出版传媒股份有限公司A股股票正式在上海证券交易所挂牌上市。本次发行规模为6 000万股，发行股份均为新股，发行后总股本2.4亿股，募集资金5.86亿元，发行价格为9.77元/股。

12日　以"交流2015年加快转型升级、努力实现双效的实践经验"为主题的第24届全国科技类出版社社长总编辑年会在北京召开。中国出版协会常务副理事长邬书林出席会议并讲话。

15日　国家版权局、国家网信办、工信部、公安部在广西南宁联合召开"剑网2015"工作总结会。这标志着自2015年6月10日正式启动的第11次打击网络侵权盗版专项行动圆满收官。

同日　国家新闻出版广电总局下发《关于报送2016年图书、音像电子出版物出版计划的通知》，提出2016年图书、音像电子出版物出版计划11个方面的报送重点。

同日　国家新闻出版广电总局下发通知，公布首届向全国推荐中华优秀传统文化普及图书名单，由二十一世纪出版社出版的《中华文明大视野》等86种图书入选。

16日　中信出版集团股份有限公司在全国中小企业股份转让系统挂牌敲钟仪式在北京举行。公司正式登陆新三板资本市场，成为该市场首家国有出版股。

18日~19日　由中国期刊协会等单位主办的"中国学术期刊未来论坛"在北京举行。论坛上发布了《2015年中国学术期刊国际、国内影响力研究报告》，"2015中国最具国际影响力学术期刊"和"2015中国国际影响力优秀学术期刊"名单同时公布。

24日　《辞源》第三版在北京首发，"《辞源》出版百年暨《辞源》第三版出版座谈会"同时举行。《辞源》第三版经过百余位学者8年修订，收单字14 210个、复音词92 646个、插图1 000余幅，共1 200万字。

28日　国家出版产品质量监督检验中心成立座谈会在北京召开。国家新闻出版广电总局副局长阎晓宏出席座谈会并讲话。

29日　广西期刊传媒集团在桂林正式揭牌。该集团是由国家新闻出版广电总局批复组建的全国首家高校期刊集团，也是广西首家期刊传媒集团。

30日　中国新闻出版研究院发布2013年《中国版权产业的经济贡献调研报告》。报告表明，2013年中国版权产业创造了42 725.93亿元的行业增加值，较上一年度增长20%，对国民经济的贡献率已达7.27%，商品出口额2 912.34亿美元。

本月　由国家新闻出版广电总局组织开展的新闻出版业"十三五"规划建言献策有奖征文活动评选结果揭晓。活动共评选出一等征文3篇、二等征文5篇、三等征文10篇、优秀征文38篇。

（息慧娇　中国出版网）

第二节 2015年中国香港特别行政区出版业大事记

1月

3日 香港特区作家联会创会会长、著名诗人、作家、新闻记者曾敏之病逝于广州家中,享年98岁。曾敏之最初是《大公报》记者,后任香港《文汇报》副总编辑、代总编辑,文汇出版社总编辑、评委会主任,著有《曾敏之杂文集》《望云海》《观海录》《文苑春秋》《诗的艺术》《古典文学欣赏举隅》等著作。

15日 香港特区作家陈浩基以推理小说《13.67》获"2015台北国际书展"大奖,成为首位获奖的香港作家。书中以一个香港警探为主角,融合了1967~2013年的香港社会发展背景。该书获奖时刚刚售出国际版权。陈浩基曾获台湾地区2011年岛田庄司推理小说奖首奖,在台出版过多部科幻、推理作品。

18日 2015年度香港特区首个大型书展"湾仔书展"开锣。活动首先是18~19日一连两天在东角道举行"阅读在铜锣湾",之后23~25日一连三天在修顿球场举行"阅读在修顿"活动。活动展场设有四大特价区,包括"新书特价区""20元特价区""10元超值特价区"和"100元一袋书特价区"。此次活动参观人数比上一年增加10%,达40万人次。

21日 饮食专栏作家欧阳应霁在上环PMQ元创方创办"味道图书馆"(Taste Library)。这是本港首个以食谱为主的藏书中心。图书馆除汇集近3 000本来自世界各地的饮食文化图书,根据"一般饮食事务""大中华地区"和"世界饮食"3个主题分门别类陈列,只限在场阅读,不设外借服务。阅读室旁另设一间厨房,每月至少举办两次以食材为主题的工作坊或活动,让公众从交流活动过程中了解与食材相关的图书和更多各地饮食文化。

2月

1日 由香港公共图书馆与香港儿童文艺协会合办的"2015学生中文故事创作比赛"开始接受报名。该比赛旨在提高学生对文学创作和欣赏的兴趣,从而扩大其阅读层面及增强语文的运用能力。比赛分高小组、初中组及高中组,比赛对象是小学四年级至中学六年级学生。

11日 香港公共图书馆"全港诗词创作比赛"开始接受报名。该比赛创办自1991年,目的是提高市民运用中国语文和欣赏韵文的能力。比赛单年比诗,双年比词,2015年属单年,即比试律诗。

同日 设于"2015台北国际书展"的"腾飞创意——香港馆2014~2015"举行揭幕礼。这是香港特区出版及印刷业第四次在台北国际书展中设立"香港馆"。活动由香港出版总会与香港印刷业商会合办,"创意香港"赞助,共展出逾800种香港特区的优秀图书、印刷品及电子图书,另有数千种近年最新出版的优秀图书,可供台湾地区读者在场内以优惠折扣选购。本届"香港馆"首次增设"港式奶茶"免费赠饮活动,以推广这项独特的非物质文化遗产。

15日 首部系统披露粤港澳合作由来、机制与焦点的权威图书《粤港澳合作报告》在港发布。本书由中国文化院有限公司出版,记述了粤港澳合作的重大历史细节,聚焦前海、南沙、横琴,探索突破进展和方向,展示粤港澳发展愿景。

24日 来自新加坡的Page One(叶壹堂)迁出时代广场原铺,去向未定。该书店以艺术、建筑类图书著称,1997年落户时代广场,早年就曾由地库搬至位置较差的9楼,现在最终因商场全面装修该层而要停业。该店在九龙尚有两家分店。

3月

3日 康乐及文化事务署宣布在沙田文化博物馆设立占地2 000方尺的永久的"金庸展厅",展示金庸的手稿、不同时期版本的小说、创作的心路历程等,预计2016年底开展,免费开放供市民参观。署方已成立一个专责小组展开前期工作,包括接洽拜访金庸及认识或珍藏其创作资料的人士,进行资料搜集和开展筹备工作,甚至展开大型的民间征集运动。

8日 为纪念香港汉荣书局创办人石景宜博士毕生促进两岸文化交流、推广中华文化艺术的精神,五年前香港汉荣书局举办了首届"石景宜博士杯——华夏书画创作大赛",吸引来自日本、韩国、美国、澳大利亚等的非华裔艺术家一同参与,共收到投稿8 174件,盛况空前。第二届大赛于2015年3月8日起正式启动,并已被文化部评为"2015年度全国对港澳文化交流重点项目"。本届大赛的截止日期为2015年9月30日。

17日 中国当代艺术发展的重要代表性人物张晓刚,在香港巴塞尔艺术博览会为其新书《Zhang Xiaogang：Disquieting Memories》举行发布会。该书由国际最顶尖出版商之一的费顿出版社(Phaidon Press)出版,首次披露张晓刚个人的珍贵资料,包括其私人往来书信、工作室内"创作灵感图片墙"等。书中展示了超过260幅彩色图片,来分析其创作发展过程。

本月 在日本拥有近70年历史、被喻为全日本最权威的当代艺术杂志《美术手帖》由香港三联书店出版及发行国际版。《美术手帖》创刊于1948年,一直是读者与国际艺术舞台连接的桥梁,以及不同流派的艺术家汇聚的平台。《美术手帖》刊登的文章经常被西方的艺术博物馆引用,以及为西方传媒转载。

4月

23日 为响应4月23日"世界阅读日",推广阅读文化,香港特区政府多个部门及有关团体纷纷组织阅读活动。其中有语文教育及研究常务委员会和教育局举办的"悦爱阅读、愈读愈爱——2015响应世界阅读日活动"。活动除书展外,还有阅读工作坊、精选电影片段及文本欣赏、福尔摩斯快闪剧场、文学散步,也有国际知名学者Piet Van de Craen教授主持的讲座"成就香港优质语文学与教的挑战与机遇"等。香港公共图书馆则举办"阅读看世界——世界阅读日创作比赛"活动,希望扩大儿童及年青人的阅读领域,培养他们的多角度思考的能力和创造力,并鼓励他们通过阅读认识和了解世界。

5月

16日 香港三联书店与全国港澳研究会、香港大学法学院和深圳大学港澳基本法研究中心联合举办《香港基本法面面观》新书发布会暨回顾与前瞻——

香港基本法颁布25周年学术研讨会。书中作者、基本法知名学者在研讨会上发表主题演讲，内容涉及香港基本法研究与政制发展的多个方面。为纪念香港《基本法》颁布25周年，香港三联书店于4月出版多本《基本法》相关图书，并协助举办《基本法》全校校际问答比赛，借此令更多中小学生认识《基本法》。

22日　香港牛津大学出版社在荃湾愉景新城举办全球首个童书手稿展览，展览分为五个展区，展出逾30张首次曝光的Oxford Reading Tree插画及手稿，让市民感受英国经典故事的魅力。展品中更有距今已30年的第一代手稿，唤起不少年轻家长的童年回忆。

6月

6日　为期一周的"第二届香港书本艺术节"举行。本届活动主题为"书语有时"，邀请海外及本地艺术家，采用不同手法、类别的书艺创作，来完成精美展品。主办机构香港迷你书协会希望通过一系列展览、免费讲座、工作坊及教育阁，让每位参与活动的读者和书迷重新认识书，了解一本书内涉足的文学、设计、艺术和工艺等不同范畴，这些方面都有艺术家们各自的坚持与自身美学修炼。

19日　第六届中国戏曲节开幕，各项节目持续到8月初。香港有着丰富的民间艺术传统，是传承和发扬中国戏曲的重地。近年来，康文署委聘了专家学者，携手编纂香港《戏曲志》和《戏曲音乐集成》，初稿已完成，正进行补充和校正工作。这是香港首次出版类似的志书，深具意义。特区民政事务局更与文化部商定，上述两部著作完成后，将纳入文化部编纂的《中国民族民间文艺集成志书》中。

29日　由香港新青年出版社发行的《习近平用典》繁体版也在香港特区出版，并于即日在香港会议展览中心举办首发仪式，逾300位各界嘉宾参加。

7月

7日　由香港三联书店与新鸿基地产发展公司联合举办的第五届"年轻作家创作比赛"公布最终8名优胜者名单。其作品将出版繁体及简体版书，在香港、澳门特区，台湾地区以及内地发行。本届比赛的主题为"发现"。参赛区域从香港特区和内地再延伸至台湾地区及澳门特区,收到的参赛作品达2 000多件。本年1月,评审团先甄选出25件优秀作品进入决赛,由来自两岸四地的星级评审以一对一的形式亲自指导25名入围者,协助其完成作品。

12日 创办逾半个世纪的香港《新报》停刊。管理层发表声明称,随着免费报纸的出现,传统报纸近年销量大幅下降,加上读者读报的习惯有所改变,虽已进行多种努力,但仍然处于长期亏损状态,经过详细考虑,决定停刊。

16日 有着76年历史的《成报》母公司成报传媒集团有限公司被法庭下令清盘。《成报》管理高层发声明表示"成报及旗下刊物出版不受影响"。同日下午却传出消息说《成报》因母公司遭清盘,报纸营运户口被冻结,无法付印刷费,印刷公司拒提供服务,须暂时停止报纸印刷版,仅维持每日更新一次电子报。

20日 由香港儿童文学及创意教育学会和新雅文化事业公司联合举办的"第三届香港本土儿童文学创意阅读大赛"举行颁奖礼。来自全港19所小学共30名学生获奖。本届比赛以"阅读好书,发扬爱心,收获喜乐人生"为主题,参赛者须阅读指定书目或自选图书,再以文字或图画创作,发表阅读心得。本届获奖作品将联同以往两届作品结集成书。

21日 为期7天的"第26届香港书展"落幕。本届书展主题为"从香港阅读世界·一读钟情",共吸引逾百万人次进场参观,580多家参展商分别来自33个国家和地区。其中,国际文化村的规模更扩大了30%。本届主题省(区)主题展为"大美新疆",展示新疆各民族的文化产品,辅以服饰、乐器、工艺品和新疆歌舞团的表演。书展共安排约360场文化活动,其中,中外著名作家的公开论坛广受欢迎。书展的调查发现:参观人士平均消费为903港元,小说、旅游书、漫画和其他文学图书是参观人士最希望选购的类别;近50%的受访者参与书展是为了选购最新出版的图书,70%受访者则为特价图书而来。

8月

1日 香港大学附属学院开办"出版及媒体实务高级文凭课程"。课程内容以媒体、出版及广告等大范畴为主,旨在帮助学生打稳出版实务的根基及丰富学生在出版范畴的知识。课程的设计有助于学生投身于专业媒体企业,或担任需要有媒体知识的职位,甚至帮助学生自组印刷及传媒公司。除了课堂讲授外,校方还会邀请业界人士分享工作点滴,以及安排学生参观业界实际运作。

6日　停刊20天的《成报》复刊,换上新报头。其头版以"雨过天青成报复刊广招人才"为大字标题,刊出一批空缺职位,主要是港闻及娱乐版的记者和编辑职位,另招聘一批网媒技术人员。

7日　壹传媒旗下杂志《忽然1周》出版最后一期,同时结束印刷和网上业务,并遣散全体70名编采人员。该刊于1995年创立,本于前一天创刊20周年之际出版的"纪念号"变为"终结号"。

13日　壹传媒旗下《壹周刊》由出两册整合为一册,同时《NEXT + ONE》杂志即日停刊。而杂志《me!》及《饮食男女》即日起并入《壹周刊》。壹传媒通告指出,该集团现正加快香港杂志数码化的步伐及将杂志数码内容融入《苹果日报》网站。另外,公司的英文名称将由"Next Media Limited"更改为"Next Digital Limited",反映出该集团正在策略性转移其业务重点。

19日　香港教育城推出"e悦读学校先导计划",现已获13家出版社支持,并分别挑选18所中学及20所小学作先导学校,提供100本由各校教师选择的电子书,范围涵盖学科参考书、小说散文、励志读物、科普常识等。学生只需使用台式电脑、平板电脑或智能手机登入"教城书柜"用户网站,便可免费阅览。该计划借鉴大专院校的"电子图书馆",预计在两三年后书量可增至10 000本,届时每家中小学约缴付8 000元年费,便可无限次供学生阅读电子书。

20日　南华早报集团旗下免费英文周刊《48 HOURS》因杂志广告收入欠佳停止出版。管理层解释,结束该杂志后,集团将进一步专注于报纸业务,并加速《南华早报》的印刷版与数码版的整合,以建立更具效率的跨媒体平台。

25日　香港各界文化促进会联同各界团体在香港中央图书馆举办为期一周的"纪念抗战70周年大型展览"。展览筹委会阵容强大,涵盖了全港各大领域精英和400多个团体。展览内容分为三大部分,并有多部珍贵纪录片放映,有些资料更是第一次公开。香港各界文化促进会透露,该会将出版《香港在抗战前后》大型画册。

27日　鉴于大量仿冒不同翻译版本的盗版《秘密花园》流入香港特区,原获授权出版《秘密花园》繁体中文版的台湾远流出版公司联络海关,要求跟进，并全面采取法律行动。这批假货，包括繁体中文台湾版、简体中文内地版及韩国版，甚至三合一的"综合版"，售价与正版最多相差四倍。盗版书质量虽较粗糙，仿真度仍超过90%。

28日 凭撰写财经和爱情小说知名的畅销女作家梁凤仪宣布，再用4年时间撰写系列财经小说，记录香港自1949至2017年间（至香港回归祖国20周年）的变迁，完成该小说系列后便正式封笔退休。

9月

1日 为响应联合国教科文组织的"世界记忆"计划，香港特区也构建了"香港记忆"网站，供全世界免费分享浏览香港的历史和文化资料，包括文献、图片、海报、录音、电影及录像。为了让公众人士对网站了解更多，香港中央公共图书馆即日开始举办专题展览至2016年1月，介绍"香港记忆"网站的源起、内容结构，并展现网站的特色。

10日 为纪念抗战胜利70周年及向南京大屠杀死难同胞致哀，江苏军旅作家徐志耕在港再版《南京大屠杀》专著，获得宁波市政协委员江兴浩资助编印1万册，免费赠送全港大中小学。

11日 由港台文化合作委员会主办、香港经济贸易文化办事处（台湾）协办的第四届"香港周"在台北开幕。活动通过一系列丰富的节目及延伸活动，展现香港不同文化艺术领域的创造与传承，以及文艺工作者对当下生活和社会环境的回应。其中"香港年度作家展"以文字、视觉和多媒体等不同艺术方式，立体呈现刘以鬯、西西、已故的也斯（梁秉钧）、陈冠中、董启章及李欧梵等6位获"香港年度作家"的文学风采和写作心路。

10月

1日 来自台湾地区的诚品书店在香港特区的第二家分店从即日起一连8天在尖沙咀星光行进行试营业，10月9日正式开业。该分店名为"诚品生活"，图书数量比铜锣湾店少很多。

3日 由香港缅华互助会、香港侨友社主办的"香港侨界人士纪念抗战胜利70周年大会暨东南亚华侨抗日史料丛书发布会"在湾仔会展中心举行。会上首发的"东南亚华侨抗日史料丛书"以口述历史和珍贵图片等翔实史料，真实再现当年的历史原貌。全书1套共16种出版物，包括10种图书、3种画册、1册抗日歌曲200首、1册纪念文选和1部视频纪录片。该丛书将赠送给各大中学校、民间社团、图书馆、研究机构、华人社团等作阅读和储存资料之用。

7日　由全国政协委员、民联监事会主席林建岳牵头成立的"香港文化协进智库"举行《香港特区选举制度与竞选工程》新书发布会。这是一本兼具学术性和实用性的选举工具书，既对香港政治生态与选举文化、香港政党与选举的关系等问题进行深入的学术探讨，又系统详述各种传统选举策略与效应。

10日　"2015年辛亥革命实物捐赠仪式"在武汉辛亥革命博物馆举行。21个民间收藏团体的94位民间收藏家，向该馆无偿捐赠了217件（套）实物。其中一套藏品是1915年上海古经图书局发行的《黎副总统政书》共24本，由香港藏家、辛亥革命志士的后裔陈宏浩捐赠。这套书被收藏界称为"天书"，原因是辛亥革命推翻清政府以后，黎元洪的很多文书、公文、来往书信、电文等都清楚地记录在里面，学者想查那段历史，可找这套书翻看。

15日　有小学家长就香港特区政府实施多年的小学三年级TSA（全港性系统评估）制度，在社交网站发起"争取取消小三TSA"行动，其专页在36小时内获得1万人支持，引起社会关注。部分家长非议此制度带给学生太多压力，特区政府则坚持TSA是小学阶段唯一客观而全面的基本能力评估，原意并非要学生操练，但承诺会检讨、调整试卷难度和题目，以及改为邀请小学生自愿参加。鉴此，许多学校纷纷减少或取消订购与TSA相关的应试教参书。出版商为了应对这一情况，也调低此类书的出版量，或者修订出版内容，剔除TSA元素，以挽救下跌的销售行情。

16日　香港浸会大学中医药学院宣布，由该学院和大学图书馆合作构建的"中药材图像数据库"正式开通。其连同年初已开通的"中医药趣味练习"网上学习平台，以及早年开发的"药用植物图像数据库""中药材图像数库"等中医草药研习网上平台，成为全港第一个免费供全球读者使用的中药材数据库。

21日　由香港流行图书出版协会与好莱坞广场联合举办的"香港金阅奖2015"举行颁奖礼。该活动从120本入围书籍中选出40本"最佳书籍"，另有由公众投票选出的"我最喜爱作家"金、银、铜奖以及本届新设的"最踊跃参与学校奖"。大会发言人称，本届金阅奖的提名情况，反映了有传统销量保证的小说近年出现持续下跌的趋势,可见在网络文化冲击下,纯文字书的受欢迎程度正在走下坡路。

30日　香港艺术发展局在成立20周年之际宣布主办首届"文学串流"文学节,并以"串流字不息·文本再想象"为主题,于2015年10月至2016年3月期间举行活动,邀请多位知名作家参与文学节。"文学串流"文学节另一焦点是"文学在手边"流动书车。大会特别设计一种木制流动书车,放置在不同的文学活动场地,展示获香港艺术发展局资助的香港文学书籍以及本地出版社提供的试读本,出席文学节活动的人士可携有关香港文学书籍前来,参与分享及交换。

11月

4日　北京、上海、香港三地的三联书店负责人齐聚上海,纪念著名新闻出版家邹韬奋诞辰120周年,共话韬奋精神的历史传承和创新发展。

5日　香港三联书店在香港大学书店举行《香港法概论(第三版)》新书发布会。该书编者、作者及主编一起出席仪式,分享成书的心得体会,以及对香港法律制度和法治的看法。《香港法概论》自1999年问世以来,接连再版、多次重印,一直广获肯定和好评,甚至有大专院校列作必备用书。为适应近年来的形势发展,香港三联书店邀请了4位编者及18位来自各个领域的法学专家、学者及执业律师共同编写《香港法概论(第三版)》,以满足读者在工作、学习或生活上的实际需求。

6日　香港特区政府教育局公布《新学制中期检讨与前瞻报告》。该工作用了近三年时间,就高中课程、评核及衔接的多元出路的推行,从学校、学生、专家收集关注点,如教师和学生的工作量、照顾12年免费教育中学生的多样性、学习目标的落实等,仔细从数据中了解推行的趋势,并分阶段公布实施建议。这些课程和考试的修订建议,将影响未来几年新高中的教科书及教参书的出版和市场竞争。

9日　由香港何鸿毅家族基金、故宫博物院和北京颐新文化发展有限公司合作出版的《最好的皇宫》与《紫禁城100》在故宫博物院紫禁书院举行新书发布会。何鸿毅家族基金从2008年开始支持"我的家在紫禁城"系列图书及教育计划、"小小紫禁城"教育计划以及2015年出版的《紫禁城100》。在基金支持下,"我的家在紫禁城"系列图书出版了英文版、韩文版,分别在北美、韩国及东南亚等地出版发行,以深入浅出的方式介绍中国传统及故宫文化。

17日 全球著名战略学家、趋势学家约翰·奈斯比特夫妇(Doris & John Naisbitt)来港访问,并应香港联合出版集团邀请在港及深圳为其新著《全球大变局:南环经济带将如何重塑我们的世界》各举行一场演讲会。

26日 由香港康乐及文化事务署和香港公共图书馆主办的"第13届香港中文文学双年奖"举行颁奖典礼。本届提名作品共有165本,均为2013~2014年由香港作家撰写及在港初次出版的中文文学作品。经过评审团的严格评选,共有4本图书获双年奖,另有6本获推荐奖,都是各具特色的实力之作,展现了本地文坛百花齐放的景象。获奖作品由12月起至2017年5月在不同的公共图书馆举行简介展览及参加历届获奖作品巡回展览。

30日 由香港中文大学联合书院、香港《明报月刊》及澳门基金会联合主办的"第五届世界华文旅游文学国际学术研讨会"在香港中文大学开幕。会议邀请到逾百位著名华文学者研讨华文旅游文学的创作与发展。本次研讨会以"文学山水"为主题,一连三天分别在港澳两地举行,12月2日在澳门大学举行闭幕礼。

12月

3日 为庆祝国学泰斗饶宗颐百年诞辰,香港特区政府民政事务局联同港大饶宗颐学术馆等机构,在香港中央图书馆举行"香江艺韵——饶宗颐教授百岁学艺展"。饶宗颐在特首梁振英及全国政协副主席董建华、中联办副主任殷晓静、特区政务司司长林郑月娥等陪同下主持开幕礼。本次展览的逾百件精选作品,展示了饶宗颐逾80年的学术和艺术成果,是香港历年饶宗颐作品展中最具规模和展品种类最齐全的。展览分绘画及学术著作两部分。

5日 香港联合出版集团旗下的香港三联书店、香港中华书局、香港商务印书馆及集古斋共23家重点门市举行为期两周的"学艺融通——饶宗颐教授经典著作联展",精选饶宗颐教授100余本著作,以特别折扣发售。

5日 第7届九龙城书节一连两天在香港兆基创意书院举行,其主题为"雪地里种花"。书节活动期间开设了4个工作坊以及众多讲座。

15日 由深圳读书月组委会办公室主办,深圳市教育学会、香港教育评议会、香港优质图书馆、澳门中华教育学会和深圳市益文图书进出口有限公司等多家单位联合承办的第 16 届深圳读书月"深港澳中学生随笔写作比赛"在香港特区举行颁奖典礼。该活动是深圳读书月走进港澳特区、加强深港澳三地文化交流、推广三地的中文阅读的读书交流联谊平台。本届比赛共征得有效稿件 3 498 份。

18 日　由香港中和出版有限公司主办，香港中国近代史学会、饶宗颐文化馆协办的"近现代中日关系研讨会"在九龙饶宗颐文化馆举行。研讨会由来自内地、港澳特区、台湾地区的学者分别讲演，讨论范围涉及中日关系及香港的角色，乃至日本近代史观念、中日两国军事史等内容。

[谢力清　香港联合出版（集团）有限公司]

第三节 2015年中国澳门特别行政区出版业大事记

2月

11日~16日　澳门出版协会组织澳门出版单位参加"2015年台北国际书展",澳门图书馆暨资讯管理协会也组织澳门图书馆代表参加。

3月

3月26日~4月1日　澳门大学出版中心参加在美国芝加哥举办的"2015年亚洲研究学会年会书展"。

3月27日~4月5日　由澳门出版协会主办、星光书店承办的"2015澳门春季书香文化节"在澳举行。

3月28日~4月12日　由澳门动漫玩协会、民众建澳联盟、望德堂区创意产业促进会、独堂十号创意园联合举办的"聚龙一击:邱福龙35周年作品展"在澳举行。

4月

7日　由中国印刷及设备器材工业协会、香港印刷业商会、台湾区印刷暨机器材料工业同业公会、澳门印刷业商会联合主办的"第五届中华印制大奖颁奖典礼"在第三届中国(广东)国际印刷技术展览会期间举办。

21日~22日　由澳门理工学院和全国高等学校文科学报研究会合办的"华文学术期刊发展趋势国际研讨会"在澳举行。来自内地、港澳特区、台湾地区以及美国、加拿大、德国、新加坡等国家和地区的近60位华文学术期刊界知名主编、专家学者,就"华文学术期刊发展趋势与战略""学术评价与期刊评价"和"华文社科学术期刊与国际化"等议题进行了研讨。

5月

13日 由澳门基金会、社会科学文献出版社联合出版的"澳门特别行政区法律丛书"新书发行仪式举行。丛书包括澳门特区的基本法、民法、商法、刑法、行政法、各类诉讼法、国际法、环境法、法制史等各主要部门法和法学领域,也包括澳门的司法制度、选举、居民身份、金融、博彩、教育、劳资关系和社会保障等各项制度和法律。

5月28日~6月14日 澳门大学出版中心参加"2015年葡萄牙里斯本书展",展出逾百种出版品。

6月

6月13日~9月19日 澳门中央图书馆举办"十九世纪澳门土生葡人所经营的印字馆与中国活字印刷展览"。

7月

7月10日~19日 由一书斋举办的"第18届澳门书市嘉年华"活动举行。

11日 由作家出版社出版的第二批"澳门文学丛书"在"第18届澳门书市嘉年华"活动中首发。该套丛书共21册。

15日~21日 澳门出版协会组织澳门本地出版社参加2015年"第26届香港书展"。

8月

10日 澳门印刷业商会赴广州走访广东省新闻出版广电局。

9月

21日 全国人大代表、澳门日报总编辑陆波当选为澳门出版协会会长。

10月

22日~23日 由澳门印刷业商会主办的"2015澳门国际印刷商品展暨第

五届中华印制大奖优秀作品展"以及"第十三届两岸四地印刷业交流联谊会""2015年印刷高峰论坛"等系列活动举行。

11月

5日~8日　澳门图书馆暨资讯管理协会参加"2015海峡两岸暨港澳图书馆学情报学期刊发展论坛"。论坛围绕"图书馆学情报学研究的前沿、热点与趋势""图书馆学情报学学术研究与学术期刊发展的互动关系""学术期刊发展态势对图情期刊发展的影响""图书馆学情报学期刊发展面临的问题与对策""图书馆学情报学期刊发展趋势与路径"等议题进行了研讨。

7日~15日　由澳门出版协会主办、澳门文化广场承办的"2015澳门秋季书香文化节"举行。

12月

2日　由澳门出版协会主办、澳门大学出版中心承办的"第20届华文出版年会"在澳门特区举行，来自两岸四地20多位业者参加。

（王国强　澳门大学、澳门出版协会）

第四节 2015年中国台湾地区出版业大事记

1月

8日~10日 台湾图书发行协进会、龙图腾文化有限公司邀集联经、天下、城邦、时报等超过200家出版社以"看见台湾"为主题设馆参加"第28届北京图书订货会",展示了4 000余册图书,推动了两岸文化交流。

15日 由青文出版社出版的《快乐快乐月刊》停刊,并于2月12日在台北市南港展览馆台北国际动漫节举办数位漫画志《无限志》创刊记者会。

22日 台中"市政府文化局"与修平科技大学于台中市大墩文化中心共同举办吴晟的《生平报告》新书发布会。该书由金尚浩翻译成韩文,已在韩国出版。

28日 "原住民族委员会"统筹出版由政治大学台湾文学研究所教授陈芳明主编的《台湾原住民文学翻译选集》。该书将三四十位台湾原住民作家的作品翻译成英文,含诗集、散文、短篇小说及大事纪,全套共4册。

1月29日~2月1日 由"文化部"主办,大块文化出版社组团参加"第42届法国安古兰国际漫画节"。台湾馆以"异乡人福尔摩沙"为主题,有超过20家出版社的出版物与独立漫画家作品参展。除参展漫画家主题专区、出版社专区、得奖区、已授权区、推荐好书区等专区外,还在国际版权中心设置"台湾版权服务专区"。专区及台湾馆专业版权人员协助出版社及漫画家进行版权洽谈与推广。

30日 "国家图书馆"公布2014年图书出版趋势报告。据"国家图书馆"书号中心统计,2014年有5 087家出版机构出版41 598种新书,是近3年来最低的。

2月

1日 南台科技大学副教授黄源典举办《南台采风》《黑白对话录》《典道微旨》新书发布会,书中体现了其教学经历及人生阅历。

5日 陈又凌、刘旭恭、林廉恩、王书曼、徐铭宏等5位插画家入围"2015意大利波隆纳国际童书插画展"。

11日 "文化部文化资产局"在台北国际书展举办传统文化祭典绘本《回家·回部落》(邹族战祭)以及《鸡笼中元祭》新书发布会。

11日~16日 由"文化部"主办,财团法人台北书展基金会承办的2015年"第23届台北国际书展"在台北市世贸展览馆举办。共有67个国家和地区的682家出版社参展。本届书展的主题国为新西兰。"国立台湾文学馆"策划了台湾出版主题馆,举办"文无限界——台湾文学的变声与变身"特展,分为"诗歌"与"小说"两大展区,旨在通过文字、声音和影像等不同媒介,让观众认识台湾地区的作家及作品。

15日 远流出版事业股份有限公司于新北市诚品书店新板店举办贝卡·克胡拉的《大家一起来学禅绕画》新书手工教学。

3月

1日 宝瓶文化事业有限公司于台北市金石堂信义店举办詹鼎正的《好好照顾您——台大老年医学专家,教你照护爸妈,不可不知的10大迷思与14项困扰》新书签书会。该书内容解析照顾爸妈的10大迷思与14项困扰,并提出34则贴心叮咛。

7日 "桃园市政府客家事务局"于桃园市龙潭区客家文化馆举办钟肇政的《苦雨恋春风》新书发布会暨手稿捐赠活动。作者将70年前所撰写的手稿(264封情书)捐给"桃园市政府",于钟肇政文学馆永久典藏。

8日 《联合报》推出《明天的电,核去核从》iPad版互动电子书。其中提供完整实体书内容,以及跨国拍摄的影音与多媒体互动图表。

10日 茆晋日祥于南投县埔里镇Feeling18商圈举办《巧克力的幸福密码:师父的生活、学习与承诺》(四块玉文创)新书发布会,并将销售所得捐助陈绸少年家园。

12日　九歌出版社于台北市纪州庵文学森林举行"九歌2014年度文选新书发表会暨赠奖典礼"。《九歌2014年小说选》收录了黄锦树的《祝福》、郑清文的《蚵仔面线》等16篇作品。

15日　"台南市政府文化局"于台南市叶石涛文学纪念馆举办谢玲玉的《在晨光中，在月色里慢慢走：台南·文学·散步》新书分享会。作品以"文学散步"为创作遐思，勾勒出台南文学风景。

17日　"宜兰县史馆"举办《台北州理蕃志（旧宜兰厅）》暨《Ska yulung 宜兰泰雅族百年影像》新书发表会。《台北州理蕃志》记载了1895~1920年日本对宜兰、台湾北部山区泰雅族统治时期的文书档案。同时，该馆还编制历史地图，集结为《参考图集》，并选录重要图像史料，出版《Ska yulung 宜兰泰雅族百年影像》，内含与宜兰泰雅族相关的影像220张。

3月17日~4月19日　由角斯（本名曾鼎元）自费出版的《台湾妖怪地志》面世，并在高雄独立书店、三余书店展览书中作品。

20日　台南市西拉雅族部落发展促进会于台南市东山吉贝耍"国小"举办段洪坤文、段欣余图的《渡海》绘本发表会。书中描述山吉贝耍部落"孝海祭"的由来。全书采用中文、西拉雅语对照方式呈现。

29日　东南亚书店大联盟位于桃园市桃园区延平路的望见书间书店开业。该店为东南亚主题书店，意在让新移民找到归属，也让台湾地区民众更加了解东南亚文化。

30日　台湾角川股份有限公司举行"2015角川华文轻小说大赏"颁奖典礼。本届以"创意·就是你的原动力！"为主题。获得"长篇女性向轻小说"银赏奖的为轨迹，铜赏奖为弥霜获得；获得"长篇男性向轻小说"银赏奖的为月亮熊，铜赏奖为海犬及广陵散获得。

同日　金门县籍诗人许水富以《饥饿》诗集（唐山出版）荣获"华人世界冰心文学奖"第二名。

3月30日~4月2日　由"文化部"主办，财团法人台北书展基金会承办，台湾地区参加"2015年意大利波隆那国际儿童书展"。台湾馆以"瞧！台湾"（Ciao TAIWAN）为主题，规划了7大主题专区，推出林小杯、刘旭恭、孙心瑜3位插画家，展示了38家出版社的452本童漫作品。此次，有5位插画家入选"2015年意大利波隆那国际儿童插画展"。孙心瑜的绘本《北京游》获得"波隆那书展拉加兹奖"(Bologna Ragazzi Award)非小说类佳作。

4月

5日 阙又上于花莲市政大书局举办《每年10分钟,让你的薪水变活钱》(商周出版)新书发表会,分享追求均衡人生财富的经验。

8日 "嘉义县文化观光局"于"县府"记者室举办以"旅行"为主题的《一日轻旅游》《跟着茶旅行》以及《梅坑月霁》新书发表会。这些作品以不同角度推荐嘉义的多元旅游。

11日~18日 天下文化书坊于11日在台南市台南政大书城,12日在台中市台中文化创意产业园区衡道堂,18日在台北市诚品书店信义店举办鱼夫的《乐畅人生报告书:鱼夫全台趴趴走》新书分享会。

18日 台南市府城旧册店举办旧书发表会,展出约30本日据时期的藏书。

同日 由"新北市立图书馆"、财团法人"国语"日报社主办,幼狮少年及中华儿童文学学会协办的"2014好书大家读"颁奖典礼于"台北市立图书馆"总馆举办。"最佳少年儿童读物"共有129册图书获奖,其中文学读物共64册,图画书及幼儿读物36册,知识性读物29册。活动还推出了《2014好书指南》,内容收录得奖图书的书目及书影、评委推荐的书评。

20日~24日 由中国新闻出版研究院与台湾电子书协会承办,新北市出版商业同业公会、台湾数位出版联盟、台湾图书出版事业协会、台湾两岸华文出版品与物流协会协办的"两岸数位及出版业交流合作媒合会"在北京国家教育行政学院举办。凌网科技、湛天创新科技(PUBU)、堂朝数位、华艺数位、联合线上及小牛顿等出版机构参与。

23日~27日 天下文化出版社于23日在台北市诚品书店信义店,25日在"高雄市立社会教育馆",27日在台北市上海商银总行举办谢哲青的《绝美日本:我最想让你知道的事》新书分享会。

24日 《联合报》健康事业部、联经出版事业公司于台北市诚品书店信义店举办翁启惠、陈建仁等的《医界九大权威:癌症真的能预防》新书发表会。

25日 "台南市政府教育局"于台南市政大书城台南店举办"话我家乡书展——三校家乡故事绘本创作发表会",发表由学童创作的《走揣故事的人》(将军"国小")、《酱油拌饭的滋味》(子龙"国小")、《被遗忘的石碑》(果毅"国小")等3本绘本。

26日 "高雄市政府社会局"与台湾国际家庭互助协会于高雄市妇幼青少年活动中心女人家举办《台湾阿嬷与新住民姊妹的记忆食谱》新书发表会，分享新移民美食味道的回忆。

29日 元智大学和敦煌书局合作成立的"诚信商店"开业。该商店中无店员也无监视设备，购书后依售价自动投币。

5月

7日 "文化部文化资产局"于台北市"国立台湾博物馆"举办"《欢喜迎王总动员》'国定'民俗系列导览新书发布会"。推出了"'国定'民俗系列丛书"：《西港刈香》《东港迎王平安祭典》《南鲲鯓代天府五府千岁进香期》，介绍民俗活动的内涵。

16日 宝瓶文化事业有限公司于台北市金石堂信义店举办黄益中的《思辨：热血教师的十堂公民课》新书签讲会。

20日~22日 博客来网路书店举办"夏日晒书节"书展，展售逾500家出版社的出版物，涵盖文学小说、商业理财、艺术设计、生活风格等20种类别，超过23 000种中外文图书杂志。

22日 台北医学大学、天下文化出版社于台北市台北医学大学举办《走，不一样的路：台北医学大学校友的精采人生故事》新书分享会。

23日 宝瓶文化事业有限公司于台中市诚品书店园道店举办苏绚慧的《为什么不爱我：疗愈无爱童年的伤痛》新书签讲会。

27日 "国家图书馆"与联合线上于该馆共同主办"击古铄今——数位时代下的文化传承与知识发现论坛"，探讨数位时代下的文化传承与知识发现。

30日 "国家图书馆"联合青林国际出版股份有限公司于该馆简报室举办"寻访岩村和朗生命里的原风景——《大尖山的大冒险》系列新书发表暨主题讲座"。

31日 "台中市政府文化局"所属清水眷村文化园区进驻"寄风册店"，在其中展示文史、旅游、文学等书籍，以此来推动保存眷村文化。

5月31日~6月6日 宝瓶文化事业有限公司于5月31日在台中市诚品书店园道店，6月6日在台北市诚品书店信义店举办甘耀明的《邦查女孩》新书签讲会。

6月

2日　美食家焦桐于台北市点水楼SOGO复兴店举办《味道福尔摩莎》新书发布会。该书是以《台湾味道》《台湾肚皮》《台湾舌头》为基础，加上40篇新作，为158道台湾小吃立传。

2日　"文化部"于台北市中山堂光复厅举行"第39届金鼎奖"颁奖典礼，并公布年度大奖得主。图书类由新经典图文传播有限公司的《浮光》获得；杂志类由印刻文学生活杂志出版有限公司的《印刻文学生活志》获得；特别贡献奖得主为何政广。

4日~9日　由"文化部"主办，联经出版社承办，台湾地区参加"第30届新加坡书展"，在书展上展出了2 500多种、2万多本精致图书。台湾馆以"台湾时光·阅读之旅"为主题，还举办了"台新交响阅，台湾文学系列活动"，邀请敷米浆、吴若权、肆一、苦苓等4位作家与读者交流。肆一在新加坡纪伊国屋书局举办签书会，吴若权与敷米浆在新加坡中文独立书店草根书室与读者畅谈作品故事。

6日　义美食品总经理高志明在台北市义美公司举办《远离毒蔬·果——蔬果不可缺·无毒不可能·无奈求生存》新书发布会。书中介绍了食材、微量农药残留对蔬果的影响及如何选购和清洗等知识。

6日　联经出版事业公司分别于台中市诚品书店台中新光三越店，高雄市"高雄市立图书馆"总馆举办张佩瑜的《秘鲁·玻利维亚手绘旅行》新书讲座。

23日　博客来网路书店举办"小小博客来"线上童书展，展出超过7 000种中、外文童书。

26日~28日　联经出版事业公司于26日在台南市诚品书店台南文化中心店，28日在台北市诚品书店松菸店举办一青妙的《我的台南：一青妙的府城纪行》新书分享会。

28日~29日　丽文文化事业机构与安徽新华发行（集团）控股有限公司于高雄市义大世界皇家酒店举办"台湾心、安徽情"两岸图书暨文化商品交流展，展示两岸文创、安徽文化、台湾原住民等文化商品，并宣布"来买书城"网路书城在两岸上线。

30日 "文化部"举办"马来西亚海外华文书市"行前记者会。这项活动将以"台湾文学"为主轴，通过文学作家对谈活动、文学音乐演唱会及台湾地区经典电影播映，展现台湾地区人文内涵所孕育的多元文化面貌，有超过300家出版社共同参与。活动将邀请陈雪、廖玉蕙、李如青、甘耀明、李瑞腾、王浩一及钟怡雯等7位作家随团参展，以座谈会及与马来西亚创作者互动讲座的方式，促进海外出版文化交流。

7月

2日~8日 "金门县文化局"、台湾两岸华文出版物与物流协会于金城"国中"体育馆共同举办"第一届文化行销——阅读金门"书展活动，计有远流、时报、信谊、皇冠、方智、圆神、联经、城邦、天下等150多家出版社参与。

3日~12日 "桃园县政府文化局"于桃园展演中心举办"2015桃园国际动漫大展"。展览以"欢乐动漫城"为主题，目的是为促进"桃园市政府"与所在地动漫产业界的交流。

10日~19日 "高雄市出版商业同业公会"于高雄市盐埕区高雄国际会议中心举办"2015高雄书展"。书展以"发现高雄·阅读之美"为主题，目的是提升出版产业的图书市场销售产值暨推广全民阅读。

11日~19日 马来西亚大众集团于吉隆坡城中城会议中心举办"第10届马来西亚海外华文书市"。由"文化部"主办、联经出版社承办的"台湾馆"，计有300多家出版社参加，展出2 000多种、2万多本台湾图书，并邀廖玉蕙、陈雪、甘耀明、李瑞腾、王浩一、李如青、钟怡雯等7位作家作专题演讲。

14日 诚品生活驳二店于高雄市盐埕区驳二艺术特区C4仓库开业。该店以"一座跨时代的精神粮行"为定位。

15日~21日 香港贸易发展局于香港会议展览中心举办"第26届香港书展"。本届书展以"从香港阅读世界·一读钟情"为主题，计有33个国家和地区、580多家出版单位参展。台湾图书出版事业协会设置了"台湾好书房"主题展，设置"漫读台湾""乐活台湾""亲子台湾"3个展区。此外，"台湾出版人专区"以"宝岛书香市集"为主题，22家出版及发行商在其中展销台湾2014至2015年的图书2万余种、20余万册。

28日　由"文化部"主办、联合行销研究公司承办、华品文创出版公司协办的"台湾数位出版的发展前景探讨：从国内外电子书发展与台湾出版社、平台商探讨"研讨会于台北市"国立"台湾师范大学举办。

7月31～8月15日　由台湾国际家庭互助协会、岛呼册店主办，翻转嘉义工作队协办的"绽放·东南亚"书展于嘉义市岛呼册店举办。书展规划了"缤纷赤道""游走四方""看见我们""抒写我乡""绘话世界"5项主题，提供了700多本图书借阅，以使读者从不同层面认识东南亚文化。

8月

4日　美国有线电视新闻网（CNN）选出17家"全球最cool书店"（World's coolestbookstores）。诚品书店敦南店获选。该店以首创24小时经营模式及拥有多种语言的书籍及杂志为特色。

8月6日～11月2日　由"桃园市政府文化局"主办，飞鱼创意有限公司协办的"2015桃园机场动漫展"于桃园国际机场第二航厦出境D区艺文展演空间举行。展览展出了萧言中的《以爱之名》，叶明轩的《大仙术士李白》等作品。

14日～19日　台湾出版商业同业工会联合会、北京出版集团分别于台北市诚品书店信义店（主会场）、台中市文创园区渭水楼（分会场）举办"品读北京——北京出版集团2015精品图书台湾巡展暨两地出版文化交流活动"，展出北京出版集团历年出版的800余种、4000余册图书，并于台北市诚品书店信义店、台中市文创园区渭水楼及全台12家金石堂连锁书店展示销售。

22日　"南投县政府文化局"于南投县艺术家资料馆举办《南投陶发展史》新书发表会，介绍南投陶从史前陶器到后南投陶的发展历史及南投陶文物的特征与技术发展。

9月

4日　由"台北市立图书馆""新北市立图书馆""国语"日报社主办，幼狮少年、台北儿童文学学会协办的第68梯次"好书大家读"优良少年儿童读物评选活动公布结果。活动共选出单册图书195册，套书5套20册。

9月4日～11月30日　"台北市政府原住民族事务委员会"于台北市凯达

格兰文化馆举办"原绘声影——原住民族主题绘本暨动漫特展",展出关于原住民族的神话传说、传奇故事等艺术创作。

11日 "文化部"公布辅导数位出版补助第三类"打造数位出版明星计划"补助名单。联经出版事业股份有限公司的"流动的蓝色浮梦:海洋文学作家夏曼·蓝波安数位出版计划"等6种计划获补助。

11日～13日 由安徽省文化厅、安徽省新闻出版广电局、合肥市人民政府、安徽新华发行集团主办,安徽新华传媒股份有限公司承办的"第11届安徽黄山书市"于安徽省合肥市国际会展中心与安徽省合肥市红三环体育馆举办。书市分为"图书馆藏订货会""市民书市"两部分。高雄市图书出版事业协会于"图书馆藏订货会"展场设置"台湾主题馆",以"你好台湾"为主题,计有约150家出版社参展,展出台湾地区出版品6 000余种。

13日 "台中市政府文化局"于台中文学馆老树平台举行"第四届台中文学奖"颁奖典礼。本届共有55人获奖。得奖作品汇集为《雪壳:第四届台中文学奖得奖作品集》出版。

18日 由"国立彰化生活美学馆"主办、无障碍科技发展协会承办的"点字数位有声书阅读推广计划",挑选出35本好书制作成点字有声版本,并为谢哲青的《绝美日本》、廖震元的《畜产专家也敢吃的好肉好蛋》、廖玉蕙的《后来》、赖昱权的《当命运要我成为狼》等4本作品举办了4场阅读推广活动。

22日 西拉雅"国家风景区"管理处于台南市河东"国小"举办《西拉雅大冒险》绘本发表会。该书通过达卡浪与莎韵在西拉雅地区的冒险故事,使人们能够认识更多西拉雅的人文历史与自然生态故事。

10月

6日 "桃园市政府青年事务局"出版《Taoyuan Youth Can 青年创世代》双月刊,内容以开创青年职涯发展与创业希望为目标,涉及与国际接轨、深入创业现场、职涯规划建议、探索桃园青年创业等。

6日 两岸故宫博物院携手同庆建院90周年。台北故宫博物院授权两仪文化出版晋王羲之的《快雪时晴帖》,与北京故宫博物院授权东方宝笈文化传播(北京)有限公司出版晋王献之的《中秋帖》、晋王珣的《伯远帖》,三帖以珂罗版合璧出版为"三希堂"。

14日 由"文化部文化资产局"指导，卡米尔股份有限公司承办的《口湖牵水车藏》《吉贝耍夜祭》绘本发表会于台北市诚品书店信义店举办。人们可从绘本图书中了解重要的民俗祭典的文化内涵。

15日～18日 "2015法兰克福书展"于德国法兰克福展览中心开幕。本届书展主题国为印度尼西亚。由"文化部"主办、财团法人台北书展基金会承办，组织台湾地区参展。台湾馆以"爱台湾"（i, TAIWAN）为主题，计有95家出版社参与，展示纸本及数位出版品共计774本（件）；设置了台湾好书、台湾推荐作家、得奖好书、已授权外语版本书籍、童书、漫画新鲜书、数位出版主题展示、出版社专区、版权洽谈区、台北国际书展征展及台湾沙龙等10个专区；以漫画、纸本工艺的推动与设计等多元形式，向国际推荐台湾地区的出版创意；举办张季雅的《异人茶迹》签名会、徐宗懋的《岁月台湾》新书发表会及"纸本书的守护者"演讲等活动；与巴西书商协会及日本、韩国、泰国等出版公司交流，与台北国际书展主题国匈牙利出版协会举行合作会议，举行两场国际版权交流活动，旨在促进台湾地区出版同业与其他国家和地区的版权专业人士交流。

16日～17日 由联合线上主办、联合报系协办的"网路　出版　新媒体——2015数位阅读趋势论坛"于台湾大学法律系霖泽馆国际会议厅举行。论坛以"网路　出版　新媒体"为主题，重新思考三者之间的竞合与策略。

17日 由台湾清华大学、台湾大学、交通大学、东吴大学以及大陆南开大学、清华大学、四川大学等合作编著的《两岸产业比较研究丛书》，在南开大学举行的"第二届两岸产经合作与创新发展高峰论坛"上举办新书发表会。

28日 "台中市政府文化局"于台中文学馆园区举办《台中文学史》新书发布会。该书内容前半部依时间排序，以"口传时期""清领时期""日治时期"及"战后迄今"等4个阶段梳理历史；后半部以"族群""性别""儿童文学"及"台中地方书写"4大主题勾勒台中文学的多元性。

30日 财团法人台北市关渡宫举办"关渡宫文化丛书"新书发布会。丛书包括《精华篇：灵山胜境关渡宫》《历史篇：关渡宫沿革》《文物篇：匾额、联文与签诗》《宗教篇：祀神与祀典》《神像篇：造像之美》《建筑篇（一）：建筑构造与空间》《建筑篇（二）：建筑装修与装饰》《建筑篇（三）：宫庙与文化景观》《艺术篇（一）：石雕艺术》《艺术篇（二）：木雕艺术》、《艺术篇（三）：剪花艺术》，全套共计 11 册。

11 月

6 日　无印良品台南旗舰店于新光三越台南西门店开业。店家与日本海外门市合作，引进"MUJI BOOKS"，让商品与图书融合，以传达对生活的诠释。

9 日　"国立台湾文学馆"公布"2015 台湾文学金典奖"获奖名单。吴明益的《单车失窃记》（麦田）及甘耀明的《邦查女孩》（宝瓶文化）并列图书类长篇小说金典奖；图书类新诗金典奖为吴晟的《他还年轻》（洪范书店）。

11 日~12 日　由联经出版事业股份有限公司、东亚出版人会议主办，"国家图书馆"、联合报系文化基金会合办的"东亚出版人会议"在"国家图书馆"举办。会议以"网路、出版与阅读"为主题，探讨网路与阅读的关系、网路阅读平台发展和与读者的互动等议题。

16 日　7-11 与博客来网路书店合作打造 O2O（Online to Offline，线上对应线下实体）阅读概念店"未来书店"，运用博客来销售大数据、高科技感应设备等，规划"投影纸书""阅读处方笺""智慧书店员"及"实体主题选书"4 大主题体验。

17 日　"宜兰县政府文化局"于台湾戏剧馆举办《薪系歌仔·艺传兰阳廖琼枝》新书发布会。该书叙述了廖琼枝对歌仔戏及薪传的贡献。

18 日~24 日　"高雄市政府"、财团法人人间文教基金会、人间福报社于高雄市佛光山佛陀纪念馆举办"2015 国际书展及蔬食博览会"。活动以"亲子共读、乐活蔬食"为主题，计有 300 余家图书出版社参展，展出超过 50 万册图书。

20 日　希伯仑股份有限公司、群传媒股份有限公司、大块文化出版股份有限公司、商鼎数位出版有限公司、柠檬树国际书版有限公司、书林出版有限公司、远流出版事业股份有限公司、作者吴潮聪医师、社团法人台湾数位有声书推广学会提供 114 种出版品电子档案及 4 种 DAISY 有声书给"国立台湾图书馆"，提供无障碍图书资讯版本，协助视觉障碍者阅读。

11 月 28 日~12 月 6 日　财团法人台北书展基金会率团参加"第 29 届墨西哥瓜达拉哈拉书展，以"发现台湾"为主题，计有 54 家出版社、431 本原创作品参展，内容包括台湾地区推荐的插画家、推荐及得奖好书、童漫新鲜书、台湾特色好书、华语学习书籍、数位出版品等，台湾馆以插画家陈致元的《GujiGuji》为元素，被选为"最美丽的展位"设计佳作；联经出版社发行人林载爵在书展中售出李如青的《因为我爱你》的韩语版权。

12月

2日~10日　由台湾东方出版社股份有限公司主办，纪州庵文学森林、台湾儿童文学学会协办的"东方出版社70周年特展"于台北市纪州庵文学森林展示厅举办。

4日　"国立台湾文学馆"公布2015年度第2期"'国立台湾文学馆'文学好书推广专案"补助名单。洛夫的《唐诗解构：洛夫的唐韵新铸艺术》（远景）、黄婉玲的《府城世家寻味之旅：记忆中的家族食记》（健行）等获补助。

8日　"国立台湾文学馆"举办《遇见文学美丽岛：25座台湾文学博物馆轻旅行》新书发布会。本书为"国立台湾文学馆"与前卫出版社合作出版，以台湾地区25座文学博物馆与7条走读路线为主题，深度介绍以文学为主题的博物馆、作家故居或纪念馆。

9日　由"桃园市政府"主办、"桃园市政府教育局"协办、桃园市八德区大勇"国民"小学承办的桃园市2015年度"桃园市儿童文学奖"颁奖典礼于该校举行。活动还将45篇得奖作品汇集为《桃园市儿童文学专辑》。

12日　"南投县文学资料馆"于"南投县政府文化局"图书馆举办"文苑英华——2015年文学新书发布会"。作品有"向大师致敬系列"：陈千武的《拾遗诗抄》、岩上的《绿意：岩上散文集》、宁可的《心钥》；"南投县文学家作品集"第21辑：离毕华的《字花绕境》、林世明的《微光行旅》、张欣芸的《失窃的灵魂》；"南投县原住民口传文学集系列3"：简史朗的《逐鹿水沙连：南投县邵族口传文学集》。

20日　"高雄市政府文化局"于"高雄市立图书馆"总馆举办《来自阳光，带有咸味的笔》新书发布会。活动汇集了对30名作家的深度专访，以及作品介绍与名家评论，介绍了高雄中青代的作家。

20日　联经出版事业股份公司于台北市华山文创园区红砖六合院西4栋举办茶文化专家吴德亮的《台湾人文茶器》新书发表会。

23 日 "文化部"、财团法人台北书展基金会举办"第 24 届台北国际书展"主宾国记者发布会。本届主宾国为匈牙利，主题为"Freedom Love"。书展将通过多元出版品呈现出版风貌，介绍匈牙利的重要文学、插画、摄影及电影等相关领域成果，并邀请作家张曼娟，以"爱"为核心精神于世贸一馆策划"张爱玲特展：爱玲进行式"立体活动展。

26 日 《中国时报·开卷》公布"2015 开卷好书奖"获奖名单，计有中文创作、翻译、美好生活书、最佳童书、最佳青少年图书类别共计 40 种图书获奖。

31 日 "行政院"发布《通讯交易解除权合理例外情事适用准则》。其中规定通过网路、电话等通讯交易所订购的数位出版品、报纸、期刊或杂志，不适用台湾地区《消费者保护法》第 19 条第 1 项"7 日内得无条件退货的犹豫期内容"。

(黄昱凯　台湾南华大学)

图书在版编目（CIP）数据

2015～2016 中国出版业发展报告/范军主编． —北京：中国书籍出版社，2016.10
ISBN 978-7-5068-5837-3

Ⅰ．①2… Ⅱ．①范… Ⅲ．①出版工作-研究报告-中国—2015～2016 Ⅳ．①G239.2

中国版本图书馆 CIP 数据核字（2016）第 225685 号

2015～2016 中国出版业发展报告

范　军　主编

责任编辑	杨铠瑞　陈守卫
责任印制	孙马飞　马　芝
封面设计	楠竹文化
出版发行	中国书籍出版社
地　　址	北京市丰台区三路居路 97 号（邮编：100073）
电　　话	（010）52257143（总编室）　　（010）52257140（发行部）
电子邮箱	eo@ chinabp. com. cn
经　　销	全国新华书店
印　　刷	三河市顺兴印务有限公司
开　　本	787 毫米×1092 毫米　1/16
印　　张	16.5
字　　数	298 千字
版　　次	2016 年 10 月第 1 版　2016 年 10 月第 1 次印刷
书　　号	ISBN 978-7-5068-5837-3
定　　价	98.00 元

版权所有　翻印必究